家族资产配置

马春光 许宁 著

中国财经出版传媒集团
中国财政经济出版社

图书在版编目（CIP）数据

家族资产配置／马春光，许宁著．—北京：中国财政经济出版社，2018.10
（宁波大红鹰学院蓝源家族财富研究院家族财富管理丛书）
ISBN 978 - 7 - 5095 - 8562 - 7

Ⅰ.①家… Ⅱ.①马… ②许… Ⅲ.①家族－资产管理－研究 Ⅳ.①F830.593

中国版本图书馆 CIP 数据核字（2018）第 226103 号

责任编辑：高树花　　　　责任印制：刘春年
封面设计：孙俪铭　　　　责任校对：黄亚青

中国财政经济出版社 出版

URL：http：//www.cfeph.cn
E - mail：cfeph @ cfemg.cn
（版权所有　翻印必究）
社址：北京市海淀区阜成路甲 28 号　邮政编码：100142
营销中心电话：010 - 88191537
北京财经印刷厂印装　各地新华书店经销
710×1000 毫米　16 开　17.5 印张　290 000 字
2018 年 10 月第 1 版　2018 年 10 月北京第 1 次印刷
定价：68.00 元
ISBN 978 - 7 - 5095 - 8562 - 7
（图书出现印装问题，本社负责调换）
本社质量投诉电话：010 - 88190744
打击盗版举报热线：010 - 88191661　　QQ：2242791300

序言

伴随着经济体制改革的逐步深入，中国经济已经走过了波澜壮阔的30年，社会财富快速积累，不仅使人均GDP增长了将近60倍，也使以家族企业为主的民营经济在地区经济发展中的作用不断增强。家族企业在增加社会财富、拉动经济增长、推动改革创新等方面发挥了重要的作用，已经成为中国社会主义市场经济的重要组成部分。

家族企业乃至整个民营经济的顺利传承和永续发展是中国经济体制改革的核心问题，关系到中国整体经济的健康发展。因此，研究家族财富管理中的思想和实践方法，探索家族财富管理在中国现今社会中的应用价值，对于我国以家族企业为代表的民营企业长远发展具有深刻的现实意义。

通过研究家族财富管理的实现路径，积极探索资本市场在民营经济发展中的多元作用，帮助民营企业建立健全的企业法人治理结构，从制度、结构、顶层设计等多个维度促进家族企业乃至整个民营经济稳步前行。

家族财富管理是围绕整个家族的所有资产的经营和规划，应用家族信托、家族基金、私人资产管理、第三方资产托管、家族办公室等多种金融工具和资产配置模式，对家族拥有的产业资本、金融资本和社会资本进行运营管理，以实现家族财富的保值增值和家族企业的永续传承。与一般大众的财富管理不同，其内容不仅包括一般意义的理财、金融投资以及不动产、收藏品等另类投资，还包括税务、法律、企业战略等一系列咨询服务。对于无形财富的管理，诸如对子女教育的投入、家族和谐关系的建立和维护，乃至整个家族的传承，也是家族财富管理中重要且具有家族特色的内容。

在西方社会，伴随着家族企业发展和家族传承的演变，家族财富管理逐渐形成了一套全面、严谨、自成一体的财富规划服务，并以家族办公室这一服务形态最为典型。相较之下，我国目前家族财富管理的发展仍显幼稚，各家机构基于自身的业务能力从某一维度提供特定的家族财富管理服务，缺乏一种系统性、综合性的整体解决方案。具体表现为拥有财富的富裕家族，分别通过商业银行、投资银行、第三方财富管理、律师事务所、会计师事务所等商业服务机构完成相应的家族财富管理活动。

在中国经济转型升级和全面深化改革的背景下，中国的家族财富管理行业总体还处于发展初期阶段，缺乏一批良性、专业化的家族财富管理机构，民营企业家和相关从业人员对家族财富管理也缺乏足够的认识。中国的家族财富管理存在着家族资产配置混乱、家族财富投资渠道单一、家族财富风险隔离机制僵化、家族内部治理结构落后、家族企业转型路径不明、家族企业代际传承困难、家族企业人才流失严重等诸多难题。家族纠纷的传闻不绝于耳，家族企业败落的案例更是屡见不鲜，直接向家族财富管理与家族企业发展传承提出了新的要求和挑战。"真功夫创业者内乱""国美电器控制权之争""陈逸飞前妻遗孀争产""海鑫钢铁轰然崩塌"，如此家族败落的案例为中国家族企业乃至整个民营企业敲响了警钟。

鉴于家族财富管理的迫切需求和家族企业对国民经济的重大作用，研发具有中国特色的家族财富管理模式，发现和把握家族企业的成长特征、规律和发展中存在的问题，引导家族企业、家族资本进入资本市场，研究如何实现家族财富的保值增值和家族企业的基业长青，对中国经济未来的发展有着不可忽视的作用。长期以来，中国家族财富管理市场存在着产品服务同质化严重、投资工具缺乏、投资标的有限、专业人才不足、风险管控不严、创新动力不够等诸多问题，亟须一个智库和协作互动的平台，通过研究、教育和专业化服务满足企业、行业与社会的理念需求、人才需求和家族财富管理需求。家族企业的传承与转型不能简单以培养子女领导力为主，必须构建一套基于金融资本顶层设计下的系统，将系统科学的金融资本与家族柔性结构相结合，才能实现有效的传承。

蓝源投资集团与宁波大红鹰学院在三年前成立了我国第一家家族财富管理研究院，并与西安交通大学管理学院共同成立蓝源家族财富管理研究中心，在北大金融创新中心、香港大学、香港金融管理学院、浙江大学企业家学院等支持下，致力于打造中国式家族企业传承模式，推动中国家族企业的财富管理，引导和规范民间资本，打造基于家族企业的金融资本生态系统。

本系列丛书是蓝源家族财富管理研究院、宁波大红鹰学院和西安交通大学管理学院三年以来通过对浙江近500多家家族企业的访谈和蓝源资本12家家族办公室（FO）运营实践的基础上，对国内外家族财富管理模式的总结、研究、借鉴与实践。可以相信，该系列丛书的出版将为中国家族企业解决长远发展和代际传承的难题提供新的思路，为中国家族财富管理事业献智献策。

2016年4月

前言

改革开放40年，中国国民经济在变革中实现了腾飞，创造了无数的财富神话。随着财富的不断积累，以及国际环境、金融市场的不断发展，中国家族不再满足于经营和储蓄，开始关注自己财富的保值和增值，于是资产配置成为不得不重视的问题。关于中国股市和房地产收益的话题几乎人尽皆知，尽管不完全正确，但是完全可以反映出资产配置的重要性，如果你在10年前配置股票资产，至2018年初，甚至在不考虑通货膨胀的情况下，你的收益竟然是负的！然而10年前如果你买入房地产，增值幅度竟然达到3倍多，有些城市甚至达到10倍以上……

然而，资产配置并不是一个新的话题，在我国战国时期就已经开始实践，而真正形成理论源自18世纪初的美国恒定组合策略，1929年的金融海啸让世界认识到没有一个市场会一直增长，更没有一项资产会永远增值，所有的市场和产品必然遵循其自身的周期而波动，于是配置什么产品、如何配置、什么时候配置、在哪里配置都成为资产配置的关键问题。在改革开放40年之际，笔者团队立足中国，放眼世界，既珍视经典理论，又强调数据的例证，在经典理论和实践经验的基础上进一步考察了全球范围的资产配置。

本书前半部分由许宁执笔，系统地呈现了家族资产配置的概念、配置产品、配置方式以及经济周期等问题对资产配置的影响，在经典投资组合理论基础上，结合了全球最主流的资产配置经验，但是由于篇幅的原因，有些理论和概念不在本书中阐释，需要结合财务管理类书籍来学习；本书后半部分由马春光执笔，基于全球视角，重点研究了跨境资产配置的现状、动机、工具、运作以及跨境资产配置的优化趋势及最新进展，并针对CRS背景下全球无避税趋势下世界各国的税负风险及汇率风险进行了测评，提出了我国家族财富跨境配置的路径优化思路并构建模型，尝试了智能算法优化。

　　本书是浙江省社会科学联合会重点课题《财富跨境配置路径优化研究——基于税负差异与汇率风险》（立项编号 2016N12Z）的研究成果，获得浙江省社科联以及宁波大红鹰学院财富管理学院资助，获得宁波大红鹰学院蓝源家族财富管理研究院、宁波大红鹰学院现代会计研究院的智力支持和数据支撑，并得到财富管理学院刘莉教授、马山水教授的理论指导，在此深表感谢。

　　由于笔者研究能力所限以及研究期间宏观环境变化，本书在数据和内容上未能充分呈现家族资产配置的魅力，匆忙之中难免错误和疏漏，敬请读者批评指正。通过本书，笔者期望引起专家、学者以及中国家族对资产配置的重视，呼吁国家出台政策限制非法运作、支持合法的跨境资产配置理论及实践，保护合法投资和财产安全，促进我国家族资本"走出去"，从而分享全球收益。

编者
2018 年 9 月

目录

第一章　家族资产配置概述 ... 1
- 第一节　资产配置概述 ... 1
- 第二节　家族客户的特征 ... 10
- 第三节　家族资产配置概述 ... 15

第二章　家族资产配置的理论依据 ... 21
- 第一节　资产和投资组合风险 ... 21
- 第二节　资产配置理论基础 ... 26
- 第三节　家族生命周期理论 ... 34

第三章　家族可配置资产 ... 37
- 第一节　证券类资产 ... 37
- 第二节　私募股权 ... 46
- 第三节　不动产投资 ... 52
- 第四节　另类投资 ... 57

第四章　家族资产配置的工具 ... 63
- 第一节　保险 ... 63
- 第二节　信托 ... 68
- 第三节　基金 ... 71

第五章　家族资产配置的实施 ... 76
- 第一节　投资分析 ... 76
- 第二节　配置策略的制定 ... 82
- 第三节　策略的实施 ... 86

  第四节　家族资产配置案例 ………………………………………… 90

第六章　家族财富传承与多代资产配置策略 ………………………… 94
  第一节　遗产税及其规划 ……………………………………………… 94
  第二节　多代传承计划 ………………………………………………… 107

第七章　基于家族生命周期的资产配置 ………………………………… 114
  第一节　财富水平与资产配置 ………………………………………… 114
  第二节　不同阶段家族资产配置 ……………………………………… 115

第八章　家族跨境资产配置意愿与影响因素 …………………………… 125
  第一节　中国家族资产跨境配置的意愿 ……………………………… 125
  第二节　中国家族资产跨境配置的动因 ……………………………… 128
  第三节　中国家族资产跨境配置的影响因素 ………………………… 141
  第四节　中国家族资产跨境配置的倾向 ……………………………… 154

第九章　资产跨境配置工具与运作 ……………………………………… 158
  第一节　资产跨境配置工具 …………………………………………… 158
  第二节　身份规划与资金出境 ………………………………………… 192
  第三节　全球10大家族基金运作案例 ………………………………… 207

第十章　家族跨境资产配置路径优化 …………………………………… 216
  第一节　全球主要区域大类资产表现 ………………………………… 216
  第二节　全球风险与汇率历史表现与规律 …………………………… 224
  第三节　主要配置区域的税负与安全评价 …………………………… 233
  第四节　跨境资产配置路径优化设计与建议 ………………………… 238

附录 …………………………………………………………………………… 244
  附录1　全球主要国家和地区流转税列表 …………………………… 244
  附录2　全球主要国家和地区财产税情况表 ………………………… 246
  附录3　全球170个国家和地区税收安全评分与排名 ……………… 262
  附录4　2018全球政治风险评级表 …………………………………… 265

参考文献 ……………………………………………………………………… 267

第一章 家族资产配置概述

第一节 资产配置概述

资产（assets）具有多重含义，本书所称资产是指企业、自然人、国家拥有或者控制的能以货币来计量收支的经济资源，包括各种收入、债权和其他。家族资产就是家族拥有的可以用货币计量的经济资源，一般而言，家族拥有的最主要资产是家族企业的股权，但是限于本书的研究范畴，本书所称家族资产主要是指家族拥有的可用于投资的现金类资产。

一、什么是资产配置？

对不同类型的投资者来说，资产配置具有不同的意义。对许多专业投资者而言，资产配置常常意味着：（1）计算不同资产种类的回报率、标准差和相关系数；（2）将这些变量输入均方差最优化（mean-variance optimization）程序，以选择有着不同风险和回报情况的资产组合；（3）根据机构的目标、历史、偏好、限制以及其他因素，分析并实施某种理想的资产配置。

对个人投资者而言，资产配置可能不包括这些正式的计算。一般来说，个人投资者在寻求资产配置时需要特别关注：（1）投资于某项给定资产种类的税务规则和税后结果；（2）投资者的个人动机、个人环境以及周期性和长期性的市场前景。

一些会影响个人投资者资产配置决定的战略性问题包括：代际收入要求的时机与重要性；衡量、承担以及有效补偿所承受的风险或损失的能力；绝对和相对的收入目标以及衡量回报的标准；一个或多个集中的投资头寸的影响；艺术品、珠宝或收藏品的持有；重要的财务责任，如抵押债务或垫头借支（margin borrowing）。

在详细审度了投资者的财务状况和目标后，一个严谨有序的资产配置过程将按照图1-1中的一系列步骤逐步展开。

图1-1 资产配置的步骤

第一，投资者和他的顾问应审查并清楚地说明各方面的假设，涉及未来的预期回报、风险以及资产种类之间预期回报的相关性。第二，投资者和顾问应选择最适合投资者状况和目标的资产种类，并且使之能够在一定风险下实现预期回报的最大化，换句话说，也就是在一定回报下实现预期风险的最小化。第三，投资者应制定一个长期的资产配置策略（有的投资者将其称为"战略性资产配置"），它反映的是最佳的长期标准，未来的资产组合将围绕这个标准实现多元化。第四，投资者应决定根据战略性资产配置的指导方针来执行战术性资产配置的决策。第五，在许多例子中，投资者将阶段性地按照战略性资产配置的框架对投资组合进行再平衡，在进行该步骤时要考虑到税务和交易成本。第六，投资者应不时地仔细回顾战略性投资组合，以确保其在整体上适应投资者当前的环境、心态，对每个资产种类的预期以及对整个金融市场的预期。

非常重要的一点是，资产配置要将不同资产的特点相结合，从而产生一种金融组合，其风险——回报情况要强于每一个组成部分。此外，资产配置在于认识和实现平衡，其中主要包括时间跨度、资金保护目标以及预期的回报来源（见图1-2）。

资产配置还包括设定最大和最小的限制条件，以确保各种投资都充分地体现在内，而不会过于集中于某几项。最后，资产配置的核心是资产种类和具体投资的多元化，以使投资组合的预期风险情况与投资者本人的风险情况相一致。通过多元化，资产配置寻求在一个较长的时间跨度内实现更高的回报和更低的风险，并合理地弥补无法通过多元化所化解的波动，而不是仅仅局限于有限的资产种类。

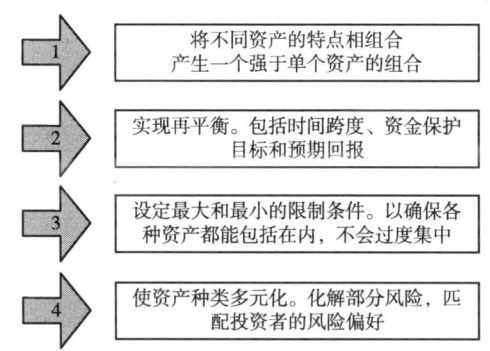

图 1-2 资产配置的基本含义

从核心上讲,资产配置要处理 4 个基本问题:

(1) 权益和固定收益证券之间的合理配比是怎样的?
(2) 国内资产和国际资产的合理配比是怎样的?
(3) 合理的参考货币是什么,以及非参考货币应该在一个什么样的程度?
(4) 传统投资和另类投资(alternative investments)之间是如何合理划分的?

这些问题可以作为资产配置的背景,同时投资者还要重点关注两个关键的决策:(1) 投资者准备承担多大的价格风险和购买力风险?(2) 投资者是打算定期对投资组合进行再平衡,还是偶尔进行,抑或是完全不进行?

二、资产配置的分类

投资者的资产配置从根本上描述并定义了其投资活动的范围。这种投资范围可能包括所有的地理区域和投资种类,也可能是限定在某一个国家和地区(如北美、欧洲、拉美或亚洲),并且仅限于权益、债券和现金的投资。在给出了资产配置的范围后,投资者可以合理地考虑投资组合中资产配置的类型。资产配置的类型可以根据其风格、定位和输入数据来划分,也可能是几种方式的结合,如表 1-1 所示。

表 1-1　　　　　　　　资产配置的类型

按风格划分	保守	温和	激进
按定位划分	战略性	战术性	两者结合
按投资分析方法划分	定量	定性	混合

(一) 资产配置的风格

资产配置的风格可以被描述为保守的、温和的或者激进的。我们很难将某一特定资产或投资者的性格在所有的市场环境下严格地界定为保守、温和或激进，因为这些风格会与当前的投资标准和金融市场环境相互影响，并在一定程度上依赖这些标准和环境。一个高质量的资产配置风格在低通胀的金融稳定环境下可能被视为高度保守的（例如在债券和现金上投入较高的比重），但是当市场动荡不定、通货率较高且利率和债券的价格波动较大时，它又被看作是高度激进的。

保守的资产配置风格具备：（1）对某些资产的相对较低的持有，包括权益和权益类投资（如高收益和新兴市场债券、房地产、绝对收益投资、某些对冲基金、私募股权投资和风险资本投资）；国外投资和国外货币，同时结合基本问题（2），相对国内资本，包括现金和短期投资、固定收益证券以及国内投资，较多地持有国外投资和国外货币。

在相同的金融条件下，激进的资产配置风格具备：（1）对某些资产的相对较高的持有，包括权益和权益类投资以及国外投资；同时还可能结合（2）对另外一些资产相对较低的持有，包括现金和短期投资、固定收益证券以及国内投资。在一个类似的金融环境下，温和的资产配置风格可能居于上述两种描述之间。

资产配置风格的其他特征包括投资组合的目标和计划中的价格变化情况。一般而言，保守的资产配置风格应该表现出较低的价格波动（以投资组合回报的标准差来衡量），同时它还可能以分红和利息收入而不是主要以资本利得的形式产生回报中较大的一部分。相比而言，基金的资产配置风格会表现出较高的价格波动，同时，其回报中较大的一部分是由资本利得而不是由分红或利息产生。温和的资产配置风格则介于两者之间。

(二) 资产配置的定位

如表 1-1 所示，资产配置的定位可能是战略性的、战术性的，抑或是二者的结合。战略性资产配置会为投资者选定最佳的长期资产组合，对短期市场波动的关注相对较少。战略性资产配置应该反映：（1）投资者对金融市场和具体资产种类的中期和长期观点；（2）投资者为某些资产所设目标中的独特方面，这些资产可能使得资产配置朝某个特别的方向倾斜，如某种货币或较低的投资流动性，较高的回报差异性，或者回报产生时间的不确定性；(3) 监督和管理长期风险的不同方式和相应的可靠性。

战略性资产配置服务于几个目的。它可以帮助决定将哪一种资产纳入长期的资产组合中。举例而言，有些投资者会决定以书面形式确定并详细地解释他们对某些资产子类的长期持有偏好，如小盘权益、新兴市场权益、可转换证券（convertible securities）或房地产投资信托。一般来说，战略性资产配置的变化相对不那么频繁，它主要反映的是：(1) 投资者风险情况和回报目标中的重要变化；(2) 资产回报、标准差和（或）相关性的改变的预期；(3) 一种投资者之前未考虑的新资产种类的出现。

总的战略性资产配置可能会以书面文件的形式表现，它可能是独立的，也可能作为一个投资政策声明中的一部分。它可以作为进行战术性资产配置活动的准则。投资者可以通过一个范围来确定战术性资产调整与战略性资产配置之间有多大的差别。举例而言，某个投资者的战略性资产配置可能会要求对高级债券 30% 的持有比重，同时允许有 10% 的波动范围（也就是说，最高可以到 40%，最低可以到 20%）。

为使得战略性资产配置更好地发挥其功用，投资者可以为每一种资产种类选择合适的指数，从而产生一个综合的标准回报，总体的战术性投资结果可以以此为衡量。表 1-2 给出了这种计算方法的一个示例。

在战略性资产配置标准（第 5 栏）回报与投资者每年产生的战术性结果的样本比较中，投资组合的实际回报比当年的战略性综合标准回报高出了 440 基点，或者 4.4%（20.9% 对比 16.5%，或者第 6 栏减去第 5 栏）。

表 1-2 中的第 7、8、9 栏通过一个被称为投资绩效归因分析（performance-attribution analysis）的过程将这种胜出的具体来源做了解构。投资绩效归因分析寻求甄别对以下两者之间差异的正负贡献：(1) 战略性配置的标准回报（由战略性资产配置中每个资产种类的比重乘以代表该资产种类的指数的总回报率产生）；(2) 投资者的战术性回报（由投资者的战术性资产配置乘以投资者在每个资产种类上选定的工具或经理人所实际赚取的总回报率）。

简单来说，投资绩效归因分析帮助确定回报中的差异有多少可以归结于：(1) 战略性和战术性的资产配置决策；(2) 与代表每个具体资产种类的标准指数回报相比，投资者（或者投资者的经理人）高出或低于这个标准的表现。类

表1-2 典型的战略性资产配置与战术性资产配置回报

资产种类	参考指数	(1) 投资者的战略性资产配置比例	(2) 投资者的战术性资产配置比例	(3) 战略性资产配置最近一年的指数回报率	(4) 投资者最近一年的战术性回报	(5) = (1) × (3) 资产种类综合性战略配置回报的贡献率	(6) = (4) × (2) 资产种类对战术性配置回报的贡献率	(7) = (6) - (5) (7) = (8) + (9) 战略配置战术配置差异回报	(8) = [(2) - (1)] × (4) 可归因于战术性配置的差异	(9) = (1) × [(4) - (3)] 可归因于战术性回报和大类资产回报的差异
美国大盘股票	S&P 500	45.0%	50.0%	28.6%	32.5%	12.9%	16.3%	3.4%	1.6%	1.8%
日本股票	MSCI 日本指数	5.0%	3.0%	5.1%	4.0%	0.3%	0.1%	-0.1%	-0.1%	-0.1%
新兴市场股票	MSCI 新兴市场自由指数	5.0%	2.0%	-22.0%	-17.0%	-1.1%	-0.3%	0.8%	0.5%	0.3%
美国长期国债	伊博森长期政府债券指数	30.0%	30.0%	13.1%	14.6%	3.9%	4.4%	0.5%	0.0%	0.5%
高收益债券	瑞信高中层指数	5.0%	5.0%	0.6%	-1.0%	0.0%	-0.1%	-0.1%	0.0%	-0.1%
现金	30天短期国库券	10.0%	10.0%	4.9%	5.2%	0.5%	0.5%	0.0%	0.0%	0.0%
总计		100.0%	100.0%			16.5%	20.9%	4.4%	2.0%	2.4%
综合的战略性配置总回报						4.4				
综合的战术性配置总回报							20.9%			
战术性与战略性配置回报差								4.4% =	2.0% +	2.4%

似的方法也可以用于一项给定的资产种类。例如，我们可以对大盘美国权益进行投资绩效归因分析，从而确定投资者的实际业绩有多少可以归结为：（1）产业部门比重决策（industry sector-weighting decisions）或标准普尔500指数的标准；（2）在每一个部门之内的具体的证券选择决策或该部门的标准证券构成。

在表1-2中，战略性配置标准回报与投资者战术性回报之间的+4.4%的差异中，有+2.0%可以归结于资产配置决策，有+2.4%可以归结于投资者的战术性回报或标准指数回报。在+4.4%的总回报差额中，+3.4%来自大盘美国权益（其中+1.6%可以归结为将该资产种类配置50%的战术性决策，而投资者战略性资产配置中则是45%。+1.8%可以归结为投资者自己或外部雇用的资产管理业绩，而+32.5%的回报也超过了这一年标准普尔500指数的+28.6%的回报）。同时，+0.8的回报差额是因为新兴市场权益（其中+0.5%可以归结为在投资组合中将该资产种类只配置2%的战术性资产配置决策，而投资者战略性资产配置中则是5%；另外的+0.3%可以归结为投资者自己或外部雇用的资产管理业绩，而-17.0%的回报超过了IFCI综合指数的-22.0%）。另外+0.5%的回报来自美国长期国债（其中0.0%可以归结为战术性资产配置决策，因为投资者对该资产种类的30%的配置与战略性资产种类的30%配置完全匹配，同时+0.5%可以归结为投资者自己或外部雇员的资产管理业绩，而14.6%的回报超过了伊博森咨询公司期政府债券指数的业绩）。在战略性配置的标准回报和投资者战术性回报之间差异上，由权益、高收益债券和现金组成的资产种类的贡献基本上可以忽略不计，甚至略微呈现负的贡献。

当极端的市场热情或沮丧使得投资者大幅改变自己的资产配置时，战略性资产配置还可以做一个重要的参考指导。尽管金融市场的大起大落常常会带来令人心动的买入或卖出机会，但是在回应短期市场波动时，我们最好从战术的立场来处理这些机会，而不是改变整个的战略。战略性资产配置可以带来一定程度的思考和理性，以及重要的资产部署决策中的严谨有序、有条不紊的速度。

战术性资产配置会以不同的形式呈现，与战略性资产配置相比，战术性资产配置可能会服务于不同的目的。

有些投资者将较长的时期看作是一系列短期的跨度，他们可能会在资产配置中主要采取战术性的方法，有的投资者则用战略性资产配置来加强或抵消投资组合的战略性配置方针。常见的战术性资产配置的时间范围可能是一年，尽管一些大的专业和个人投资者可能会较为频繁地做出战术性资产配置的调整（或者至少举行会议来考虑这样的调整），这个频率可以是一个季度、一个月，甚至是一周，如果他们有充分的资源和这样做的心态。

通常，当投资者有理性地坚信一项资产种类被严重高估（或低估）时，战术性资产配置会得到应用，它会通过降低（或提高）该资产的比重，在一个短期到中期的基础上支持投资者的信念。在有些情况下，投资者可能会使用交易型开放式产品、指数期货、期权或其他衍生工具来快速调整他们持有的资产。由于战术性资产配置在本质上对价格的敏感且是机会主义的，战术性风险管理的特殊形式可能包括价格警示、限价单和止损单、同步交易技巧以及风险价值模型（value-at-risk models，VAR）。

实际上，许多投资者会使用战术性和战略性相结合的配置方法。战术性配置帮助投资者对重大的资产价格变化做出回应并参与其中（与在越洋帆船比赛中做出短期调整相似）。战略性配置允许投资者做出长期的资产部署计划，从而实现多年甚至是几十年的目标（还是用越洋帆船比赛来打比方，这就像将航线绘成图表、导航和执行大的航行策略一样）。

（三）资产配置的分析方法

根据输入数据的类型，投资者可以用它们来确定总的投资组合中各资产种类的投资比重。他们可以借助定量模型（quantitative model）、定性判断（qualitative judgment）或者二者的结合来决定这些比重。

定量方法通常包括几个步骤，其中的大多数步骤由于资产配置软件的广泛运用而变得更为简单，也更易获取。首先，投资者会为投资组合选择若干资产种类和子类。并提供每一类资产的指数以帮助投资者跟踪投资业绩。计算这些资产种类在各种时间间隔下的年投资回报率和业绩标准差，当覆盖整个时期的数据无法获取时，可以按较短的时间段给出相关数据。

其次，投资者可以详细地说明他们在以下几个方面的假设：（1）未来预期回报；（2）所考虑资产的风险（以标准差表示）；（3）每对资产之间未来预期回报的相关性。作为开始，许多投资者会按照不同的时间范围考虑过去的投资表现、标准差和回报相关性，从1年、5年、10年，到20年、30年。

再次，一种所谓的投资组合最优化程序可以产生一系列可能的资产配置，每一个都有自己的预期风险和回报水平。从这些结果中，投资者会从中做出选择，我们称之为有效边界（efficient frontier）资产配置，它们会给出相应的投资组合，这些投资组合在预期回报水平一定的情况下有最低的风险，或者在风险水平一定的情况下有最高的回报。

最后，在仔细审核了软件给出的资产配置后，投资者很可能会决定设定投资组合中最大和最小量的上下比重界限。在这最后一个步骤中，投资者会给最优化软件设定限制条件。

实际上，许多使用投资组合最优化模型软件的投资者并不会严格地依赖软件产生的结果。正如飞行员会采取自动控制和手动引导相结合的方法一样，这样的投资者认识到软件给出的结果是由对回报、风险和相关性假设的预测决定的。这些预测可能与过去相似，也可能不同，在某些情况下，由于更高的交易成本、税收、监护、公报等，它们可能需要调整，也可能不需要。因此，投资者需要根据自己的喜好和厌恶来仔细地审核这些结果的可靠性和一致性。

正如我们已经指出的，定性方法可以通过与定量工具同时应用在投资组合构建中起到作用，或者作为投资组合设计中的初始投入。资产配置的定性因素常常在很大程度上依赖于历史数据、图表、数字工具和其他模型的分析。但是，定性方法和定量方法之间的区别在于，在确定初始的投资组合比重和随后在审慎的时间间隔中对其调整时，前者首先依赖于投资者自己的判断和其他渠道的投资建议，而不是数学运算或软件程序。

一般来说，资产配置的定性方法评估的是基本度量（如经济指标和盈利预测，货币状况，以及工资、物价和生产力发展趋势中的变化），估价度量（如实际利率、收益曲线的坡度、市盈率以及市净率），以及心理/技术/流动性度量（如资金流、投资者情绪指标、波动性指数以及价量图）。这些评估以绝对的数值和相对于长期历史平均值的方式来进行，常常通过高于或低于其长期平均值的标准差数量来表示。

定性方法的另一个重要组成部分涉及与可靠信息来源的交流和咨询，其内容包括相关的假设，过去和预期的回报，以及资产间的关系，从而测试这些内容的合理性、一致性和实际可行性。在选择和制定资产配置的定性和定量输入数据时，反思、常识和理性的思考是非常重要的。如果缺乏才智、意愿和智慧，那么投资者可以获得的所有模型、理论结构和基于规则的配置方式都是没有意义的。

三、资产配置的基本程序

为了使资产配置随着时间的推移产生成功的投资结果,选择和对资产进行再平衡的技巧必须与某些其他原则一起使用。在许多情况下,除了那些最具才华、最富经验、最有知识的投资者,所有人都可能会在某种程度上依赖于资产经理人、咨询顾问、评级机构、时事通信和金融中介机构来提供专业的知识和建议。图1-3给出了影响资产配置的选择决策顺序。

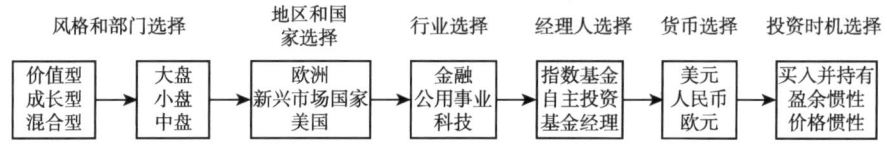

图1-3 资产配置的决策过程

第二节 家族客户的特征

家族客户的主要目标通常不单是获得越来越多的财富。他们通常试图找到为了保留财富(带有一定的增长)、家族成员和如慈善事业等其他利益而应该去做的事。而且,他们努力避免家族内部矛盾、孩子发展失调和家族关系不良。围绕着遗产继承的家族问题经常主导着咨询师与客户之间的对话。

一、家族愿景

曾经有一个家族认为,构筑财富不是生活的主要驱动力,他们致力于许多家族客户认为的他们最重要的目标:培养孩子(和其他家族成员),使他们能够健康快乐地成长,让家族得以延续。这一过程的第一步就是让家族的领导者告诉家族的其他成员,他们的孩子需要活在这个现实的世界。如此看来,家族最大的愿望就是帮助自己的孩子确定自己的身份地位。不管孩子选择什么样的工作,父母都应该尊重孩子的决定。父母应该努力培养孩子的三个关键特质:自尊、有效交流和延迟享乐。如果父母可以在他们的孩子身上培养出这些特质,那他们的家族可能会更和谐、更长久。现在,我来讨论这些特质。

（一）自尊

当孩子自己作决定时，他们会获得自尊。当他们通过自己的积极努力获得成功时，他们会得到巨大的满足感；即使他们不成功，他们也会因为知道自己尽力了而感到满意。父母能做的最好的事情就是明白每个孩子都有属于自己的特长，他们应该鼓励孩子发展自身特长。当孩子因为有佣人或其他工人而无事可做时，他们往往会没有机会获得独立所必需的某些技能。此外，如果父母对孩子的小过错过分苛责或者在适当的时候不给予表扬，孩子的自尊心也会下降。最重要的是，孩子需要自己做决定并从他们所做的错误决定中吸取教训。如果父母或其他人替小孩做了全部的决定，那他永远都不知道该如何做出一个有效的决定。孩子需要从小独立，而且这会延续到他们长大。布置一些在住所附近的任务，比如倒垃圾或帮忙准备晚餐，让孩子知道"他可以"。以上这些都可以培养孩子的自尊。

（二）有效交流

也许孩子最需要发展的就是与家族或其他人有效交流的能力。能够清楚表达自己的要求、观点、情感和想法的孩子是家族珍贵的成员，而且能够成为家族的人力资本。同样的，父母也需要有效交流。孩子大多学自父母。如果父母不擅长交流，那他们的孩子也很有可能不擅长交流，反之亦然。但交流不是总向孩子传道布经。虽然父母在家族关系中掌握着大权，但这并不意味着他们掌握了全部的话语权。父母也应该听听孩子的声音。倾听孩子（就像我们倾听客户一样）使他们觉得自己得到了认可，让他们觉得自己很重要。很明显，这不局限于父母与小孩的关系，每个人都渴望被倾听，包括你！

父母与孩子交流的方式——肢体语言、语气语调、交谈方式都是十分重要的。这些态度指标是我们这一代人需要考虑的一部分。一个能够理解自身特有的世代问题的家族可以通过发现孩子（继承者）的梦想并努力再创家族财富来打开一道交流大门。孩子应该培养交流能力，但往往被呵斥或接受的教育所吓退。开家族例会是个培养交流的好方法。它给予家族成员表达情感和公开交流的机会。它也鼓励下一代全面参与家族生活的方方面面。正如格雷所说，参与是任何家族财富管理获得成功的关键。

（三）延迟享乐

延迟享乐是我努力让我自己的孩子记住的一个概念。想象一下，孩子要获得他所想要的每一样东西有多困难，怎么办？延迟享乐。你有多少次在大街或商场里看到被溺爱的孩子，心想"这孩子被宠坏了"？在我看来，宠坏孩子是父母做得最糟糕的一件事。极端地说，被溺爱的孩子会越发享乐，这可以表现为信用卡债务、滥用药物，甚至更糟。家族客户父母要抓住每一次机会让他们的孩子欣赏他们所拥有的东西并获得物质的好处。父母经常给礼物，因为这让他们感觉不错。但富人应该避免这种行为，因为这通常弊大于利。让孩子去从事志愿者工作，特别是做贫困地区的志愿者是让他们欣赏自己所拥有的东西的一种高效方法，他们可以清楚自己所拥有的东西的价值。这也许能帮助他们在陷入放纵行为之前进行反思。

二、家族客户对财富的态度

财富对人类而言有着正反两面的重大影响力。创造财富的人与继承财富的人对财富有着截然不同的态度。我曾经见过许多在银行有着数亿美元资产的"富一代"住在他们当年生孩子的老房子（通常是简单的三室或四室房屋）里，开着跟10年前相同的车。我也曾见过相同财富的继承人建大别墅，开极其昂贵的跑车。理解这其中的财富态度差异是非常重要的，因为如果这一点没有被妥善处理，财富的传递过程就可能断裂。

在家族客户的圈子中，有一句谚语是用来描述后辈乱花从上一辈继承过来的金钱的现象：富不过三代。这是一种跨文化现象，而不仅仅是西方的文化趋势。最开明的家族客户对他们的财富有着极为良好的态度，但其他富豪却不是这样。一些家族客户关注财富的财务方面，而另一些则关注人力资本。这里没有孰对孰错。众所周知，我们的家族教育和个人经历，包括宗教、政治和社会经历，都会塑造我们的个人形象。这些态度和经历是如何影响家族客户做财富决策时的方式的呢？家族财富咨询智囊战略有限责任公司的创始人，丽莎·格雷认为这些态度和经历不仅是有影响力的，而且导致了每一代人的不同视角。我们在成长时期形成的大局观将永远伴随我们。它们塑造我们特有的世界观，成为我们一生决策过程中参考的自动框架。格雷说，这些视角反过来塑造家族的动态。家族动态影响家族成员之间的互动，特别是他们的交流方式和彼此构建信任的能力。当金钱覆盖了那些影响我们态度和信仰的因素的时候，负面结果就可能发生。

在格雷的著作《世代财富管理：全球家族财富管理指导》一书中，她认为，家族内部不同的时代视角是造成家族成员对目标和追求产生偏见和误解的根源。每 3.1 代人都有自己对家族生活、性别地位、投资、财富管理和未来的思考方式。这样的误解导致咨询师和家族领导者做出不符合家族真实需要的财富管理目标假设。财富管理决策的每个阶段都建立在每代人对其他人态度和目标的看法上，这导致家族要做出具有凝聚力的财富决策非常困难。这也很好地证明了"富不过三代"的谚语。

超高净值客户的咨询师必须对某些可能破坏家族财务和社会福利的态度非常谨慎，以便他们可以着手应付。这些态度背后的含义还远不止这些。它们不仅影响家族进行财富管理决策的方式，而且对家族形成有效管理系统和一系列旨在惠及家族成员的原则方针的能力有着直接影响。下面简要介绍对财富的态度渗入和影响家族决策过程（管理结构）方式的 5 个部分。一名理解这些态度的咨询师便能够成功引导家族客户管理好他们的各方面财富，为下一代做准备。

（一）渴望施加控制

也许财富积累最危险的副作用之一就是渴望对其他人施以监管，特别是孩子。那些成长在富裕家族的孩子经常为了取得既定的目标而倍感压力：上某所学校，与某类人打交道，进入某职位，这些都是由父母决定好的。这对家族凝聚力和在这种压力下的精神健康是有相当大破坏性的。孩子需要被当成个人对待，支持他们的能力、兴趣和目标。随着孩子的成长，他们需要觉得他们可以自由追求自己的梦想、社交，跟自己觉得非常合适的人结婚——总而言之，以他们自己的方式过他们自己的生活。

（二）关爱缺失

不幸的是，身为家族客户的父母经常忽视他们的家族关系，特别是跟他们的孩子的关系。他们追求自己的生活，他们参加慈善晚会，经商，和朋友一起去乡村俱乐部聚会，外出旅游，以及开展许多其他家族客户追求的娱乐项目，孩子经常对此表示不满，而这个时候，父母通常过度补偿，给孩子购买昂贵的礼物。金钱、礼物或其他物质好处替代了生活中最重要的东西：关爱。父母经

常无法理解他们的孩子是多么渴望得到认可。结果，孩子无法培养持续关爱他人的能力，因为他们持有一个有缺陷的观点——关爱有时候是可以购买的，而不是创造或获得的。关爱不是靠浪漫晚餐、鲜花、海边散步或充分交流来衡量的，而是以物质的所有权。这种现象不仅仅在未婚妻身上发生，而且也可能出现在普通朋友关系中，随着时间流逝，它可能造成多余的不开心和怨恨。

（三）自尊心较弱

世代财富的另一个重要问题就是自尊心较弱。这里的问题是，一名财富的继承者需要通过一个信托基金或其他资源来管理财富，但他却觉得他不应该继承这笔钱，因为这不是他自己赚的。而这让继承者觉得有伤自尊和内疚。这也是为什么培养继承者的梦想是如此重要的原因。你不想让孩子们认为周围的人都因为他们继承了财产而当他们是懒惰或者无能的人吧。

（四）关系权力

有钱人有时候觉得他们在人际关系中比那些穷人更有权力。例如，一个有钱的妇女跟一个没钱的男人结婚。男人天天出去工作，已经培养了强烈的工作意识，而缺乏工作意识的妇女则不工作，因为她觉得她在结婚的时候已经带来了一大笔钱。尽管丈夫天天工作赚钱，妻子却觉得她更有财务决定权。这样就可能会导致争吵。

妻子：这条裙子今天打五折，所以我买了。

丈夫：但是亲爱的，你还有7条今年买的新裙子没有穿过啊。

妻子：我有权利去买我想要的任何东西，不要对我指手画脚！

丈夫：你在给我们的孩子树立一个什么样的榜样啊？

这样的争吵持续不断。当人们结婚时，不论谁给婚姻带来了什么，他们都应该一起做决定，这样才能保证家族和睦。

（五）社会关系的亲和力

有钱人容易被他们自己这一类人——有钱人所吸引，有几点原因。如果一个有钱人跟一个中等或低收入者成为朋友，那最后低收入者可能会感到嫉妒或怨恨，这不利于朋友关系的健康发展。此外，一个自尊心较弱的财富继承者基本上在另一个强调这一状况的继承人的公司里会觉得舒服一点。因此，朋友关系可以让生活变得有趣而充实，但财富会给交友广泛的朋友关系带来很多问题。

这里确实还可以回顾更多的金钱态度问题，如与对权利的需求、性生活、宗教和性别地位等相关问题的态度。在这方面的内容资源，大家可以参考Lynne Twist 的《金钱灵魂：反思我们内心的财富》一书。

行为金融学，通常被认为是心理学在金融学上的应用。自从2000年3月科技股泡沫破灭之后行为金融学变成了一个非常热门的话题，使金融市场开始重拾信心。虽然这个概念在各类书籍、杂志和投资类论文中传来传去，但许多人还是对行为金融学背后的概念缺乏一个严谨的理性认识。在我之前写的一本书——《行为金融与财富管理》中，我将这个话题分为两个子话题，微观行为金融和宏观行为金融。微观行为金融（BFMI）研究那些不同于经典经济学理论假设下的理性投资者的个人投资者偏差与行为。宏观行为金融（BFMA）用行为模型来研究描述有效市场假说下的异象。作为财富管理的参与者和投资者，我们的主要焦点是在微观行为金融，对个人投资者行为进行研究。具体而言，我们想要确认相关的心理偏差，调查它们对资产配置决策的影响，以便我们可以管理投资过程中这些偏差带来的影响。

财富管理参与者有不同的方法来衡量咨询关系是否成功，但每个成功的关系都有着如下共同特征。

（1）咨询师明白客户的财务目标。
（2）咨询师以系统的（一致的）方法为客户提供咨询。
（3）咨询师传递客户所希望的东西。
（4）这种关系使客户和咨询师双方都受益。

第三节　家族资产配置概述

一、家族财富管理的特殊性

（一）目标不同

总体而言，家族财富管理沿着财富创造、财富保全和财富传承三个阶段进行，家族财富的永续传承就是按照这三个阶交替更迭，最终实现家族财富的永续传承，如图1-4所示。家族财富管理的终极目标是追求财富的保值增值与永续传承。这一目标的长期性远远超过了通常投资理财中期限长短的概念。

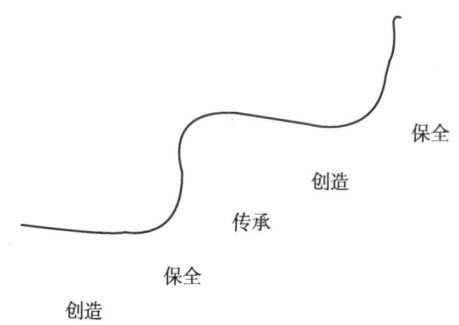

图1-4 家族财富管理的三阶段

除了期限更长外，家族财富管理目标的另外一个特点是目标的多样性。它不仅仅追求财富价值的增长，也关注财富的顺利传承、家族整体税收优惠等。本书下篇第一和第二部分将分别阐述家族财富的保值增值和传承。

（二）资源不同

任何财富管理的实施基础是财富管理主体的可动用资源，通常，财富管理主要是对现金、有价证券、不动产的管理。而家族财富管理的基础是家族所拥有的财富，家族财富包括有形财富，如现金、有价证券、债权、不动产、贵金属、艺术品等，对于大部分家族而言，有形财富的主要组成部分是家族企业的股权，基于这些可能没有上市的公司股权的财富配置是家族财富区别于传统财富管理的重要特点之一。除此之外，家族财富的另外一项重要组成部分就是家族无形财富，例如，家族领军人物的品性、家族政商关系、家族品牌、家族文化等。本章主要分析家族有形财富的管理，家族无形财富的管理将在本篇第二部分进行详尽的阐述。

（三）限制条件不同

家族财富管理追求的是家族财富的永续传承，其注重长期稳定收益的特性决定了在家族财富配置时需要满足如下三个限制条件。

追求长期回报族的永续存在性，决定了家族财富管理与一般投资、财富管理的最大区别就是前者追求长期的回报，而不是短期的回报。对于一般的投资者而言，投资期限在2年以上就可以视为长期投资，如PE、VC投资，很少有投资期限在10年以上的财富管理计划。而家族财富的配置不仅仅需要考虑当代人需求，还要综合考虑下一代，甚至下几代人的需求。

收益率的低波动性。波动是侵蚀财富的重要手段，如某资产组合第一年收益率为5%，第二年为-5%，则两年后，资产组合的净值下降5%，且收益率波动越大，财富的长期损失越大。

永续传承。家族财富管理追求世代的繁荣，在财富保值增值以及代际传承的长期过程中。通胀、税收，尤其是遗产税对于财富的世代传承构成重大的威胁和挑战。因此，在家族财富管理的规划设计中，尤其需要重视税收的影响因素，做好税收的规划，本书中的第二部分将专门讲述财富配置与传承中税收规划问题。

二、家族财富管理的目标设定

一般而言，家族客户在即使考虑其财富管理目标，也只限于通用目标，而不是具体化的目标，例如，一个典型的家族客户被问及其财富管理目标时，很可能这样回答：我真正需要的是子孙后代能够过上富足的生活。这个答复，由于缺乏财富管理规划所必需的基本信息和个性化具体内容，因此，根据这样的目标无法进行财富管理的规划设计。

一个完整的财富管理规划目标应该包括时间范围、优先顺序等方面的具体内容，且尽量做到可量化。

（一）目标的分类

1. 长期目标

长期目标通常为目标制定主体的终极目标，由于家族财富管理涉及财富的代际传承，因此，家族财富管理的长期目标的时间范畴通常要超过两代人之间的间隔，即通常在25~30年以上。在制定并实施长期目标时，一定要考虑到环境的变化，因为，30年之后，众多环境因素，包括政治环境、经济环境、金融环境甚至人文环境可能会发生重大的变化，如果长期目标的制定和实施依赖于特定的上述环境的话，一旦这些环境发生较大的变化，长期目标就难以实现。

长期目标的具体内容取决于家族的价值观与世界观。家族财富管理长期目标应该与家族自身的使命相吻合。长期目标应该是高度凝练的，其可量化程度较低。

通常的家族财富管理长期目标包括：家族企业可以永续传承下去。

2. 中期目标

家族财富管理中期目标的时间范围通常在一个代际内，即在25~30年内，其时间下限通常为一个经济周期或者政治周期长度。具体选择何种周期主要取决于家族企业主要业务所处行业的特性，如果家族企业所处行业为强周期性行业，如能源、原材料相关领域，则中期目标时间范围下限可以确定为一个基本周期，即3~5年。如果所处行业为中性周期行业，如制造业，则中期目标时间范围下限可以确定为一个朱格拉周期，即10年。如果所处行业为非周期性行业，如零售、快消品等。中期目标时间范围下限可以确定为一个政治周期。

中期时间范围之所以要与经济周期相联系，是因为家族企业如果不能熬过周期低谷，则家族主要财富将大大减少，家族财富管理也将无从谈起。

在中期范围内，家族财富管理的目标包括：家族企业顺利发展，家族年轻一代能获得更好的教育、家族成员身体健康等。

3. 短期目标

短期目标是指在中期目标时间范围内的目标，在此时间范围内，家族财富管理的主要目标是资产的增值。包括家族企业的扩张、家族金融资产的增值、不动产投资、车船购置等。短期财富管理目标与通常的财富管理类似，但是，鉴于短期目标应该服从中长期目标，因此，在制定家族财富管理短期目标时，不能忽视中期内经济周期的风险：如果仅仅为了追求短期目标而推动家族企业快速扩张，一旦经济下行，家族企业可能面临很大的生存压力，这与中期目标相悖，因此，制定短期目标时应该遵循适度谨慎的原则。

（二）目标制定

设计家族财富管理目标的前提是了解客户的资产状况，收入与支出情况等基本信息，之后在根据客户的年龄段、家庭基本状况等信息制定目标。

1. 收入与支出估计

在制定和家族财富管理规划时，充分考虑规划的限制条件是其重要前提，其中家族客户财富状况以及收入与支出的估计是最为重要的内容。

家族财务信息是指客户当前的收支状况、财务安排以及这些情况的未来发展趋势等。财务信息是家族财富管理机构制定财富管理规划的基础和根据,它决定了客户的目标和期望是否合理,以及完成个人财务规划的可能性。

家族资产负债表和家族利润表是衡量家族长期财富目标是否健康的重要工具。传统的资产负债表试图衡量某一时点上企业的财富状况,家族资产负债表同样包括家族资产、家族负债、家族所有者(家族成员)权益,但是与一般资产负债表不同时的是,家族资产负债表既衡量金融资本、实物资本,又衡量人力和智力资本。

(1) 资产与负债。资产是家族拥有所有权的财产的总称。它可以是现金,可以是购买获得的财产,抑或是家族通过借贷资金购买的财产。但是,对那些只拥有使用权而非所有权的财物,如租赁的房子、汽车、飞机、游艇等,不能算作家族的资产。负债是指家族由于过去的经济活动而产生的现有责任,这种责任的结算将会引起家族经济资源的流出。资产与负债反映了家族的财务资源状况,它能帮助个人对实现财务目标的进程进行追踪,因而对于设定、监控和调整家族财富管理规划是必不可少的。家族财务状况尽职调查表将各方面梳理家族的财务状况,以及预测家族收入与支出。

(2) 收入与支出。收入支出表用来说明在过去一段时期内,家族的现金收入和支出情况。收入支出表只记录涉及实际现金流入与流出的交易,那些额外收入,如红利和利息收入、保险现金价值的累积以及股权投资的资本利得也可列入收入支出表中。收入支出表反映了家族在一段时间内的财务活动状况,有助于家族将实际发生的费用和购买支出与预算的数字进行对比,从而采取必要的调整措施以消除两者之间的差异。

(3) 现金预算。现金预算主要涉及未来预期的现金收入和现金支出。现金预算中收入的估计和收入支出表中的收入计算不同,现金预算中的收入部分是家族最终实际获得的收入,而不是扣减之前的总收入。另外在估计现金支出时,明确家族的消费习惯很重要。

2. 目标层级与优先顺序

在家族财富管理人员的帮助下,家族客户可能会明确多种目标,包括长期目标、中期目标、短期目标以及涉及不同内容的目标。在确定了目标之后,应该明确各目标的优先顺序以及层级关系。处于不同生命周期阶段的家族,其目标的优先顺序会显著不同,如家族传承阶段,其优先目标是财富和资产能够顺

利地传承于下一代。

家族财富管理规划应该优先满足最顶层的目标,并在此基础上,满足下一层面的目标。家族财富管理就是在第一节所述的限制条件以及对于家族财富状况预测基础上,满足目标的过程。下面将具体介绍如何开展家族财富的管理。

三、实施的主体

家族财富管理管理对象为家族资产,涉及实物资产、企业股权、现金和金融资产等,同时家族财富管理目标多维,因此,不能用传统的现金资产管理的方式来进行家族财富管理。同样,传统的现金资产管理机构也不适合从事家族财富的管理,因为这些机构仅能够进行现金资产的配置,且在现金资产配置的过程中,没有对家族状况和目标做详尽的调查,其现金资产配置方案很难与家族其他资产的配置状况形成互补。

唯有家族办公室能够统筹家族资源,并在深入了解家族需求的基础上,梳理家族财富管理目标体系。

第二章　家族资产配置的理论依据

第一节　资产和投资组合风险

一、风险的定义和类型

风险有几种不同的含义和定义，它们都有各自的道理。在纽约联邦储备银行 2000 年 10 月刊的《经济政策评论》（economic policy review）中，资本市场风险顾问公司（capital market risk advisors）的莱斯莉·拉尔（Leslie Rahl）给出了一份清单，其中列出了金融公司面对的 48 种风险。一些投资者把风险看作损失的可能，甚至实际的损失。投资者对风险的容忍度差别很大，甚至同一个金融市场环境下的同一个投资者在不同时期对风险的容忍度也会不同。对长期投资者来说，回报的波动并不是主要的风险；相反，最大的风险是在消费价格通货膨胀的长期影响下，购买力出现下降。相比而言，对短期投资者来说，回报的波动可能常常要比通货膨胀更重要。

许多常用的风险衡量方法都要依靠历史数据，当环境随时间改变时，这些方法也会发生改变，因此需要谨慎对待它们，并将其与其他各种风险衡量方式放在一起进行考虑。某些风险发生的概率很低，并且（或者）发生时带来的损失或后果也不严重。这样的风险，许多投资者认为它们无关紧要。

从一个更为正式的、数据的角度来看，风险可以这样定义：围绕资产或投资组合的预期回报，可能出现投资回报的不确定性。尽管波动性可以被数量化，但投资者对波动性的容忍度是主观的，且通常只能以较高的不确定性衡量。在资本价格风险和波动性风险之外，投资者还面对着其他形式的定量式和定性式风险，如循迹风险和半循迹风险，巨灾风险或最差合理损失风险。其他风险包括通货膨胀或购买力风险、周期风险、货币风险、信用风险或违约风险、事件风险、流动性风险、提前偿还风险、再投资风险以及系统风险。许多金融市场参与者采取一种被称作风险价值（value at risk，VAR）的市场风险衡量方法，这种方法使用假定的利润和损失的常态率分布来计算投资组合的整体风险。例如，VAR是根据一段时期内（如一周）的历史回报，该时期内可能有的损失中不超过5%的概率。这种衡量被称作95%或一周VAR。VAR的介绍可以从contingencyanalysis.com获取到。

M2（M-squared）是一种应用越来越多的风险调整投资表现的方式，因它的两个发明者弗兰科·莫迪利安尼（Franco Modigliani）和李·莫迪利安尼（Leah Modigliani）得名。M2代表当一项投资调整到与市场整体（与该资产做比较的市场）相同的波动性（风险水平）时，该资产所产生的回报。当M2超出其市场基准回报时，表明与市场相比，在所承担的风险下，投资的回报水平超过市场；当M2低于其市场基准回报时，表明与市场相比，投资的回报水平低于市场。

投资于一项资产时，市场范围内的、无法通过多元化降低的系统性风险被称作市场风险。投资者试图减到最低或消除的价格风险被称作可以通过多元化降低的风险、剩余风险或非系统性风险。非系统性风险的另外一个叫法是特殊风险。每一种资产都有系统性风险和非系统性风险。

二、方差和标准差

通过从每一个回报中减去平均回报（平均值），投资者可以了解到该资产的实际回报与平均值的正负差异，这种差异被称作偏差（deviation）。将它们平方，以消除正负值之间的区别，然后加在一起，这样得出来的总数的算术平均被称作方差。方差的平方根被称作标准差，是对数据序列在平均值周围表现的离散、差异或波动的重要衡量方法。简单来说，标准差估量的是一个回报靠近预期平均回报的可能性。表2-1计算了沪深300指数2002~2016年的回报率及标准差。

表2-1　　沪深300指数2002~2016年的回报率及标准差

年份	回报率	与均值偏差	偏差平方和
2002	-18.34%	-37.44%	14.02%
2003	12.06%	-7.04%	0.50%

续表

年份	回报率	与均值偏差	偏差平方和
2004	-18.41%	-37.51%	14.07%
2005	-4.21%	-23.30%	5.43%
2006	119.57%	100.48%	100.95%
2007	160.52%	141.42%	200.00%
2008	-65.03%	-84.13%	70.78%
2009	87.75%	68.65%	47.13%
2010	-9.77%	-28.87%	8.33%
2011	-27.93%	-47.03%	22.11%
2012	9.82%	-9.28%	0.86%
2013	-8.02%	-27.11%	7.35%
2014	56.83%	37.73%	14.24%
2015	-4.74%	-23.83%	5.68%
2016	-3.66%	-22.75%	5.18%
平均涨幅	19.09%	平方和累计	516.63%
方差	36.90%	标准差	60.75%

一般来说,高的回报标准差说明投资一项资产的实际回报很可能与预期回报不同。一系列数据的标准差表示的是数据点与算术平均的偏差程度,而不是与几何平均的偏差程度。按照统计学的常规,投资者将标准差与简单平均值做相关联的衡量。由于较高的标准差意味着回报中有较高的波动,复合几何回报率较低、标准差较高时,与复合几何回报率较高、标准差较低时一样,都会产生同样的数学结果。表2-2给出了这种关系。

表2-2　　　　　　　　几何回报率与算术回报率

复合几何回报率	标准差	算术平均回报
8.9%	25%	12%
10.0%	20%	12%
10.9%	15%	12%
11.3%	12%	12%
11.5%	10%	12%

如表2-2所示，8.9%的复合几何回报率，同时再加上相对较高的标准差25%，与12%的算术平均回报率是相同的。同时，11.5%的复合几何回报率，再加上相对较低的标准差10%，同样也产生了与12%的算术平均回报率一样的数学结果。换言之，给定的算术年平均回报率（如12%）会带来较低复合几何回报率和较高的回报标准差，或者较高的复合几何回报率和较低的回报标准差。

以周、月、季度或年为单位的数据系列产生的标准差也是以周、月、季度或年为单位的。将周、月或季度的标准差转换为年标准差（有时被称作标准差的换算过程）是较为复杂的，不仅仅是简单地乘以52、12或4。投资者必须将周、月或季度的标准差分别乘以52、12或4的平方根。

三、半方差

当衡量的时间段不同时，标准差可能会有较大差异。例如，周回报或月回报可能会比年回报表现出更大的波动性。一些资产种类（如国债或房地产的鉴定价值）的月与月之间或季度与季度之间的波动性要小于长期的年波动性。实际上，许多投资源使用的都是周或月的数据，以捕捉到尽可能多的信息，然后再将回报换算成年回报和相关的标准差。

有一种特殊形式的方差专门把注意力放在负回报或者低于平均值的回报上，这种方差叫作半方差。当回报的分布没有对称地分布在平均值两侧时，尤其当投资者对低于平均值的回报的反应强于对高于平均值的回报的反应时（或者低于平均值的回报的概率比高于平均值的回报概率高时），这种衡量方法是有用的。否则，半方差就只相当于一半的方差。

计算半方差与计算方差的方法类似：将所有低于平均回报的差异的平方相加。半方差的平方根被称作半标准差。半方差的一个完善的版本被称作下方差（downside variance），计算的是低于某一特定回报率的差异程度。下方差，或下方标准差，评估的是与一个目标回报率相关的可能的损失。通过将注意力仅放在下方差而不是同时关注下方差和上方差，目标半方差（target semi-variance）或目标下风险（below-target risk）将低于目标回报率的可能性做了数量化的处理。目标下概率（below-target probability）是一个与此相关的衡量方法，它预测的是未能达到一个特定目标回报率的概率，并以类似的方式对待所有低于这一目标回报率之下的差额，而不管这些差额的大小。

如果投资者能够正确地理解并对其加以利用，标准差的概念可以是一个有力的工具，虽然不是万能的。它可以帮助投资者衡量风险的一个关键元素——回报的波动或离散。尽管从理论上讲，一项资产在不带来下跌风险（downside risk）的情况下产生高的回报标准差是可能的，但大多数有着较高的回报标准差的资产往往都会有着较高的损失概率，或者产生负回报的概率。关注标准差——而不是一味地追逐高回报是投资者重视风险和风险容忍度的一个方式。

四、协方差

根据现代投资组合理论的原则以及与市场投资组合、市场有效性和其他假设相关的思想，一项资产的预期回报是与该资产的风险相关联的。换言之，一项资产的回报必须与该资产与投资组合中其他部分的协方差相关，而与该资产历史回报或预期回报数据的方差（或其平方根，即标准差）无关。假设投资组合中其他部分是整个市场的资产，一项资产的预期回报以一种线性的方式随该资产与整个市场的资产的协方差而定。

协方差衡量的是两个资产之间的回报变化程度，或者两个资产的回报同时移动的程度。有的投资者用协方差来衡量在一对给定的资产中，其回报是倾向于向同一个方向移动（正值）还是向相反的方向移动（负值）。用统计学的术语来说，协方差是两个变量与其平均值的差异的积。两个资产的协方差是根据它们在投资组合中的特定的量来独立计算的。两个投资回报的协方差是每个资产回报与其预期平均回报的差异的积的平均。根据定义，协方差是在资产组（asset pairs）之间进行计算的。因此，增加投资组合中资产数量会使得计算量大大增加。

在计算协方差时，一个包含两种资产的投资组合只需要计算一次，一个包含 10 种资产的投资组合需要计算 45 次，而一个包含 100 种资产的投资组合需要计算 4950 次。用数学术语来说，协方差的计算次数等于 $n/2 \times (n-1)$，其中 n 为投资组合中的资产数量（见表 2-3）。

表 2-3　　　　　　　　　　协方差计算过程

年份	上证指数	沪深 300	上证指数回报偏差	沪深 300 回报偏差	偏差乘积
2007	92.99%	160.52%	81.16%	140.94%	114.39%
2008	-64.88%	-65.03%	-76.71%	-84.61%	64.90%

续表

年份	上证指数	沪深300	上证指数回报偏差	沪深300回报偏差	偏差乘积
2009	77.92%	87.75%	66.09%	68.17%	45.06%
2010	-14.12%	-9.77%	-25.94%	-29.35%	7.61%
2011	-21.71%	-27.93%	-33.53%	-47.51%	15.93%
2012	3.50%	9.82%	-8.32%	-9.76%	0.81%
2013	-7.75%	-8.02%	-19.57%	-27.59%	5.40%
2014	54.28%	56.83%	42.46%	37.25%	15.82%
2015	-17.50%	-4.74%	-29.32%	-24.31%	7.13%
2016	15.51%	-3.66%	3.68%	-23.23%	-0.86%
回报算术平均	11.82%	19.58%		乘积和	276.19%
回报标准差	46.65%	61.78%			

注：协方差 = 偏差乘积的平均值 = 276.19%/10 = 27.62%.

相关系数 = 协方差/(标准差乘积) = 27.62%/(46.65% * 61.78%) = 0.95。

第二节 资产配置理论基础

一、马科维茨投资组合理论

现代投资理论革命的爆发点是1952年3月在"Journal 01 Finance's"上发表的一篇名为"证券组合选择"的论文，该论文的作者是当时年仅25岁的哈里·马科维茨，当时他是芝加哥大学的研究生。

马科维茨最终的声望，包括他在1990年获得诺贝尔经济学奖，皆源于他的"投资者应当对风险和回报同样感兴趣"的理念。这个理念导致人们在投资理念上的重大进展，即风险才是投资的核心，以及投资组合而不是头寸才是投资管理的基础。

虽然这些观点现在看起来似乎并不怎么具有革命性，但考虑到在20世纪50年代的情况，这些理念的提出在当时的投资界还是很有震撼力的。巴赫勒（Bachelier）已经被人们遗忘了，考尔斯也差不多淡出了人们的视野。格雷厄姆和多德理论受到广泛的追捧。他们首先考虑的是个人地位，其次才是风险的概念。甚至作为现代经济学之父的约翰·梅纳德·凯恩斯（John Maynard Keynes）也不例外，他当时在国王学院（Kings）掌管剑桥大学的捐赠基金很多年，留下了一笔与格雷厄姆和多德有关投资重点是个人资产的观点相一致的遗产。

在市场条件允许的情况下，我赞同尽量建立一种大的组合单位……要保证投资安全的首要方法，就是在大量的存在差异而又难以判断的公司中，进行小规模的分散投资。但是和在一家我们可以掌握充分信息的公司中投资大量股份相比，第一种方案会让人觉得是一种令人可笑的投资策略。

甚至在马科维茨为其论文进行辩护时，联邦储备委员会主席米尔顿·弗里德曼（Milton Friedman），当时是芝加哥的一位教授，也是马科维茨论文答辩委员会成员，曾公开挑战道：

哈里，我在你的论文中看不到任何数学错误，但我有个问题。这不是一篇经济学论文，对于这样一篇非经济学论文，我们不会给你授予经济学博士学位。非数学、非经济，甚至非工商管理。（最后他们还是授予马科维茨博士学位了）

在这样的学术和从业者环境下，马科维茨的研究成果没有获得立竿见影的成功并不稀奇。1966年，《金融分析师杂志》清楚地列出了20年来41篇有关成长股票的论文，24篇关于黄金的论文，只有4篇是关于证券分析的论文。没有单独列出有价证券组合管理的论文。

1955年，哈里·马科维茨将其原创性的论文发展成为一本著作。1959年，这本书的完整版以《投资组合选择：投资的有效多样化》为名公开出版。现在我们称其为《现代投资组合理论（MPT）》。

（一）投资组合的协方差

当哈里·马科维茨开始对其有关风险是非常重要的理念进行进一步深入思考时，他首先思考了看重基本面的投资者是怎样构建其有价证券投资组合的。

看重基本面的投资者主要关心的是，构建一个能够使其预期贴现收益最大化的股票组合。马科维茨认为，这一方法将会导致股票投资集中于少数几个经济部门，从而使所构建的有价证券投资组合难以实现有效的多元化。众所周知，在20世纪50年代，一种资产组合的预期收益就是组合中每个资产的预期收益的简单加权平均。哈里·马科维茨认识到，通过类似的计算，比如对风险的简单加权平均，并不会得到整个有价证券投资组合风险的准确度量。实际上，他最后确定将以标准差形式测量的整体有价证券投资组合风险定义为协方差的函数。

这一关系的数学表达式可能有点令人生畏：

$$\sigma_{Port} = \sqrt{\sum_{i=1}^{N} W_i^2 \sigma_i^2 + \sum_{\substack{i=1\\i\neq j}}^{N}\sum_{j=1}^{N} W_i W_j Cov_{ij}}$$

其中，σ_{Port} = 有价证券投资组合的标准差，W_i = 投资组合中单项资产的权重，σ_i = 资产 i 的标准差，Cov_{ij} = 资产 i 和资产 j 间收益的协方差，此处 Cov_{ij} = $\sigma_i \times \sigma_j \times r_{ij}$，$r_{ij}$ = 资产 i 和资产 j 的相关系数。

虽然财富管理经理不必从马科维茨的计算公式中推导结果，但也应当懂得怎么输入相关数据。在这一方面，弗兰克·赖利教授在其教科书中提供了一个很有用的实例：

假定有价证券投资组合在股票 ABC 和股票 EFG 中平均分配。

我们知道这些股票的下列有关情况（见表 2-4）：

从表 2-4 中，我们可以很容易地计算出有价证券投资组合的预期收益是 20%，但标准差是多少呢？为此，我们需要知道股票 ABC 和股票 EFG 的相关性。

表 2-4　　　　　　　　　　　　股票基本情况

股票	预期收益（%）	标准差（%）
ABC	20	10
EFG	20	10

（二）资产的相关系数

假设两只股票是完全相关的，也就是相关系数 = 0.5。那么，利用前面的公式：协方差 = $0.5 \times 0.1 \times 0.1 = 0.005$。

有价证券投资组合的标准差
$$= \sqrt{0.5^2 \times 0.1^2 + 0.5^2 \times 0.1^2 + 2 \times 0.5 \times 0.5 \times 0.005}$$
$$= 0.087$$

现在我们可以看到多样化投资的力量了吧。两只股票的波动性没有改变，在计算中,唯一变化的是最后的数字,即协方差。有价证券投资组合的预期收益仍然是20%,而有价证券投资组合的波动性比 ABC 或 EFG 股票低1.3%。

不同相关性情况,两只股票所构成的投资组合标准差如表2-5所示。

表2-5　　　　　　　　　相关系数与组合标准差

相关系数	1	0.8	0.5	0.2	0	-0.5	-1
组合标准差	10.00%	9.49%	8.66%	7.75%	7.07%	5.00%	0.00%

马科维茨理论的主要成果之一就是,有价证券投资组合的风险一般低于单个资产的风险的加权平均。很小的多元化资产配置就能降低许多风险。如图2-1所示(这一点对于客户教育是非常有益的),10~12只相关性很小的股票头寸能大大降低有价证券投资组合的风险。

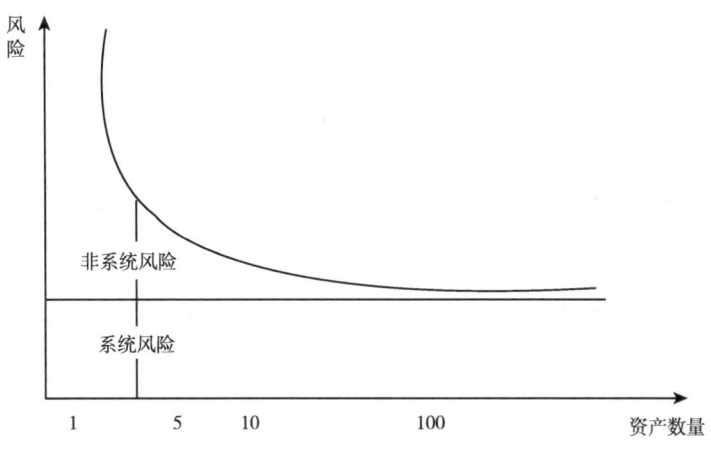

图2-1　证券组合风险构成与资产数量关系

二、资本市场理论

另一个对投资理论做出重要贡献的是马科维茨的学生威廉·夏普,1990年,夏普和马科维茨一同获得诺贝尔经济学奖。

(一)资本资产定价模型

夏普的贡献是将马科维茨的投资组合理论向一般市场理论进一步延伸。其最辉煌的成就是在1964年9月出版的《金融杂志》上发表的《资本资产价格:一种在风险条件下的市场均衡理论》(*Capital Asset Prices: A Theory of Market*

Equilibrium under Conditions of Risk）一文。夏普的理论为确定市场如何为金融资产进行估值（比如定价）提供了一种模型，这一模型就是大家所熟知的资本资产定价模型（CAPM）。以 MPT 为基础，夏普利用马科维茨的假设，增加了许多新的重要假设。

资本资产定价模型（CAPM）假设：

（1）存在一种无风险的资产（即对于预期收益率不存在不确定性）。

（2）投资者能够以无风险收益率借入和借出资金。回报没有税收和交易成本。

（3）所有投资者拥有相同的投资年限。

（4）所有投资者对资产收益具有相同的预期。

对夏普新的假设的批评主要集中在以下几个方面：

（1）投资者没有能力以元风险利率借入资金。

（2）税收和交易成本是实际存在的。

（3）投资者不具有统一的投资年限。

（4）投资者不会具有相同的收益预期。

基于上面的假设，夏普认为，所有投资者的有效边界看起来像一条资本市场曲线（见图 2-2）。

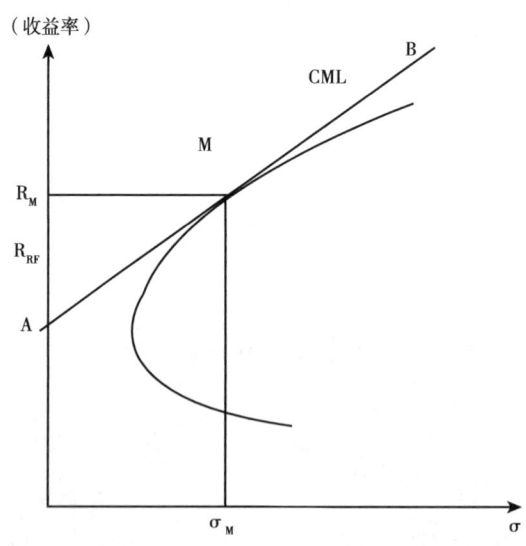

图 2-2 有效边界和资本市场线

无风险资产（A）所绘制的一条线与有效边界的相切点（M）代表具有相同特点的马科维茨效率投资者所追求的唯一最佳有价证券投资组合。从逻辑上讲，如果这代表了所有投资者将拥有的有价证券投资组合的话，那么它就肯定说明这些投资者确实拥有这样的投资组合；因此，M 就是这一类型投资者的有价证券投资组合的代表。

我们按照 CAPM 所遵循的逻辑进一步推演，所有投资者会很明显地选择拥有只有两种投资品种的有价证券投资组合，即无风险资产和市场组合。在 CAPM 的假设条件下（即能以零成本的零风险利率借出或借入资金），一个投资者能够在沿着 AM 线的任何地方，通过以无风险利率贷出其资金，将资产投资于市场组合。对一个希望逐步使其收益水平超过市场组合"平均值"的投资者而言，实现这一目标是很容易的事情。他可以通过以无风险利率借入资金，并将这些资金连同其所有资产投资于市场组合的方式，简单地进行杠杆化投资操作。借入资金量大小将决定他的杠杆化投资组合将落在 MB 线上的哪个位置。

AB 线是大家所熟知的资本市场线（capital market line）。CAPM 的另一个重要概念是证券市场线（security market line）。

（二）证券市场线

在 MPT 中，风险是一种资产和其他投资组合资产的协方差的函数。在夏普的投资社会，仅有一种市场资产，就是市场投资组合。因此，在这种情况下，唯一重要的协方差是这种资产与市场投资组合的协方差，实际上所代表的就是系统风险。这样，根据 CAPM 的原理，对于一种多样化的投资组合，总体风险是不相关的。非系统风险被分散化，剩下的就是系统风险，即市场风险。

从前面所介绍的马科维茨公式中，$Cov_{ij} = \sigma_i \times \sigma_j \times r_{ij}$。

市场与其自身的协方差等于 1。

在 CAPM 中，与市场的协方差是单一的风险测算指标。

在此增加两个基本的数学概念：

两点确定一条直线。

一条直线的代数关系式是：$Y = a + bX$。

上述等式中，Y 的值由 X 的任意值来确定。

如果 $x = o$，那么 $a = Y$，$b =$ 直线的斜率。

返回到 CAPM 中来,我们现在画出一条线来描述收益和风险之间的关系。以通用关系式表示就是:

$$R = a + b(Rf)$$

我们又知道,风险 = Cov(M),则:

$$Ri = a + b(Cov(m))$$

现在我们要定位两个点来确定一条线。我们知道对一种元风险资产来说,其与市场的协方差等于 0,因此:

$$RRF = a + b(0) = a$$

我们还知道市场本身的相关系数等于 1,因此:

$$Cov_m = \sigma_M \times \sigma_M \times 1 = \sigma_M^2$$

接着 SML 就可以描述为:

$$R_m = R_{RF} + b \times \sigma_M^2$$

利用基础代数学知识,我们可以得出 SML 的斜率是:

$$b = (R_m - R_{RF})/\sigma_M^2$$

为了更容易理解,我们把公式进行重新排列,结果就是:

$$R = R_{RF} + (Cov_M/\sigma^2) \times (R_m - R_{RF})$$

尽管这是对 SML 的恰当的简单描述,CAPM 在此基础上又前进了一步。由于市场风险是多样化的有价证券投资组合的主要风险,显然以此作为测量其他资产风险的一个标准是非常合适的。简单明了的解决办法就是引入一个新的术语,我们称其为贝塔系数(β)其计算公式为:

$$\beta = (Cov_M/\sigma_M^2)$$

那么,我们的公式就可以重新写成:

$$R = R_{RF} + \beta \times (R_m - R_{RF})$$

再进一步,如果我们计算市场(R_m)的 β,则:

$$\beta_M = (Cov_M/\sigma_M^2) = \sigma_M^2/\sigma_M^2 = 1$$

通过 SML，我们可以预测 β 和预期收益之间的准确关系，我们把这种关系再描绘成如图 2-3 所示的直线。

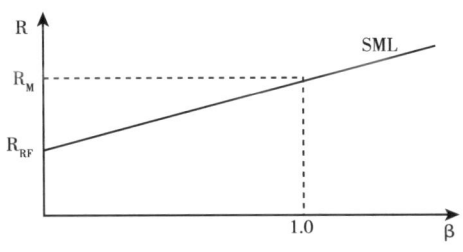

图 2-3　SML 模型图

三、EMH

有效市场假说认为，证券价格已经充分反映了所有相关的信息，资本市场相对于这个信息集是有效的，任何人根据这个信息集进行交易都无法获得经济利润。

有效市场假说实际上意味着"天下没有免费的午餐"，世上没有唾手可得之物。在一个正常的有效率的市场上，每个人都别指望发意外之财，所以我们花时间去看路上是否有钱好捡是不明智的，我们费心去分析股票的价值也是无益的，它白费我们的心思。

根据对信息集大小的分类，有效市场假说又可以进一步分为三种：

①弱式有效市场假说（weak-form market efficiency）。

该假说认为在弱式有效的情况下，市场价格已充分反映出所有过去历史的证券价格信息，包括股票的成交价、成交量、卖空金额、融资金额等。

推论一：如果弱式有效市场假说成立，则股票价格的技术分析失去作用，基本分析还可能帮助投资者获得超额利润。

②半强式有效市场假说（semi-strong-form market efficiency）。

该假说认为价格已充分反映出所有已公开的有关公司营运前景的信息。这些信息有成交价、成交量、盈利资料、盈利预测值、公司管理状况及其他公开披露的财务信息等。假如投资者能迅速获得这些信息，股价应迅速做出反应。

推论二：如果半强式有效假说成立，则在市场中利用技术分析和基本分析都失去作用，内幕消息可能获得超额利润。

③强式有效市场假说（strong-form market efficiency）。

强式有效市场假说认为价格已充分地反映了所有关于公司营运的信息，这

些信息包括已公开的或内部未公开的信息。

推论三：在强式有效市场中，没有任何方法能帮助投资者获得超额利润，即使基金和有内幕消息者也一样。

第三节　家族生命周期理论

家族生命周期是指具有血缘或者亲缘关系的利益共同体从兴盛到衰落的周期。家族共同体起源于古代的宗法组织，是传统上层社会的宗法观念向底层社会的渗透与扩充，并充分制度化的一种组织。家族共同体依靠伦理意识、血亲观念维系着它的稳定传承。本书所述家族利益共同体主要是基于经济利益的家族共同体，是利用自己的群体优势，经营家族财产，并联络各自独立的家庭组织劳动生产，推广先进的生产经验，形成了主要以家族利益为核心的家族企业，结成了家族经济共同体，其中家族企业是该家族的利益载体。可见，家族利益共同体的兴衰与家族企业的兴衰有着紧密的联系。

有时，家族利益共同体并非只有一个利益载体，而是存在多个在业务上紧密相关的家族企业，如某小企业主经营一个油烟机整机工厂A，其妹夫经营一个油烟机壳体生产厂B，且该壳体厂的主要客户为油烟机整机工厂A，那么我们可以将A和B从整体上看作一个利益载体，尽管其在法律上各自独立。家族生命周期及其特征如表2-6所示。

表2-6　　　　　家族生命周期及其特征

周期	利益载体组织形式	利益载体经营状况	利益共同体规模	利益共同体代际
初创期	个人独资、合伙企业	不稳定	较小，1~2个自然家庭	一代
成长期	家族控股的有限公司	高速增长	较小，1~2个自然家庭	一代
成熟期	家族控股的股份公司	稳定增长	较多，数个自然家庭	多代
衰退期	家族参股的股份公司	恶化	较多，数个自然家庭	多代

（一）初创期

创业期的家族企业，就像一个刚出生的婴儿，抵抗力很弱，随时会有生病的可能。事实上,许多中国家族企业并不能走出创业期,而是过早地死亡了。如果家族企业消亡,家族利益共同体的载体不复存在。

从企业规模上看,初创期家族的家族企业大都是中小型企业。此时企业员工数量少,而且企业员工很多与创业者有血缘、婚姻关系,企业用人多数在创业者周围的圈子里寻找;企业的年营业额低;企业资产数量也不多。从企业发展后劲上看,创业期家族企业的情况很不乐观,除了产品市场前景还算过得去以外,其他方面的情况都可以用"不足"来表达;对于企业无形资产,除了创业时可能带有一二项专利技术外,其他方面,如品牌、商誉等根本无从说起,可以说是一片空白。创业期家族企业的发展速度很慢,生命周期曲线上体现出来的是曲线斜率小且变化也小,虽然企业的发展速度不快,但有一个现象是好的,那就是企业在不断增长,正是这些缓慢的增长,积聚起了家族企业日后飞速发展的能量。此阶段家族企业的股权简单,多为独资或者2~3人的合资企业,公司治理的问题较少,利益共同体成员是亲缘或者血缘关系十分紧密的2~3个家庭,且代际关系单一,参与公司经营是一代成员,二代年龄较小。

创业期家族企业的想法很简单,只要能生存下去,然后能赚点钱,其家族可供配置资产较少,即使有的话,也多半对资产的流动性要求较高,以防企业经营遇到流动性问题。

(二) 成长期

成长期家族的特点是家族企业高速发展,参与企业经营的家庭个数不多,但是股权结构开始变得复杂,不仅早期参与创业的亲戚开始对股权产生利益诉求外,可能开始引进外部股权投资者。但是家族企业仍牢牢掌握在家族成员控制中。在成长期,家族企业的销售额上升得既快又不费力。

企业规模一下子扩张很大,员工数量也增加很多。成长期家族企业对投资往往是草率得不当回事,根本不是有规范地投资,而是一厢情愿地期待令人满意的结果。由于企业员工、资产的增加,企业管理的难度也相应地增加。成长期家族企业认识到了自己需要一整套规章制度来规范企业的管理。此时企业盈利较多,家族可供配置资产增多,对投资组合的流动性要求降低。

(三) 成熟期

成熟期的家族在家族企业治理方面已经十分完善,家族企业通常由创始人个人控制的企业变为家族联合控股的公众公司，家族企业所有权和控制权的传承机制设计妥当。在家族方面，家族成员较多，代际关系复杂。成熟期家族现金流充沛，可供投资的资产规模较大。

尽管成熟期家族表面光鲜，但是其背后潜藏的风险不可忽视。家族成员关系复杂、不同个体的利益诉求千差万别，因而一旦家族治理不当，一方面，容易导致家族成员关系破裂；另一方面，家族企业股权控制权分散，一旦家族企业的代际传承处理不当，可能致使家族企业的衰败或者家族企业落入他人之手。

（四）衰退期

衰败期家族企业的最显著特征是企业快速滑坡，逐渐演变成"资金的陷阱"，如企业生命周期的斜率为负，绝对值大，且变化率也大。衰败期家族企业内部冲突层出不穷，它们不去关注该采取什么措施来解决发生的问题，而是强调是谁造成了问题。其实，有些家族企业进入衰败期，不是因为产品过时没有市场，也不是企业经营决策出现重大失误，而是企业内部管理层出现争斗，例如，兄弟姐妹共同经营的公司出现兄弟姐妹反目，夫妻共同经营的公司出现夫妻不和。

由稳定期进入衰败期的家族企业，很大程度上是由家族企业衰败、家族企业代际传承不顺、家族内讧等引起的。相对于企业而言，可以导致一个家族衰败的因素更多。

需要说明的是，一个家族的周期长短并没有普遍的规律，有的家族可能在经历创业期后因为家族企业的倒闭而提前进入衰退期。有的家族可能在很长一段时期内处于成熟期，如日本的金刚家族，旗下的"金刚组"的建筑公司创立于公元578年，至今已有1400多年的历史，是截至目前世界寿命最长的企业，包括四天王寺（大阪）、法隆寺（奈良）等日本著名寺院、神社等建筑均由该公司建造。

第三章 家族可配置资产

在讲述家族资产配置的基本理论后,本章将介绍几类常见的可配置资产。只有充分地了解各类资产的特性后,才能更好地进行资产的配置。

第一节 证券类资产

一、债券

债券(bond)是一种金融契约,是政府、金融机构、工商企业等机构直接向社会借债筹措资金时,向投资者发行,同时承诺按一定利率支付利息并按约定条件偿还本金的债权债务凭证。债券的本质是债的证明书,具有法律效力。债券购买者(投资者)与发行者之间是一种债权债务关系,债券发行人即债务人,投资者(或债券购买者)即债权人。

债券的概念包含了以下四层含义:(1)债券的发行人(政府、金融机构、企业等机构)是资金的借入者;(2)购买债券的投资者是资金的借出者;(3)发行人(借入者)需要在一定时期还本付息;(4)债券是债权债务的证明书,具有法律效力。

债券购买者或投资者与发行者之间是一种债权债务关系,债券发行人即债务人,投资者(或债券持有人)即债权人。根据上述定义,债券是发行人依照法定程序发行的、约定在一定期限向债券持有人或投资者还本付息的有价证券。债券是一种债务凭证,反映了发行者与购买者之间的债权债务关系。

(一)债券基本要素

债券尽管种类多种多样,但在内容上都要包含一些基本的要素。这些要素是指发行的债券上必须载明的基本内容,这是明确债权人和债务人权利与义务的主要约定，具体包括：

（1）债券面值。债券面值是指债券的票面价值，是发行人对债券持有人在债券到期后应偿还的本金数额，也是企业向债券持有人按期支付利息的计算依据。债券面值与债券实际的发行价格并不一定是一致的，发行价格大于面值称为溢价发行，小于面值称为折价发行。

（2）票面利率。债券的票面利率是指债券利息与债券面值的比率，是发行人承诺以后一定时期支付给债券持有人报酬的计算标准。债券票面利率的确定主要受到银行利率、发行者的资信状况、偿还期限和利息计算方法以及当时资金市场上资金供求情况等因素的影响。

（3）付息期。债券的付息期是指企业发行债券后的利息支付时间。它可以是到期一次支付，或1年、半年、每季度支付一次。在考虑货币时间价值和通货膨胀因素的情况下，付息期对债券投资者的实际收益有很大影响。到期一次付息的债券，其利息通常是按单利计算的；而年内分期付息的债券，其利息是按复利计算的。

（4）偿还期。债券的偿还期是指企业债券上载明的偿还债券本金的期限，即债券发行日至到期日之间的时间间隔。公司要结合自身资金周转状况及外部资本市场的各种影响因素来确定公司债券的偿还期。

（二）债券的特征

债券作为一种债权债务凭证，与其他有价证券一样，也是一种虚拟资本，而非真实资本（如后面提到的股票、期货、期权等）。

债券作为一种重要的融资手段和金融工具，具有如下特征：

（1）偿还性。债券一般都规定有偿还期限，发行人必须按约定条件偿还本金并支付利息。

（2）流通性。债券一般都可以在流通市场上自由转让。

（3）安全性。与股票相比，债券通常规定有固定的利率。与企业绩效没有直接联系，收益比较稳定，风险较小。此外，在企业破产时，相对于股票持有者，债券持有者享有对企业剩余资产的优先索取权。

（4）收益性。债券的收益性主要表现在两个方面：一是投资债券可以给投资者定期或不定期地带来利息收入；二是投资者可以利用债券价格的变动，通过买卖债券赚取差额。

(三) 债券的收益与风险

1. 债券投资的收益来自以下几个部分

（1）债券的利息收入。利息收入是债券投资收入最基本的组成部分，对于固定利率债券来说，这部分收入是事先确定的，是稳定可靠的。

（2）利息的再投资收入。再投资收入是指债券持有者将持有期间收到的利息收入用于再投资所能实现的报酬。假设利息收入不进行再投资（即再投资收益率为0），那么投资者投资债券的收益将受到很大影响。

（3）债券的资本损益。资本损益即债券买卖价差带来的收益和损失。在债券市场上，利率的变动会导致债券价格发生波动，只要投资者不是持有债券一直到期，就有可能因为债券价格的波动而发生投资损益。

2. 债券的风险

（1）利率风险。利率的变化有可能使债券的投资者面临两种风险：价格风险和再投资风险。价格风险是指债券的价格与利率变化呈反向变动，当利率上升（下降）时，债券的价格便会下跌（上涨）。利率变动导致的价格风险是债券投资者面临的最主要风险。

债券投资者在获得利息收入时，需要进行再投资，而利息再投资收入的多少主要取决于再投资发生时的市场利率水平。如果利率水平下降，获得的利息只能按照更低的收益率水平进行再投资，这种风险就是再投资风险。

（2）信用风险是有关债券发行人信用的风险。信用风险主要有违约风险和降级风险。

（3）提前偿还风险。提前偿还债券所带来的再投资风险。

（4）通货膨胀风险也称购买力风险。是指由于存在通货膨胀，对债券名义收益的实际购买力所造成的损失。

（5）流动性风险。流动性是金融资产的一个重要特性。是指一种金融资产迅速地转换为交易媒介（货币）而不致遭受损失的能力。

（6）汇率风险。如果债券的计价货币是外国货币，则债券支付的利息和偿还的本金能换算成多少本国货币还取决于当时的汇率。如果未来本国货币价值，按本国货币计算的债券投资收益将会降低，这就是债券的汇率风险，又称货币风险。

（7）价格波动风险。根据期权定价理论，标的资产的价格波动会影响期权的价格。那么对于内嵌期权的债券来讲，债券的价格波动性会影响其内嵌期权的价值，从而影响债券的价格。这种由于价格的波动性引起的风险称为价格波动风险。

（8）事件风险。指某些突发事件的发生对债券价值的影响，如灾难、公司重组、市场游戏规则的变化、政府的政策变动等。

二、股票

（一）股票的概念

股票是股份有限公司在筹集资本时向出资人或投资者发行的股份凭证，代表其持有者（即股东）对股份公司的所有权。这种所有权是一种综合权利，如参加股东大会、投票表决、参与公司的重大决策、收取股息或分享红利等。

股票持有者凭股票从股份公司取得的收入是股息，股息的分配取决于公司的股息政策。优先股股东可以获得固定金额的股息，而普通股股东的股息是与公司的利润相关的。普通股股东股息的发派在优先股股东之后，必须所有的优先股股东满额获得他们曾被承诺的股息之后，普通股股东才有权力发派股息。股票只是对一个股份公司拥有的实际资本的所有权证书，是参与公司决策和索取股息的凭证，不是实际资本，它只是间接地反映了实际资本运动的状况，从而表现为一种虚拟资本。

由此，从股票概念来看，主要包含以下几个内容：

（1）股票是一种出资证明，当一个自然人或法人向股份有限公司参股投资时，便可获得股票作为出资的凭证。

（2）股票的持有者凭借股票来证明自己的股东身份、参加股份公司的股东大会，并对股份公司的经营发表意见。

（3）股票持有者凭借股票参加股份发行企业的利润分配，并在企业破产清算时，可以享受剩余财产分配权。

（二）股票的特征

（1）不可偿还性。股票是一种无偿还期限的有价证券，投资者认购了股票后，就不能再要求退股，只能到二级市场卖给第三者。股票的转让只意味着公司股东的改变，并不减少公司资本。从期限上看，只要公司存在，它所发行的股票就存在，股票的期限等于公司存续的期限。

（2）参与性。股东有权出席股东大会，选举公司董事会，参与公司重大决策。股票持有者的投资意志和享有的经济利益，通常是通过行使股东参与权来实现的。股东参与公司决策的权利大小，取决于所持的股份多少。从实践中看，只要股东持有的股票数量达到左右决策结果所需的实际票数时，就能掌握公司的决策控制权。

（3）收益性。股东凭其持有的股票，有权从公司领取股息或红利，获取投资的收益。股息或红利的大小，主要取决于公司的盈利水平和公司的盈利分配政策。股票的收益性，还表现在股票投资者可以获得价差收入或实现资产保值增值。通过低价买入和高价卖出股票，投资者可以赚取价差利润。以美国可口可乐公司的股票为例，如果在1990年底投资1000美元买入该公司股票，到2006年7月便能以超过11000美元的市场价格卖出，可赚取十多倍的利润。在通货膨胀时，股票价格会随着公司原有资产重置价格的上升而上涨，从而避免了资产贬值。

（4）流通性。股票的流通性是指股票在不同投资者之间的可交易性。流通性通常以可流通的股票数量、股票成交量以及股价对交易量的敏感程度来衡量。可流通股数越多，成交量越大，价格对成交量越不敏感（价格不会随着成交量一同变化），股票的流通性就越好，反之就越差。股票的流通，使投资者可以在市场上卖出所持有的股票，以取得现金。通过股票的流通和股价的变动，可以看出人们对于相关行业和上市公司的发展前景及盈利潜力的判断。那些在流通市场上吸引大量投资者、股价不断上涨的行业和公司，可以通过增发股票，不断吸收大量资本进入生产经营活动，进而收到了优化资源配置的效果。

（5）价格的波动性和风险性。股票在交易市场上作为交易对象，与商品一样，有自己的市场行情和市场价格。由于股票价格要受到诸如公司经营状况、供求关系、银行利率、大众心理等多种因素的影响，其波动有很大的不确定性。正是这种不确定性，有可能使股票投资者遭受损失。价格波动的不确定性越大，投资风险也越大。因此，股票是一种高风险的金融产品。例如，称雄于世界计算机产业的国际商用机器公司（IBM），当其业绩不凡时，每股价格曾高达170美元，但在其地位遭到挑战、出现经营失策而招致亏损时，股价又下跌到40美元。如果不合时机地在高价位买进该股，就会导致严重损失。

（三）股票分类

1. 按上市地区划分

（1）A股。A股的正式名称是人民币普通股票。它是由我国境内的公司发行，供境内机构、组织或个人以及境外合格投资者（QFII）以人民币认购和交易的普通股股票。

（2）B股。B股也称人民币特种股票。是指那些在中国内地注册、在中国内地上市的特种股票。以人民币标明面值，只能以外币认购和交易。

（3）H股。H股是境内公司发行的以人民币标明面值，供境外投资者用外币认购，在香港联合交易所上市的股票。

（4）N股。N股是境内公司发行的以人民币标明面值，供境外投资者用外币认购，在纽约证券交易所上市的股票。但在实践当中，大多数外国公司（即非美国公司，但不包括加拿大公司）都采用存托凭证（ADR）形式而非普通股的方式进入美国股票市场。存托凭证是一种以证书形式发行的可转让证券，通常代表一家外国公司的已发行股票。

（5）S股。S股是境内公司发行的以人民币标明面值，供境外投资者用外币认购，在新加坡交易所上市的股票。这些企业生产、经营等核心业务和注册地均在中国内地。

2. 按股票代表的股东权利划分

（1）普通股。普通股是指在公司的经营管理、盈利及财产的分配上享有普通权利的股份，代表满足所有债权偿付要求及优先股股东的收益权与求偿权要求后对企业盈利和剩余财产的索取权。普通股构成公司资本的基础，是股票的一种基本形式。目前，在上海和深圳证券交易所上市交易的股票都是普通股。普通股股东按其所持有股份比例享有以下基本权利：①公司决策参与权。普通股股东有权参与股东大会，并有建议权、表决权和选举权，也可以委托他人代表其行使股东权利。②利润分配权。普通股股东有权从公司利润分配中得到股息。普通股的股息是不固定的，由公司盈利状况及其分配政策决定。普通股股东必须在优先股股东取得固定股息之后才有权享受股息分配权。③优先认股权。如果公司需要扩张而增发普通股股票时，现有普通股股东有权按其持股比例，以低于市价的某一特定价格优先购买一定数量的新发行股票，从而保持其对企业所有权的原有比例。④剩余资产分配权。当公司破产或清算时，若公司的资产在偿还欠债后还有剩余,其剩余部分按先优先股股东、后普通股股东的顺序进行分配。

(2) 优先股。优先股在利润分红及剩余财产分配的权利方面,优先于普通股。优先股股东有两种权利:①优先分配权。在公司分配利润时,拥有优先股的股东与持有普通股的股东相比,分配在先,但是享受固定金额的股利,即优先股的股利是相对固定的(例如,若公司不对优先股股东进行股利分配,则不能对普通股股东进行股利分配,因为优先股股东优先于普通股股东分配股利)。②剩余财产优先分配权。若公司清算,在分配剩余财产时,优先股在普通股之前分配。在很多国家,当公司决定连续几年不分配股利时,优先股股东可以进入股东大会来表述他们的意见,以保护他们自己的权利。

(3) 优先股与普通股的区别。根据优先股和普通股的不同特点,优先股和普通股有如下区别:①股息。优先股相对于普通股可优先获得股息。如果企业在年度内没有足够现金派发优先股股息,普通股是不能分发股息的。股息数量由公司董事会决定,但当企业获得优厚利润时,优先股不会获得超额收益。②剩余财产优先分配权。当企业宣布破产时,在企业资产变卖后,在全面偿还优先股股东后,剩下的才由普通股股东分享。③投票权。优先股股东没有参与企业决策的投票权,但在企业长期无法派发优先股股息时,优先股股东有权派代表加入董事会,以协助改善企业财务状况。④优先购股权。普通股股东在企业发行新股时,可获优先购买与持股量相称的新股,以防止持股比例被稀释,但优先股股东无权获得优先发售。此外,优先股与债券的区别见表3-1。

表3-1 优先股与债券的区别

特征	优先股	债券
持有人身份	公司股东,优先股股东在优先股股息上没有法律约束力,若公司无力派发股息,不可以此理由提出法律控诉,但有权派代表加入董事会,以协助改善财务状况	公司债权人,故债权人在债券利息上具有法律权利,若公司无力派发利息,可以此理由提出控诉
回报	稳定,回报率较高	固定,回报率较低
风险	低	更低
公司破产的求偿权	求偿权在债券之后	优先求偿权
到期日	无到期日	有到期日

3. 其他分类

（1）记名股票和无记名股票。这主要是根据股票是否记载股东姓名来划分的。记名股票是在股票上记载股东的姓名，如需转让，必须经公司办理过户手续。无记名股票，是在股票上不记载股东的姓名，如需转让，通过交付即可生效。

（2）有票面值股票和无票面值股票。这主要是根据股票是否记明每股金额来划分的。有票面值股票是在股票上记载每股的金额。无票面值股票只是记明股票和公司资本总额，或每股占公司资本总额的比例。

（3）单一股票和复数股票。这主要是根据股票上表示的份数来划分的。单一股票是指每张股票表示一股。复数股票是指每张股票表示数股。

（4）表决权股票和无表决权股票。这主要是根据股票持有者有无表决权来划分的。普通股票持有者都有表决权，优先股票在某些方面享有特别利益的持有者，在表决权上常受到限制。无表决权的股东，不能参与公司决策。

（四）股票的价值

股票的内在价值是指股票未来现金流入的现值，它是股票的真实价值，也叫理论价值。根据通行的股票价值决定理论，公司的股票内在价值由其未来的现金流（即股利）的现值决定。

股票的内在价值依赖于公司的资本成本和对未来股利分配的预期。如果能正确地预期股票的未来股息分配，股票价格便可很容易地确定下来。遗憾的是，对未来的预期是不确定的，从而导致股票内在价值也很难准确地确定，这在一定程度上导致了泡沫现象的产生。

当股票价格水平相对于经济基础条件决定的内在价值出现非平稳的向上偏移，可以将其定义为价格泡沫，这种偏移的数学期望可以作为泡沫的度量。导致价格泡沫的原因是复杂的，在实际经济活动中，与预期相关联的过度投机行为、投机者交易行为、规范失灵、诈骗行为和道德风险都可能成为泡沫出现的原因。在投机性泡沫发生时，价格往往会出现突然攀升，价格的攀升趋势可能会使市场产生价格上升的进一步预期，并且吸引新的买主，形成自我实现的正反馈过程。当价格泡沫一旦被市场发现，就会产生和原来相反的预期，出现使市场价格回归理论价格的市场力，价格可能迅速而急剧地下降，导致泡沫的破灭。历史上曾爆发过南海泡沫、郁金香泡沫、日本泡沫经济、纳斯达克高科技股泡沫等事件，这些泡沫在膨胀时期的资产价格都出现了数倍甚至数十倍的增长，但泡沫的破灭无一例外地对所在国经济产生了重大的不利影响。

（五）股票投资的风险和收益

1. 股票投资的收益

（1）股息：指股东定期从公司取得的一定利润。利润分配的标准以股票的票面资本为依据。优先股股东是按固定的股息率先于普通股股东取得股息的，并且不受公司经营状况的影响。普通股股东通常不获取股息，而是获得股利。由于公司首先要支付优先股股息，所以普通股的股利是不确定的，如果公司经营状况不佳甚至出现亏损，很可能根本分不到股利。

（2）资本损益：上市的股票其市场价格经常处在波动之中，当投资者以高于买入价格将股票卖出时，他/她获得买卖差价收益，称为资本收益；当卖出价格低于买入价格时，出现资本损失。

（3）资本增值收益：股票投资资本增值收益的形式是送股，但这种送股的资金不应来自于当年可分配利润而是来自公司历年提取的公积金。

2. 股票投资的风险

（1）系统性风险。系统性风险来自政治、经济等宏观因素，这些因素通常会对整个市场产生整体性的影响，即几乎所有股票都会受到一定程度的影响，因而是与市场的整体运动相关联的。主要包括：

①政策风险：如国家的对外政策、财政税收政策、货币政策等。

②市场风险：由于投资者情绪的变化和资金的流动等造成买卖双方力量的变化而引起的市场行情的频繁波动，有可能给投资者造成实际的或者账面上的资本损失。

③购买力风险：即通货膨胀风险。通货膨胀造成货币购买力的下降，从而也使股票投资收益的购买力下降。在通货膨胀的情况下，对投资者有意义的是剔除通货膨胀因素后的实际收益。

④利率风险：货币市场利率的改变影响到资金的借贷成本，从而也影响到投资者对股票投资收益的心理预期，进而影响到股票市场价格的升降。

（2）非系统风险。非系统风险指的是那些只对个别股票产生影响的因素，一般来自公司自身。

①经营风险：包括来自公司内部的因素，如企业决策者在经营管理中出现的决策失误导致企业经营状况变坏甚至濒临破产等因素；外部风险主要是公司主要供应商或客户不景气给公司的经营造成不利影响以及竞争对手的变化而形成的风险。

②财务风险：指公司财务结构不合理所形成的风险。主要包括资本负债比率过高、资产与负债的期限结构不匹配、债务结构等。

第二节　私募股权

一、私募股权投资的概念

私募股权投资（private equity）从投资方式角度看，是指通过私募形式从个人或者机构投资者手中获得资金（融资），对私有企业，即非上市企业进行的权益性投资（股权或所有权）（投资），通过各类方法使投资对象（投资权益）增值（管理），在交易实施过程中附带考虑了将来的退出机制，即通过上市、并购或管理层回购等方式，出售持股获利（退出）。上述四个环节简称为"融、投、管、退"。也有少部分 PE 基金投资已上市公司的股权，另外在投资方式上有的 PE 投资，如夹层投资也采取债权型投资方式。

（一）股权投资的分类

一般来说，企业创业期的发展阶段分为创业期、早期、成长期和扩张期，相对应的，股权投资也分为天使投资（angel investment）、创业投资（又称风险投资，VC）和 Pre-IPO 三类。随着国内股权投资的不断发展，这几种投资机构的投资阶段划分也不那么明显了，中间还出现了些许的重叠。

通常天使投资一般都是瞄准一些小型的种子期或者早期初创项目，一笔投资规模在 100 万元左右；创业投资是投资于启动初期或发展初期却快速成长的小型企业，主要着眼于那些具有发展潜力的高科技产业，这时企业尚未发展壮大，风险高，回报自然也高；Pre-IPO 是在企业首次公开发行上市前进行投资，这时候的企业发展已基本确定，投资的风险较小。

创业期，也被很多投行人士和创业者称为"死亡之谷"，这个时期最大的特点就是烧钱。烧不出来的，就成为所谓的经验积累；烧出来了，就走向了能够开始盈利的早期。这时就会有像天使一般的机构出现——天使投资，独具慧眼的天使会在此时雪中送炭，帮助企业最初建立。但是，谁都知道创业成功的概率有多大，众多的创业者都会倒下，站起来的寥寥无几。这时候天使怎么办？天底下没有白赔的买卖，高风险、高收益，天使看中的正就是那站起来的寥寥无几。

早期，企业收入开始快速增长，但还谈不上收支平衡，这个阶段中企业的收入可以说是直线增长的，企业内部人员信心大增，外部投资机构也越来越关注企业。如果有投资机构愿意投钱，那企业就可以继续烧钱了；如果没有，那就慢慢发展吧。这个时候会介入的投资机构一般也是天使投资或者风险投资（VC），投资额从几十万美元到几百万美元不等，此时的风险较创业期的企业来说相对要小，收益和风险成正比。

成长期，企业已经具有一定规模，出现了爆发式的增长，不仅可以收支平衡了，而且账面也出现了较为丰厚的盈利。这时候就有更多的投资机构来关注企业的发展了，此时会介入的投资机构是风险投资或私募股权投资，投资额为几百万元到几千万元，此时的成长性企业风险小了很多。

扩张期，企业规模已经很大了，头衔也越来越多，在行业内也小有名气了。这时候创业者的上市梦也越来越近了，在做企业的同时，老板们想的越来越多的是怎么将企业改制、怎么做规范、怎么达到上市标准等，这个时候就需要私募股权投资（PE）的介入了，通常我们称之为引进战略投资者。

（二）私募股权投资基金的分类

广义的私募股权投资为涵盖企业首次公开发行前各阶段的权益投资，即对处于种子期、初创期、发展期、扩展期、成熟期和 Pre-IPO 各个时期企业所进行的投资，相关资本按照投资阶段可划分为创业投资（venture capital）、发展资本（development capital）、并购基金（buyout fund）、夹层资本（mezzanine capital）、重振资本（turnaround）、Pre-IPO 资本，以及其他如上市后私募投资（private investment in public equity，PIPE）、不良债权（distressed debt）和不动产投资（real estate）等。狭义的 PE 主要指对形成一定规模的，并产生稳定现金流的成熟企业的私募股权投资部分，主要是指创业投资后期的私募股权投资部分，而这其中并购基金和夹层资本在资金规模上占最大的一部分。国内的私募股权基金，主要包括创业投资基金、支柱产业投资基金、基础产业投资基金、企业重组基金等。创业投资基金一般投向高新技术产业，具有高风险、高收益特点。基础产业投资基金和企业重组基金具有低风险、低收益特点。

二、私募股权投资形式

1. 并购基金

并购基金是专注于对目标企业进行并购的基金，其投资手法是，通过收购目标企业股权，获得对目标企业的控制权，然后对其进行一定的重组改造，持有一定时期后再出售。并购基金与其他类型投资的不同表现在，风险投资主要投资于创业型企业，并购基金选择的对象是成熟企业；其他私募股权投资对企业控制权无兴趣，而并购基金意在获得目标企业的控制权。

2. 产业基金

产业基金主要对未上市企业直接提供资本支持，并从事资本经营与监督的集合投资制度，即由不确定人数投资者出资设立产业基金公司，委托产业基金管理人管理和运用基金资产，委托产业基金托管人托管基金资产，投资收益按投资者的出资股份共享，投资风险由投资者共担。

在国外，产业基金是发展信心产业，解决企业原始发起过程中的资金来源的重要手段。在中国产业投资基金尚处于萌芽状态，主要对未上市企业提供直接资本支持，属于PE投资基金中的一种，可成为企业——尤其是中小企业、新兴企业取得长期融资的重要途径。

3. 引导基金

创业投资引导基金，是一种主要由政府出资设立，不以盈利为目的，旨在引导社会资金设立创业投资企业，并通过其支持初创期企业创新创业的政策性基金。从目前全国设立的创投引导基金及试剂发展情况来看，创业投资引导基金主要分为三类：（1）按创业投资引导基金方式运作的政府主导型创投机构。如上海创业投资有限公司、江苏省高科技投资集团和深圳市创新投资集团等。（2）地方性政府通过财政出资设立的创投引导基金。这类基金中有代表性的是：中关村创业投资引导基金、浦东新区创业风险投资引导基金、北京海淀区创业投资引导基金。

三、私募股权投资运作模式

PE 的运作模式主要有信托、公司和有限合伙制三种。其中有限合伙制是国际惯例形式。比较这三种模式，有限合伙制基金有这样的优点：首先，它不是纳税主体，其应缴税收等同于投资人直接投资所需要缴纳的税收，不用缴纳资本利得税和所得税；其次，它是有限责任形式的投资，投资人以承诺资本额为限承担责任，同时承诺出资也可以提高资金的使用效率。公司制基金的特点：需要缴纳企业所得税；股份可以上市；投资收益可以留存继续投资。信托制特点：类似有限合伙，同样有免税地位；但资金需要一步到位，使用效率低；涉及多个中间机构，增加基金的运作成本。

对创投基金来说，各种组织形式各有优缺点。公司制创投的优点是可以享受《关于促进创业投资企业发展有关税收政策的通知》规定的税收优惠，同时公司治理结构简单明了，有利于投资者进入公司投资决策层面。缺点是基金管理人受制度性约束较大，由于没有独立的投资决策权和合理的利润分配方案，容易缺乏投资积极性。

有限合伙制的特点是对合伙企业不征收所得税，避免了双重征税。同时由于赋予 GP 较多的管理权限及较为丰厚的利润分配方案，因而既能提高 GP 的积极性，又能使 GP 和 LP 的利益紧密结合。其缺点是对 GP 存在信息不对称情况，投资者无法参与基金运行的具体事务。同时在国内目前还没有专门面向合伙制创投基金的税收优惠等措施。

信托制的特点是使创投资产的所有权、管理权和受益权完全分开，更有利于充分发挥基金管理人的积极性，也能依托信托结构确保基金在制度层面的安全性；此外还较易通过退出集合信托计划募集社会闲散资金。不足是信托制创投基金所投项目在现有法规制约下仍未能在 A 股上市退出，同时信托制创投基金不适用创投税收优惠政策。

（一）私募股权投资的特点

（1）在资金募集上，主要通过非公开方式面向少数机构投资者或个人募集，它的销售和赎回都是基金管理人通过私下与投资者协商进行的。另外在投资方式上也是以私募形式进行，绝少涉及公开市场的操作，一般无须披露交易细节。

（2）多采取权益型投资方式，绝少涉及债权投资。PE投资机构也因此对被投资企业的决策管理享有一定的表决权。反映在投资工具上，多采用普通股或者可转让优先股，以及可转债的工具形式。

（3）一般投资于私有公司即非上市企业，绝少投资已公开发行公司，不会涉及要约收购义务。

（4）比较偏向于已形成一定规模和产生稳定现金流的成形企业，这一点与VC有明显区别。

（5）投资期限较长，一般可达3~5年或更长，属于中长期投资。

（6）流动性差，没有现成的市场供非上市公司的股权出让方与购买方直接达成交易。

（7）资金来源广泛，如富有的个人、风险基金、杠杆并购基金、战略投资者、养老基金、保险公司等。

（8）PE投资机构多采取有限合伙制，这种企业组织形式有很好的投资管理效率，并避免了双重征税的弊端。

（9）投资退出渠道多样化，有IPO、售出（trade sale）、兼并收购（M&A）标的、公司管理层回购等等。

（二）私募股权投资基金与阳光私募基金

私募股权投资基金（PE）与私募证券投资基金是两种名称上容易混淆，但实质完全不同的基金。PE主要投资于未上市企业的公司股权，属于一级股权市场范畴，它将伴随企业成长阶段和发展过程。而私募证券投资基金主要投资于二级证券市场（如表3-2所示）。

表3-2　　　　　　　　私募股权基金的差别

特点	私募股权投资基金	私募证券投资基金	公募基金
募集方式	非公开发售	非公开发售	公开发售
募集对象	少数特定投资者，包括机构和个人	少数特定投资者，包括机构和个人	广大社会公众
投资标的	未上市公司和权益性投资	上市公司证券	上市公司证券
退出方式	上市、并购、回购	二级市场卖出	二级市场卖出
盈利来源	企业成长和退出溢价	买卖差价	买卖差价

（三）上市公司并购基金的七种盈利模式

近年来，国内已经有多家上市公司参与设立并购基金，目的大多为上市公司并购重组铺路，特点是投资范围多与上市公司自身所处行业相关。上市公司资本运作正在使用一种新的手段，通过与 PE 及券商等机构合作成立并购基金来实现并购重组的玩法。具体模式为上市公司的大股东与 PE 或券商合作成立并购基金，对标的公司进行控股型收购，待业务成熟后，选择将该资产出售给上市公司，或参与换股收购以实现退出抑或直接现金退出。

1. 上市公司产业并购基金的设立三种模式

一是通过和 PE 等投资机构合作设立产业投资基金；二是通过和券商机构合作，共同设立产业投资基金；三是上市公司联合其股东共同成立产业投资基金，谋求多渠道发展。

在以上三种模式中，与 PE 机构合作设立基金的模式比例最高，该种模式令上市公司大股东和 PE 机构相得益彰。一方面，上市公司大股东可以较少的资金撬动较大的收购资金金额来完成杠杆收购，还可以避免收购对上市公司短期业绩造成的影响；另一方面，PE 机构通过与上市公司合作获得了更多较为优质的项目源，未来资金退出也能够有所保障。

2. 并购基金盈利模式的"七种武器"

（1）"资本重置"获利。并购基金可以通过资本注入降低企业负担，即实现资产负债表的重置，或叫资本重置（recapitalization）。注入并购基金令负债累累的企业去杠杆化，可大幅降低其债务成本，让其得以休养生息，逐渐恢复生机。如此这般的"资本重置"过程往往能帮助企业提升效益，获得资本市场更好的估值。

（2）"资产重组"获利，即 $1+1 \gg 2$ 或 $3-1 \gg 2$。并购基金可以参与企业的资产梳理、剥离、新增等一系列活动，使企业得以形成一个崭新而被认可的资产组合，然后通过并购进行转让，以这种方式来实现收益。

（3）"改善运营"获利。并购基金有时候并不是单纯靠资本的注入来实现投资回报，而是通过指导和参与所投资企业的日常运营，提升企业的经营业绩也能最终获得收益。改善可通过引入新的 CEO 和高管团队、推动新的发展战略、提升运营效能等措施。企业在两三年内经营业绩如果能实现大幅度改善，那么退出时的企业价值可能会翻几番。改善运营还可以通过大规模的横向并购形成"市场控制力",比如中国建材集团通过并购实现水泥产业的"核心利润区"、降低恶性竞争。改善运营也可以通过上下游企业的"纵向并购"降低运营成本,比如,煤炭企业进入发电行业、电商并购物流仓储企业等。

(4)"税负优化"获利。一般而言,税前的债务成本要比股权成本低。如果债务利息成本享受免税,那么这又降低了税后债务成本。因此,并购基金也可以人为地增加所投资企业的杠杆,以此获得税负优化。如果再允许采用固定资产加速折旧,那么如此组合起来的高杠杆和高折旧通常会给并购后的企业带来可观的短期收益。倘若并购基金是实际的企业控制者,并购基金也就能够从分红政策中获利。

(5)"借壳"获利。在A股市场,借壳的行为主要针对ST公司,用以帮助那些急于上市且盈利较好的企业。并购基金作为新公司的股权投资者可以采取"跟投"占股的策略,实现日后较高的二级市场回报。类似的,并购基金可以去收购一些资产,通过一系列"包装整合",未来可以转让给上市公司,或者是以发行股份购买资产的方式再变成上市公司的小股东,但未必构成反向并购而成为上市公司的大股东。

(6)"过程"获利。任何一宗大型的并购案都会涉及"交易结构设计"。随着并购融资工具或者并购支付工具的增多,如过桥贷款、定向可转债、认股权证,或者是垃圾债券,或者推行股票分级制度,未来并购重组必定会有多种组合的方式。这样,并购基金在操作过程中能够通过不同的并购工具来实现收益增值或收益放大。

(7)"公司改制"获利。这是一个颇具中国特色的并购基金获利方法,即通过并购基金的介入,打破原本纯粹的"国有"或"家族"公司治理结构,通过建立更为科学合理和通明的董事会、公司治理制度、激励体制等方式,从根本上改变企业的行为方式和企业文化等,以期获得更佳的经营业绩回报。

第三节 不动产投资

一、不动产投资概述

在任何投资组合中应对通货膨胀的保值措施都有至关重要的意义。特别是在

第三章
家族可配置资产

税收和费用都有附加限制的超高净值客户中。与无形的金融资产相比，有形资产（又名硬资产）由于和通货膨胀有正相关性，因而可以长期保值，它们通常可以使投资组合多样化而带来很多好处。在投资组合中，持有固定资产的基本原理是为了产生诱人的名义回报率并对冲不可预期的通胀。虽然股票往往能碾过长期的通胀影响，但有些高通胀时期（如20世纪70年代）股市表现并不佳。不像如股票和债券这类主要价值在于基础的贴现现金流量的金融资产，固定资产普遍含有内在价值，它们可依照其未来可产生现金流和重置成本估值。相比之下，当通胀率稳定或缓速时股票和债券往往有更好的表现，通胀率越高，股票和债券所带来的现金流越低。因为这些未来可带来的货币，在以后比之今天能购买的商品和服务更少。例如，在80年代和90年代期间，通胀率下降，股票和债券经历了牛市。

因为持有期较长，固定资产也往往具有先天的税收优势（甚至有些会有特殊的税收照顾，例如当资产持有时间超过一年时的折旧和长期资本利得税率等）并且在持有期间往往会带来现金流。例如，不动产会在运营过程中产出净利润；林场会从树木果实的收获或者其他途径获利，油井燃气田也可以在出售储备时获利。

固定资产通胀对冲的性质可以在响应近期通货膨胀时表现多样化。通货膨胀时期油气田投资会产生更高的短期回报，因为通货膨胀往往是由石油输出国组织这样的外因带来的能源价格的扰动，或整体经济增长最终将显示在能源价格上涨引起的。物价上升时，不动产可以通过增加租金和提高重置成本以跟进通货膨胀。随着时间的推移，林木可以依靠经济增长与纸张木材的需求量增大及土地一般性涨价之间的联系来对抗通胀，当然最值得一提的是，随着时间的推移，树木可以生长，这也就为持有者提供了更多的价值。供给稀缺是一个重要的驱动者，它也会影响所有的传统固定资产，如木材、石油、天然气此类原材料的供给和需求量会反映在消费品价格上。当考虑到房地产时，最主要的价值驱动是地产的位置因素（这也是一个稀缺因素），这个因素会反映在房屋的销售价格，也就是对应的重置成本上。

综上所述，在投资组合中加入通货膨胀保值资产是十分必要的，组合中多达20%的部分应该投在固定资产中。尽管有很多资产都可以说成为"固定的"，（甚至艺术品和酒类都可以说是），本章中我们还是遵循由来已久的可投资资产分类。我们考虑的固定资产包括房地产、自然资源（包括公用和私人），以及商品。在此首先要讨论的是固定资产在投资组合中的一般性益处。

二、房地产：长期通货膨胀的对冲方式

尽管1996~2006年美国房地产并没有表现为一个通胀对抗型资产，但20世纪80年代有大量的著作证明房地产有对冲长期通胀的能力。1985年，一组研究人员福格勒、格拉尼托和史密斯检验了房地产收益与通货膨胀之间成正相关关系。他们对所观察到的关联提供了两种可能的解释：（1）这是简单的两个变量之间的正相关关系；（2）这是投资者考虑房地产的通胀对冲性的预期有所改变。作者最终结论认为：第二种解释是有效的，并拒绝了第一种解释。

CREF，另一组名为哈策尔、赫克曼和英里的三位研究人员检验了混合房地产基金（CREF）的通胀保护作用。他们利用短期国库券贴现率作为预期通货膨胀率的代表设计了1989年实验得到结论——商业房地产可对冲掉无论是可预期还是不可预期的通货膨胀。1989年，鲁本斯、邦茨和韦伯比较了住宅、商业用房和农用地产与四种金融工具作为独立资产和在资产组合中对抗通胀的能力。他们发现以上三种类型的房地产都至少有一定的通胀对冲能力，而且放入投资组合中后房地产的通胀保值能力会有所增加。

如果我们认同随着时间的推移房地产投资能在通货膨胀下保值这一观点，超高净值客户们该如何投资呢？理想的情况下，典型的投资时间长且流动性需求较低的客户将投资房地产，方式则如他们做私募股权投资一样：应用有限合伙企业，股权投资计划在实现基金投资年份的多样化中是最好的，在私人房地产投资上也是一样。至于说针对超高净值客户的私人房地产投资组合设计，则要考虑当事人的风险偏好程度。通常来说，超高净值客户们希望以有核心的多样化的基金作为基础，如果想要有附加回报则可补充如增值和投机策略这样的衍生战略。在使私人投资战略完全实施的五年左右时间内，流动性房地产信托基金虽然仍属较不稳定的投资，但在有多样化基金投资年限的情况下其仍能作为私人房地产投资的替代物。以下我将回顾超高净值客户们可参与房地产投资的不同途径，并探讨投资管理人在房地产投资中使他们的投资者获利可采用的策略。

三、如何投资——房地产信托基金 REITs

投资房地产的形式有多种多样，最为直接、简单的方式是直接购买房产，

我国温州炒房团主要就是这种方式。直接购买房产有诸多缺点：（1）对于投资者个人的能力要求较高；（2）管理房产不便；（3）降低了资产的流动性。本部分我们将阐述房产证券化的投资——REITs。

房地产投资信托（Real Estate Investment Trusts，REITs），其最早的定义为"有多个受托人作为管理者，并持有可转换的收益股份所组成的非公司组织"。由此将REITs明确界定为专门持有房地产、抵押贷款相关的资产或同时持有两种资产的封闭型投资基金。此后，伴随着税法的衍变，REITs在美国经历了数次重大的调整，同时REITs在各国推广的过程中也存在许多差异，但都没有改变REITs作为房地产投资基金中一种形式的本质。

目前，REITs是指通过发行基金收益凭证募集资金作为基金产品，然后将基金资产交由专业投资管理机构来管理运作，专门投资于房地产项目或业务，以获取稳定现金流收益和长期资本增值的一种基金形态。

与一般投资基金不同，房地产投资信托基金是专门用于房地产投资、开发、销售、租赁、消费等方面的投资基金，投资范围一般仅限于房地产领域，投资物业类型包括购物商场、医疗中心、仓库、写字楼、酒店及其他。

REITs发源于20世纪60年代的美国。后来，亚洲部分国家（或地区）效仿了美国的这一信托设计，但在称谓上略有差异。例如，日本和我国台湾地区称其为"不动产投资信托"，我国香港地区称其为"房地产投资信托基金"，而我国大陆称其为"房地产投资信托"或"房地产投资信托基金"。

不动产投资信托的称谓更加准确和贴切，理由是：第一，"Real Estate"在法律上就是"不动产"的意思，"房地产"的外延明显小于"不动产"；第二，"investment trust"就是"投资信托"的意思，应该属于商业信托的一种模式；第三，目前使用的"投资信托基金"实际上有同义反复之嫌，毕竟我国的契约型基金（也称为信托型基金）应属于信托的一种；第四，在房地产领域，我国大陆效仿我国香港地区的"专业话语"由来已久，"房地产投资信托基金"这一称谓与此同出一辙。虽然从用语准确贴切的角度讲，使用"不动产投资信托"为最佳；但是，从尊重既成惯例的角度讲，使用"房地产投资信托"或"房地产投资信托基金"也未尝不可。

美国的REITs是一种采取公司或者信托的组织形式，集合多个投资者的资金，收购并持有收益类房地产（例如公寓、购物中心、写字楼、旅馆和仓储中心等）或者为房地产进行融资，并享受税收优惠的投资机构。大部分REITs采取公司形式,其股票一般都在证券交易所或市场(纽约证券交易所、美国证券交易所和纳斯达克证券交易市场)进行自由交易。根据REITs资金投资的对象不同,REITs可以分为抵押型REITs、权益型REITs和混合型REITs。REITs实际上是房地产证券化产品。其中抵押型REITs属于房地产债权的证券化产品;权益型REITs属于房地产权益的证券化产品。

REITs与房地产信托的主要区别:

第一,REITs是标准化可流通的金融产品,一般从上市或非上市公司收购地产资产包,且严格限制资产出售,较大部分收益来源于房地产租金收入、房地产抵押利息或来自出售房地产的收益,能够在证券交易所上市流通;目前国内的房地产信托计划是有200份合同限制的集合非标准化金融产品,一般不涉及收购房地产资产包的行为,其收益视信托计划的方案设置而定,目前尚无二级市场,不能在证券交易所上市流通。

第二,REITs对投资者的回报需要把收入的大部分分配给投资者,比如美国要求把所得利润的95%分配给投资者;国内的房地产信托计划对投资者的回报为信托计划方案中的协议回报,目前一般在3%~9%左右。

第三,REITs的运作方式是:负责提供资金并组建资产管理公司或经营团队进行投资运营;国内的房地产信托计划的运作方式是:提供资金,监管资金使用安全,或部分或局部参与项目公司运作获取回报。

第四,REITs的产品周期一般在8~10年,更注重房地产开发后,已完工的房地产项目的经营;国内的房地产信托计划产品周期较短,一般为1~3年。

第五,REITs的税制优惠:如信托收益分配给受益人的,REITs免交公司所得税和资本利得税,分红后利润按适用税率交纳所得税。而国内的房地产信托计划目前没有相关的税制安排。

第六,国内的房地产信托概念较为宽泛,可以是REITs模式,也可以是贷款信托、优先购买权信托、财产权信托、受益权转让信托等。

总之,简单地讲,REITs就是将投资大众的资金,由专业投资机构投资在商务办公大楼、购物中心、饭店、公共建设等商用建筑物,投资人不是直接拿钱投资不动产,而是取得受益凭证,报酬以配息方式进行,且REITs可以挂牌公开交易,因此投资人还可以在公开市场买卖,赚取资本利得。

第四节　另类投资

一、什么是另类投资

所谓另类投资，是指投资于传统的股票、债券和现金之外的金融和实物资产，如房地产、证券化资产、对冲基金、私人股本基金、大宗商品、艺术品等非传统的投资品种。

二、为什么要进行另类投资

1. 多元化以减低风险

另类投资产品可帮助降低风险，因为投资可分散于各种类的投资工具。相对于共同基金而言，它们大多数持有领域更广阔的潜力投资。以对冲基金为例，它可买入低流通仓盘、受限制股票和债务、衍生期权以及沽空股票。

与传统的投资股票和债券的共同基金经理相比，对冲基金及商品交易顾问拥有不同的交易模式或风格（比如进行长/短仓或杠杆买卖）和交易机遇（比如商品和货币市场）。他们分析可能影响价格走势（上涨或下跌）的因素并掌握相对回报变动从而获益。

2. 丰富资产之间的联动关系

很多另类投资都被做成这样一种结构，即与大市和传统模式投资走向有极少的相关性，甚至成反方向的关联。

对冲基金投资与股票/债券类投资组合的总体相关性低于其与风险基金和杠杆买断交易的相关性；这种低相关性使其在股票/债券组合表现最差的月份里，享有额外的优势。

3. 顶级经理人和出色的回报

极具奖励性的收费架构往往能吸引表现最聪明和最优秀的经理人和交易员投身该行业；最佳回报的大部分通常来自另类投资领域。

另类投资的表现很多时候都优于主要市场指数，有时候甚至与好多利益相连。

大部分经理人的报酬,除了按受托管理的资产规模收取费用外,还有一部分是根据其表现来订,以激励经理人实现更高的回报并减低风险。

三、另类投资的缺点

(1)锁定期(lock-up period)长。投资者可能需要在一段时间内持续持有其投资,或遵守标准的流通条款,才能将投资赎回。锁定期由6个月至5年不等。

(2)流动性低。投资者或许只能每月或每季度一次要求赎回投资。伙伴数目有限制的基金也许会要求投资者预先30天~90天(不包括有关流动性限制),通知基金关于其欲在流动性窗口开放之前赎回投资的意愿。鉴于大部分另类投资的经理人不会公开推广其基金,可取得的有关基金信息相对有限。

四、高净值人群另类投资的现状和趋势

虽然房地产和股票仍居高净值人群投资方向的第一、第二位,达到76%和65%,但另类投资已经居高净值人群投资方向的第三位,投资比例达到56%,有明显提高。艺术品、珠宝玉石、酒和钟表都是受青睐的另类投资方向。作为国际另类投资的热点之一的老爷车,在中国尚未发展起来。但是另类投资也有风险,包括:流动性较弱、交易费用较高、市场不规范、监管机构缺乏、对知识储备要求更高等。高净值人群另类投资大都起步于2008年金融危机。高净值人群另类投资的平均年限大都在4~5年,也就是在2008年金融危机后开始投资。就获取另类投资信息而言,高净值人群在做另类投资时最频繁的信息来源是专业人士的意见,达到74%。同时,投资带有明显的圈层特征,信息来源于社交活动的占65%,口碑也是非常重要的信息来源,占40%。而在媒体的使用上,网络成为首选,占到一半以上,已经远超杂志、报纸和电视的使用。

研究者过去研究的对象现在已经变为众所周知的另类资产(对冲基金、私募股权、期货、房地产),他们观察到了多个周期,发现另类资产与传统资产具有较低的关联性。然而2008年,人们还没有这种认识,另类资产被配置在许多投资者的资产组合中,用以降低风险,但实际上它们恰恰发挥了相反的影响。我相信2008年的历史以及灰色费用和税收已经给财富管理行业中神圣不可侵犯的部分带来了希望。如果投资者选择另类资产,那么我建议要对独立资产管理者进行严格的尽职调查并进行持续关注。宽泛分散化的母基金(fund of fund，FOF）策略以及其他经过包装的投资方法产生了各种后果，从收益平平到灾难性，程度各有不同。

不过，每种投资都各有利弊，应了解富裕投资者的特定需求和对税收有独特敏感性，每个资产类别可以用我们的税后计算器来进行分析，以判断这种资产类别能比低风险资产提供什么样的风险溢价（如果真的能提供的话）。我们鼓励所有投资者和资产管理机构在审视这些资产类别时，能从他们的长期收益以及这些资产类别所独有的税负来看待。术语"另类"表明，这种投资的吸引力在于它"不是什么"而不是它"是什么"。因此，让我们了解主要的另类投资类别。

五、另类投资——大宗商品

商品和股票、债券不同，债券的特点是到期会支付票面利息；股票旨在提供能为投资者带来利润的企业所有权。一块金属、一根玉米或一桶石油除了表明投资者拥有这块资产外，其他什么都提供不了。所以，商品不同于股票和债券，其投资获利的唯一方法就是押注商品未来的价格走向。从长期来看，在商品投资中赢利非常困难，原因有三点：首先，商品价格波动很大。其次，投资者必须正确判断两次：以正确的价格买进，以正确的价格卖出。最后，在商品投资中，投资者的实际利润需要扣除交易中所产生的税收、费用以及杠杆成本。商品期货基金和对冲基金有着一样的费用和税收结构。

人们想当然地认为购买商品可以抵御通货膨胀。1991年11月的时候，美国商品研究局指数（commodity research bureau index，CRBI）时间最久的商品期货指数——当时的交易水平在213点。2009年2月收盘在211点。很明显从指数上看，一般商品期货指数并没有对冲掉通货膨胀或其他东西。诚然，在通货膨胀上涨预期强烈的时候，商品期货价格的确在上升。但是人们忘记了，在1981年通胀见顶时，长期国债收益率高达11%～12%。因此，高利率打压了通胀，而且债券的回报实际上补偿了投资者（如果通常维持在11%～12%的话）。当然，如果通货膨胀真的超过12%，并且债券到期时通胀还是这个水平，那么债券投资者就只能得到负利（算上税收情况会更糟糕）。1981年之后通货膨胀回落，商品价格也下跌了。1981年以来，商品价格先上涨后下跌，然后再次上涨，最终几乎没有给长线投资者带来收益，因为这些商品没有提供任何的现金流。与此同时，长期国债的持有者却有着11%的年化收益率，大大超过随后的通货膨胀水平。这并不是鼓励大家都去购买30年期国债来抵御通货膨胀。而是，如果你担心通胀攀升，有很多方法可以战胜通货膨胀的损失。你可以缩短债券投资组合的平均期限。使用梯形债券策略的债券投资策略可以拉长期限，以获得更高的收益率。谁能知道自己在某天还能再度锁定一个11%的收益率？

作为投资者，应尽可能地选择可行的实业投资以获得利润。因此，当投资者看到石油、天然气、玉米甚至是黄金时，应该更倾向于寻找商业机会，去拥有一个生产、开采或做这些商品生意的公司。无论怎样，商品生产商的价格与标的商品有关，但更应该选择股权去作为一个企业经营者拥有这些资产，而不是做短期价格的投机者。如果拥有雪佛龙和埃克森的股票，投资者将不仅拥有相关的商品，还能接触与这个商品有关的企业经营活动，对商品进行加工，并有利润地在开放的市场上出售。只要股票估值合理，投资者更应该参与到这个过程中来，而不是拥有未来可能会升值的某一个商品。如果只是简单地购买一桶石油，未来它的价格可能上涨、保持不变或者下跌；除非能够正确地买入、正确地卖出，除非能在买卖石油期货中产生的边际成本和交易成本被良好的交易决策所冲抵，否则难以在商品本身买卖中准确获利。

期货合约天生是短期投资，因为它们通常只有几个月就到期了；而较长时间到期的期货合约通常不能有效地追踪商品的现货价格，这就会增加你拥有它们的交易成本，因为即将到期的合约必须换仓。最重要的是，期货交易是保证金交易，杠杆效应会产生额外的利息成本以及额外的投资组合波动。

最后，投资者必须意识到，如同股票、债券或对冲基金的交易可能达到泡沫状态一样，商品现货的价格也可能如此。还有一个类似性，即一旦走出大幅的价格上行走势，就会出现狂热的资产购买潮。2008年油价146美元/桶时，大家都狂热的购买石油期货来追求高收益。然而2018年石油价格为69美元/桶，我们回头看当年的石油商品，其泡沫效应不低于金融产品。

六、另类投资——对冲基金

对冲基金属于资产类别吗？对冲基金行业可能希望你这样认为，但事实是有很多不同的对冲基金策略：长/短期、市场中性，并购套利、可转换套利、不良债权、系统宏观和市政套利等。每个策略都各具特点，但都有两个共同的特点：高费用和杠杆效应，这两个特点使得对冲基金这一投资类别丧失吸引力。事实上，许多很有效的对冲基金策略——并购套利和可转换套利——的税收效率都是非常低下的，这对于高净值投资者是个挑战。

不幸的是，高费用和杠杆效用齐头并进。费用方面，对于对冲基金是资产的2%和利润的20%，有时候对于对冲组合基金是资产的3%和利润的30%，对基金经理来说，为投资者产生盈利的最低预期收益率 e 也非常高。因为并购套利这样最安全的对冲基金策略中保证金往往是少——而且越来越少，所以越来越多的对冲基金开始追随这一策略——对冲基金用杠杆放大这些策略所产生的收益。否则，扣除其费用和税收，许多基金的收益将是微不足道的或不存在的。

杠杆也显著地放大了看似低风险的策略的风险。一个错误，对一个无杠杆的资产经理而言，可能只有1或2个百分点的账面变化，而对一个对冲杠杆基金经理来说可能会造成达到10或20个百分点的亏损。同时，杠杆也增加了总的费用——或者说投资成本——投资者支付给基金的。而且随着走下坡路的基金资产缩水，杠杆成本就会增加，因为债务的维护成本仍然相同。向任何一个资深的投资经理打听一下，他都会给你讲一个利用最大限度的杠杆把"稳赚不赔"的生意做成灾难性交易的故事。这些老手知道，当杠杆走向坏的一端时，这种安全运行了70年、被他们称作成功套利策略的东西，会在一夕之间不再赚钱。

即使收费更合理或者杠杆风险暴露不那么极端，大多数对冲基金仍然不适合高净值投资者，因为它们往往税收效率低下。许多对冲基金经理为追求"绝对收益"所使用的策略，是以估值的短期反常现象为基础的，而这种反常往往会很快消失。比如，所宣布的并购目标的收购价与并购目标的当前股价之间的差异会在并购完成后立刻消失。并购完成后，对冲基金经理转移到下一个并购，以形成短期的资本收益。

然而，美国证券法要求，投资对冲基金的最低要求是净资产达到100万美元，或者年收入净值至少达到20万美元，使得这种投资几乎专门面向高净值投资者和机构。对冲基金中的机构投资者，比如捐赠基金和养老金计划等，经营还尚好些，因为它们不需缴税，并且他们具备敏锐的洞察力和影响力来寻找和雇用最好的经理。因此，像耶鲁大学捐赠基金经理斯文森那样进行投资对冲基金的人士，也说不要在家尝试干这个。斯文森在书中对一般的对冲基金投资者说："对冲基金典型的高额费用已经将较低的类现金收益腐蚀到了一个不可接受的水平，特别是经过风险调整后。"他还说，"对冲基金领域与整个财富管理行业一样，持续优秀的积极资产管理成了稀缺品"。

斯文森还将收取更高管理费用的对冲组合基金称作"机构投资者身上的肿瘤"。如果这些基金对有税收庇护的捐赠基金和养老金计划都是癌性的，那么对于富裕投资者而言绝对是致命的，因为他们的税后收益更少。

的确存在优秀的资产管理者，他们即便在高费用结构和杠杆效应下也能产生令人印象深刻的结果。有些对冲基金经理在无杠杆的情况下使用传统的做多策略。投资者应该避免将对冲基金作为一种资产类别加以选择。这样一来，如果投资者能找到可以产生正的、经过税收、费用和风险调整后的收益的经理，那么投资者就可以进行更精确的调查。然而，每当我听到投资说，"投资对冲基金可以赚很多钱"，我会同意他们的意见，然后提醒他们，拥有纽约汉普顿区最好住所的是对冲基金经理，而不是基金投资者自己。

第四章　家族资产配置的工具

第一节　保　险

一、保险概述

保险通常是指，投保人依据合约，把保费交给保险人，合约说明了部分也许出现的事故，它们会引发财产、生命损失，保险人必须对投保人的财产、生命损失进行赔偿；也存在某种保险约定，投保人受伤、生病、离世抑或其他原因导致生命财产损失的，在满足合约条例的前提下，保险人也必须给予投保人一定的赔偿，以弥补投保人的生命财产损失。近年来，中国保险业发展迅猛。相关报告指出，在受调查的高薪阶层里面，接近一半的人购买了各种各样的保险产品，他们这样做的目的一般都是为了规避风险，防止突如其来的灾难导致的巨大伤害。

二、保险的资产保全功能

保险除了一般资产配置工具具有相同的保值增值功能外，还具备其他理财工具所没有的特有功能。保险在实物资产和生命资产这两大类资产中都具有特有的资产保全作用。

（一）保险对实物资产的保全作用

实物资产，指的是现在实际拥有的资产，如企业或企业股权、车子、房子、存款、股票等。它又分为两种，即企业资产和家庭资产。保险对这两种实物资产具有不同的资产保全作用。

（二）保险对企业资产的保全作用

（1）保险对企业资产的防火墙作用。当前，很多企业的经营者往往将个人或家庭财产与企业的财产混为一体，从而把个人的家庭财产也暴露在市场风险之中。在我国中小企业占企业总数的99%，而中小企业的平均寿命为3~5年。既然目前我国的私营企业现状是企业资产和家庭资产混在一起，当企业面临风险时家庭就必然要随之陷入灭顶之灾。改革开放后保险的保驾护航作用愈加明显，成为构建防火墙的最佳材料。在财富的守护方面，保险就是天然的守门员，也正是因为法律赋予了保险以特殊的功能，这些功能是其他理财工具所不具备的，同时，在保险的制度和规则的设计上也最大限度地涵盖了抵御各种风险的功能。那么保险是怎样在法律的基础上构筑防火墙隔离风险的呢？

第一，《公司法》规定"人寿保单不纳入破产债权"。《保险法》也规定"债权人不能通过要求债务人退保其人寿保单追索保单解约的现金价值，也不得限制被保险人或受益人取得保险金的权利"。法律赋予了人寿保单防火墙的功能，正是在这个意义上李嘉诚说："别人都说我很富有，其实真正属于我自己的财富是我给我自己和家人买了充足的人寿保险"。

第二，《合同法》第七十三条规定"受益保险金不用于抵债"。法律的这一规定说明，债权人在企业破产的时候没有拿到企业主的保单利益，若干年后仍不能对欠债人所获得的受益保险金提出任何要求，2002年美国安然公司破产，集团董事长肯尼斯·莱至今每年从保险公司领取97万美元的养老金。究其原因，肯尼斯·莱在保险公司投保了很多人寿保险，而人寿保险是免于债务追偿的。

第三，《保险法》第二十四条规定"保单是不被查封罚没的财产"。使家庭免于债务风险的最好办法就是把部分资产变成保单，同样的一笔资产经过了这样一道手续其性质就已经发生了根本的变化，保单名下的资产（收益）已经被严格的保护起来。这笔资产不论在任何时间和地点都在妥善严密的保护之下，并永久的与债务纠纷隔绝开来，因为保护这笔资产的是法律之网。

（2）保险对企业资产的节税器作用。我国《个人所得税法》规定保险赔款不需纳税且不能随意质押。我国的个人所得税税率工薪所得者每月最高达45%，经营所得者每年最高可达35%。从个人所得税法所列出的可以免纳个人所得税的项目共有十款，其能够由纳税人自己掌控的只有国债和保险赔款。被保险人投保人寿保险所获得的保险金免交所得税，免交遗产税，免交各种税赋，从而可以达到合法避税的目的。

那么进入保单的安全资产对企业有哪些作用呢？

第一，当企业盈利时，可渐次实现投资企业的最终目的。进入保单的资产其价值是固定的、是安全的、也是明晰的，我们可以清楚地知道在未来整个人生的不同阶段以及每一个阶段中各个方面的用度的准备情况，一步一步地走向财务自由。

第二，企业资金周转遇到困难时，可以保单抵押贷款，为企业保驾护航。和其他方式的贷款相比，以保单抵押贷款的手续简单、速度最快。

第三，当企业破产后可以此东山再起。当企业破产时，所有的资产已不复存在，此时只有保险与你不离不弃，只要你所拥有的保单现金价值足够大，就可以重整旗鼓。即使退出经营，凭借保单可以使你与所有的债务一刀两断。

（三）保险对家庭资产的保全作用

（1）保险对家庭资产的分配器作用。《保险法》第三十九条规定，"人身保险的受益人由被保险人或者投保人指定"。也就是说人身保险是不存在争议的财产分配。如果通过保险、遗嘱等方法对家庭资产做出合理合法的分配就会降低资产的损失，同时可以避免因此而产生的纠纷。

随着经济的发展，个人和家庭财产的构成发生了很大的变化，如股票、基金、企业股权等在财产中的比重逐渐加大。资产价值不仅和数量有关，更和资产的合理配置有关。如果没有均衡的资产配置那么资产的数量越多麻烦就越大。

保险是最好的家庭资产分配器，它的主要作用有如下两点：一是通过保单把家庭生活必需的基本生活资料以不同用途的账的形式加以细分确定下来，譬如夫妻各自有自己独立的保障账户、健康账户、养老账户、投资账户，孩子也有自己的教育金账户、保障账户等；二是通过保单受益人的指定，使家庭在遭受到风险而发生变故时仍可以避免混乱。

（2）保险对家庭资产的接力棒作用。未来十年内富人代际"交棒"渐至密集期，一场规模巨大的"家业传承时代"悄然来临。据浙商研究会的调查结果，80%的浙商家族企业目前正面临交接危机。财产传承规划是指当事人健在时，通过选择遗产管理工具和遗产分配方案，将其拥有或控制的各种资产和负债进行安排，确保在自己去世或丧失行为能力时能够实现家庭财产的代际相传或安全过渡等特定目标。而保险与遗嘱相配合是最好的执行工具。

财产传承过程中有两个主要环节：一是遗产避税；二是通过有效的家族股权管理实现对财产的有效管理，并通过特意的遗产安排实现财产在不同继承人之间的有效分配。保险资产具有避税、灵活处置等优势，投保人可以指定受益人，也可以约定到他老的时候才处置这些财产，一方面，让自己在有生之年保障自己，另一方面，在自己过世之后，可以按照自己的意愿分配保险资产，即没有任何纠纷也没有产生税赋。

三、保险对生命资产的保全作用

生命资产，也就是人在未来的赚钱能力，这是一份与生俱来、不断增值的资产，也是人们创造出其他资产的主要源泉。生命资产的计算公式就是：生命资产＝人的工作年限×平均年收入。其中，工作年限和平均年收入是构成生命资产的两大要素，人们要想提高生命资产的价值只有两个渠道：要么延长工作年限，要么提高年收入。一个人的工作年限不是人的主观因素所能决定的，而提高年均收入却是可以通过个人的努力去追求和获得的。在什么情况下人们的生命资产会受到伤害或损失呢？受伤和生病都会让人们无法工作，而且会消耗大量的金钱，而对冲疾病和受伤的最有效工具就是保险。

（一）保险对生命资产的放大器和保护器作用

保险是唯一能锁定生命资产的金融工具，它是生命资产的放大器和保护器。

（1）保险对生命资产的放大器作用。当一个人因意外风险而不能工作时会造成收入的中断，生命资产归零或生命资产为负数。保障类保险可以用较低的成本锁定一个人的工作年限，换一句话说就是可以用金钱买到时间。例如，一个年纯利润50万元的老板，想把自己的生命资产锁定在1000万元就要购买20年的工作时间，每年2万元的成本（保费）就可以达到目的，20年的总成本是40万元，也就是说保证1000万元生命资产的价值，这个老板只是拿出了他身价（生命资产）0.2%~4%的成本而已。否则这位老板的生命资产是不确定的，在理论上他的生命资产的价值应该在50万~1000万元之间，而实际情况往往是由于生命资产的重大变化会引发一系列连锁反应而使这个老板的生命资产为负数。因此，利用保险的放大器的功能给自己建立一个人身保障账户是十分必要的。

（2）保险对生命资产的保护器作用。我们都知道，生病会使一个人创造财富的能力降低甚至丧失。对于许多企业家来说，他们手头上不可能有大量现金，绝大部分可能在投资或周转过程当中，一旦生病就需大量现金维持自己的生活，当这些钱是来自保险制度时，他就不用将企业投资的资产变现，也不用急着工作就可以继续安享生活。

据世界卫生组织统计，人一生中罹患重大疾病的概率是72%，或者说绝大多数人都是因病而终。如果用保险这一金融理财工具储备一笔健康专项资金，则可以起到有病治病、无病保全资产的双重功效。

（二）保险的养老工具作用

目前世界上通行的养老三根主要支柱是社会统筹养老金、企业年金和商业养老保险。世界上公认由国家推行并实施的社会养老计划是国民福利待遇的一部分，但是由于这一计划的出发点是解决全社会的最基本的保障问题，难免会有一定程度上的缺憾和不足，所以大多数国家都采取了国家推行的养老保障计划与商业保险互补并行的方式来解决老百姓的养老问题。在我国，商业保险也成为较好的养老工具之一。仅从投资收益的角度来看，商业保险明显优于社会统筹保险。这些优势使得商业保险成为较好的养老工具之一。

社会统筹支付的是生活费用，按月支取；商业保险获得的是保全的资产，领取比较自主灵活。社会统筹属于政策性保险，追求的是广覆盖、低保障，为了有更大范围的覆盖面而采取较低的保障标准，投保人退休后每月支取的退休金是为了维持退休生活的基本生活费，就其替代率来说大概在40%；而商业养老保险则大多来源于为了躲债避税、保全资产而挪储的后备金，从保单生效的那一刻起就享受与保额等同的保障，保险金的领取也比较灵活，可以一次性领取，也可以设计成年金按月或按年领取。

社会统筹是低起点，渐次递增，是先舍后得；商业保险是高起点，价值均衡，是保中有得。社会统筹养老保险从交保费的那刻开始一直就是投入，直到退休后若干年，所领的退休金等于所交的保费才能达到投入和产出的平衡，之后所领取的退休金才可以算作是利润，而且活得越久利润越大。而商业保险因为具有放大性的特点，所以在保单生效的那一刻起就是高起点、高价保值的，是保中有得。保的是生命资产的价值，同时也延伸和扩张了生命资产的价值，

使原本在退休后成为纯粹消费体的生命资产有了继续创造价值的可能。

社会统筹是个人养老，体现的是社会价值；商业保险是家养老，体现的是家庭温暖。社会统筹养老保险是保证投保人活的时候每月领取退休金，并且一直领到投保人去世时为止。但是，社会统筹养老金由统筹账户和个人账户两部分构成，当投保人去世的时候，家人只能领到个人账户中的小部分余额，统筹账户中的大部分钱都被统筹了，家人是领不到的，在这里体现的是社会的互助和博爱。而商业保险中因为含有高额的保障价值，所以当家庭中的一个成员去世的时候，保单中的高额保障价值就会被家人继承，他带来的是家庭的温暖和关怀。

保险对于财富管理的效用是非常明显的，它能够基本完全展示投保人的个人诉求，投保人可以规定保险生效时间和对象，进一步让想要留给下一代的资产变得安全；另外，财富所有权转移，能够无须对公众公开，这样的保护客户财产隐私的做法确实能够吸引一大批人前来参与；而且，投保后的赔偿财富受法律保护，债权人无法追要，这也对于部分躲债的投资者有益；资产的分离还可以起到降低遗产税基数、科学避税的作用；同时也能够约束受益人对收益财富的使用，例如可以规定受益人只能分期获益，这样就有效遏制了受益人挥霍浪费的倾向。

但是，保险于财富管理亦不是万能的，缺点主要体现在，保单不能马上变现，流动性差；保险财富管理的主要对象是现金资产，无法对其他资产财富进行管理；保险赔付不仅仅全凭合约，如果保险机构财务状况不佳，那投保人也将跟着受损。

第二节　信　　托

trust 是信托存在的一类形式。trust 是两个世纪以前就已经存在的一类经济实体，它实际上是由某一个行业某个生产企业大规模兼并、控股同行业其他企业，从而实现垄断市场这一意图而出现的。信托已经成为财富管理的一个不可或缺的方式，信托制度变化多端，依照标准的差异，包含他益信托和自益信托，公益信托和私益信托。另外，按照法律准则划分，有可撤销信托和不可撤销信托。高薪阶层能够按照本人偏好，成立相应的信托，以对财富进行科学的管理。信托财富管理于西方发达国家早就不足为奇，因为中国信托制度引入步伐很慢，信托在我国的覆盖广度与深度还不够，但总体发展势头还是不错。《2013年我国个人资产报告》指出，家族信托在进行财富管理和风险规避的过程中，已经逐渐被国内的高薪阶层所认识和认同。该报告在对各种信托产品进行差异化对比时发现，家族信托出现次数最多，提及次数占到全部信托产品的百分之四十。高薪阶层里面，家族信托的需求率超过半数，另外，还有多过15%的受访高薪阶层表示希望对家族信托加深认识。

富裕人群可以根据自身意愿，决定信托产品的成分，从而对财富进行有效的管理。前文已经说明，在西方国家，运用信托来进行财富的管理是很常见的，但是，因为中国引入信托制度的时间不长，信托的广度和深度都还不是很强，值得一提的是，中国对家族信托的需求目前就存在了。

一、信托与家族企业控制

家族信托可以实现家族长期控制公司，并且增加家族资产投资利润。家族资产管理者一般都不希望家族资产被家族外部人员夺走，也不希望家族资产股权摊薄。家族信托基金很好地解决了该难题，家族资产管理人可以将资产成立基金，交给专门基金来打理，管理人只需规定该基金的受益人就可以了。这样，就能够实现家族资产的内部流通，同时实现资产的保值增值。其次，由于家族信托的管理主体是熟练的管理人员，因此，与其他形式相比，这种方式可以较好增加投资回报率，这样能够让家族的财产实现长期增值，还有，家族信托也让家族的所有资产成为一个不可分割的部分，这意味着，一旦委托，那么家族财产就将全部给代理人来进行管理，而且以证券形式，或者企业形式或者不动产形式等不同形式存在的财富不用分割。另外，家族信托也可以消除非法剥夺的危险，从而维护财富的价值。

信托分为民事信托和商事信托，本部分所说信托指商事信托，有关民事信托内容，可参考家族信托相关文献。

二、家族信托在传承中的功能

安全隔离功能。家族信托的特点之一是在刚刚设立的时候，所有权与财产权的相互分离隔断。换言之就是信托资产的所有权已经授权给了信托机构，委托人只具有拥有权，但是仍然可以一起管理资产，同时又不影响受益人按照计划的领取收益。这种安全隔离的设置主要是形成了与信托机构自身财产的相互分离，就是受托人出现资产危机或者破产，受托人的资产都不会出现危险。另一方面实现了与委托人与其资产之间的关系相互分离，就是委托人面临债务危机，委托人的债主也不能用受托资产来抵债，从而实现规避风险的功能。

保值增值功能。家族信托的管理人通常由专业团队构成，有些具有雄厚实力的机构专门设立家族信托办公室来为客户实现资产的最优管理。委托的资产在利用家族信托进行传承时，所获得的收益通常会比自行管理更高，长期的资产管理更能使得受托资产实现更好地达到增值的效果。

延续控制的功能。家族信托产品大多数是根据客户来制定的，资产也是长期管理的，所以在设立家族信托的时候会制定规划长远的家族信托计划。在该计划中，委托人往往会将受托管理的资产分期限、分阶段地分配给子孙后代，主要防止后代们过度消费，寅吃卯粮。同时，家族信托的受托财富资产将不限制于传统观念中的标的物，登记物将趋于丰富，受托标的种类也将越来越丰富。以家族信托的方式持有股权与不动产能够保证财产能在一个更加专业的团队中运作，实现健康稳定发展。

保密功能。信托机构必须对委托人的信托计划严格保密，收益份额及资产配置不用向公众公开。以洛克菲勒家族为例，洛克菲勒在20世纪90年代曾是美国最为富有的人物，为了不让资产让子孙后代过度消费，出现了家族信托办公室，专门负责打理受托资产。到目前为止，洛克菲勒家族办公室运行还在健康稳步的运行中。

家族信托很好地实现了财富传承的目的，但公众对于其家族办公室资产总额还是一个未知数。避税功能。遗产税无疑是财富传承中难以攻克的难点，有些国家的遗产税高得吓人，并且严苛。在美国的遗产税方面就实行得很苛刻。可征税遗产额不与遗产净值相等，它指的是从遗产总值中移除与子孙后代不搭边的资产，直接计算继承的直接金额。因此对于高端人士来讲，遗产税的征收是十分可怕的，它将吞并了大量财富，其最终的结果是国家是最佳受益人。家族信托的避税功能主要得益于信托的两个特性：一是信托受托人与受益人之间互不干扰，分别独立的存在，在信托成立之时，财产经营管理权已经在信托机构手中，家族成员只负责收取按合同规定的信托财产的收益权；二是信托财产具有独立性，信托一经成立，信托财产与收益人之间就独立开来。正是信托这种独特的结构安排，使家族信托在财富传承达到实现避税目的。虽然我国暂未开征遗产税，但并不排除在不久的将来会推出，家族信托将会是防范税收风险有效工具。

第三节 基 金

一、证券投资基金概述

证券投资基金是一种实行组合投资、专业管理、利益共享、风险共担的集合投资方式。与股票、债券不同,证券投资基金是一种间接投资工具,基金投资者、基金管理人和基金托管人是基金运作中的主要当事人。

证券投资基金通过发行基金份额的方式募集资金,个人投资者或机构投资者通过购买一定数量的基金份额参与基金投资。基金所募集的资金在法律上具有独立性,由选定的基金托管人保管,并委托基金管理人进行股票、债券的分散化组合投资。基金投资者是基金的所有者。基金投资收益在扣除由基金管理人和基金托管人所承担费用后的盈余全部归基金投资者所有,并依据各个投资者所购买的基金份额的多少在投资者之间进行分配。

与直接投资股票或债券不同,证券投资基金是一种间接投资工具。一方面,证券投资基金以股票、债券等金融有价证券为投资对象;另一方面,基金投资者通过购买基金份额的方式间接地进行证券投资。

在美国,公司型开放式投资基金被称为"共同基金",在英国和中国香港特别行政区被称为"单位信托基金",在欧洲一些国家被称为"集合投资基金"或"集合投资计划",在日本和中国台湾地区则被称为"证券投资信托基金"。

二、证券投资基金的特点

1. 集合理财、专业管理

基金将众多投资者的资金集中起来,委托基金管理人进行共同投资,表现出一种集合理财的特点。通过汇集众多投资者的资金,积少成多,有利于发挥资金规模优势、降低投资成本。基金由基金管理人进行投资管理和运作。基金管理人一般拥有大量的专业投资研究人员和强大的信息网络,能够更好地对证券市场进行全方位的动态跟踪与深入分析。中小投资者将资金交给基金管理人

管理，使其也能享受到专业化的投资管理服务。

2. 组合投资、分散风险

为降低投资风险，一些国家的法律通常规定基金必须以组合投资的方式进行基金的投资运作，从而使"组合投资、分散风险"成为基金的一大特色。中小投资者由于资金量小，一般无法通过购买数量众多的股票来分散投资风险。基金通常会购买几十种甚至上百种股票，投资者购买基金就相当于用很少的资金购买了一揽子股票。在多数情况下，某些股票下跌造成的损失可以用其他股票上涨的盈利来弥补，因此投资者可以充分享受到组合投资、分散风险的好处。

3. 利益共享、风险共担

证券投资基金实行"利益共享、风险共担"的原则。基金投资者是基金的所有者。基金投资收益在扣除由基金承担的费用后的盈余全部归基金投资者所有，并依据各投资者所持有的基金份额比例进行分配。为基金提供服务的基金托管人、基金管理人只能按规定收取一定比例的托管费、管理费，并不参与基金收益的分配。

4. 严格监管、信息透明

为切实保护投资者的利益，增强投资者对基金投资的信心，各国（地区）基金监管机构都对基金业实行严格的监管，对各种有损于投资者利益的行为进行严厉的打击，并强制要求基金及时、准确、充分地披露信息。在这种情况下，严格监管与信息透明也就成为基金的另一个显著特点。

5. 独立托管、保障安全

基金管理人负责基金的投资操作，本身并不参与基金财产的保管，基金财产的保管由独立于基金管理人的基金托管人负责，这种相互制约、相互监督的制衡机制对投资者的利益提供了重要的保障。

三、基金的分类

根据证券投资基金的组织形式、投资渠道、资金募集方式的不同，可对其进行不同的分类。

（一）基金的分类

1. 按照组织形式划分，证券投资基金可以分为契约型基金和公司型基金。契约型基金是指以信托法为基础，根据当事人各方之间订立的信托契约,由基金发起人发起设立的基金,基金发起人向投资者发行基金单位筹集资金。契约型基金也被称为信托型基金。公司型基金是指以《公司法》为基础设立、通过发行基金单位筹集资金并投资于各类证券的基金。公司型基金的认购人和持有人是基金的股东,股东选举产生的董事会代表股东负责基金运作的相关事宜。

2. 按照基金单位是否变动划分,基金可分为封闭式基金和开放式基金。 两者的主要区别见表4-1。封闭式基金是指基金的单位数目在基金设立时就已确定,在基金存续期内基金单位的数目一般不会发生变化,但出现基金扩募的情况除外。尽管封闭式基金的基金单位数不变,但基金的资产规模随单位资产净值的变化而变化。由于封闭式基金发行的是不可赎回证券,基金不必随时准备将基金资产变现以应对投资者赎回的请求。开放式基金是指基金股份总数是可以变动的基金,它既可以向投资者销售任意多的基金单位,也可以随时应投资者要求赎回已发行的基金单位。基金单位总数的变动必然带来基金资产的变化。如果基金向投资者发行新的股份,基金就可以新筹集的资金进行投资,基金的资产也相应增加;如果投资者赎回基金股份,基金则将投资组合中的现金或非现金资产变现用于支付。

表4-1　　　　　　　　开放式基金与封闭式基金的区别统计表

基金种类	开放式基金	封闭式基金
基金规模和存续期	基金单位根据投资人申购和赎回的需要而随时增减	存续期内基金规模不变
交易关系	申购和赎回始终在基金投资者和基金管理者之间	交易在基金投资者之间完成
交易价格	根据基金单位资产净值加、减一定费用确定	由市场供求关系确定
交易费用	投资者需要缴纳的费用均包含在基金价格之中	在基金价格之外要付出一定比例的证券交易税和手续费
投资策略	为应付投资者赎回的需要,保留现金更多,一般投资于变现能力强的资产	流动性要求相对较低,可进行长期投资策略
基金管理人的约束	由于受到流动性限制,对基金管理人的约束能力较强	对基金管理人的约束相对较弱

(3)投资基金按照投资渠道的不同,可分为股票基金、债券基金、货币市场基金。股票基金的投资标的主要是股票,债券基金的投资标的是债券,而货币市场基金的投资标的主要为货币市场的金融产品,如短期国债、外汇等。

(4)证券投资基金按照是否公开发行,可分为公募基金(public offering

fund）和私募基金（private placement fund）。公募基金是向社会不特定公众发行，而私募基金则向特定对象发行。在美国，公募发行的公司型基金通常被称为共同基金（mutual fund），而私募基金主要为对冲基金（hedge fund），两者之间的主要区别见表4-2。

表4-2　　　　　　　　　共同基金与对冲基金的特征比较表

基金类别	共同基金	对冲基金
投资者人数	限制性不强，投资者人数必须达到一定规模才能上市	严格限制。美国《证券法》规定，若以个人名义参加，最近两年里个人年收入至少在20万美元以上；若以家庭名义参加，夫妇俩最近两年的收入至少在30万美元以上；若以机构名义参加，净资产至少在100万美元以上。1996年做出新的规定：参加者由100人扩大到500人。参加者的条件是个人必须拥有价值500万美元以上的投资证券
监管	严格监管。出于避免大众风险保护弱者以及保证社会安全的考虑	监管不严格。美国1933年《证券法》、1934年《证券交易法》和1940年的《投资公司法》曾规定投资者人数不足100人的机构在成立时不需要向美国证券管理委员会等金融主管部门登记，并可免于管制的规定。因为，对冲基金投资者主要是少数十分老练而富有的人，自我保护能力较强
筹资方式	公募公开	美国1933年《证券法》规定，基金吸引顾客时不得利用任何传媒做广告。投资者主要通过四种方式参与：依据在上流社会获得的所谓"可靠投资消息"；直接认识某个对冲基金的管理者通过别的基金转入；由投资银行、证券中介公司或投资咨询公司的特别介绍
信息披露程度	信息公开	信息不公开，无须披露财务及资产状况。我国对于私募基金的信息披露要求极为严格
财务杠杆	很低	具有高财务杠杆性。对冲基金往往利用银行信用，通过反复抵押高流动性的证券资产，获得高达几倍甚至几十倍的信贷资金。一般情况下，对冲基金运作的财务杠杆系数为2~5倍，紧急情况下可达20倍，甚至更高。全球范围对冲基金未使用财务杠杆的比重为27.0%，使用财务杠杆的比率为73.0%，其中杠杆系数在2倍以下的占总体对冲基金的45.1%，杠杆系数超过2倍的比例为27.9%
经营业绩	由于投资渠道的限制，与对冲基金相比，其经营业绩略为逊色	通常较优。由于对冲基金投资领域更为宽泛（包括一些风险较高的领域）、经营更为灵活。因而业绩通常较好。1990年1月至1998年8月间年均回报率为17%，高于一般的股票投资基金、退休基金和共同基金（同期内华尔街标准-普尔500的年均增长率仅为12%）。一些经营较好的对冲基金每年的投资回报率在这一时期高达30%~50%。最近几年虽然对冲基金的收益率有所降低，但2003年的平均收益率仍然超过15%。但还需看到的是，在1998年之后，很多对冲基金的业绩不尽如人意（如老虎基金、量子基金就先后倒闭）

按照管理方式可分为主动型基金与被动型基金。主动型基金即主动管理型基金,是指募集后有基金经理操盘,把资金投资于他所偏爱的股票、债券等,以期获得超越市场基准的收益的基金。主动型基金需要很多的管理成本,不像被动型的基金,把资金募集后按比例投入到相应的股票即可。主动型基金不刻意去做指数化投资,以超越市场基准为目标。

被动基金并不主动去寻求超越市场的表现,而是试图复制指数的表现。由于被动型基金一般选取特定的指数作为跟踪的对象,也通常被称为指数型基金。

(二) 基金经典案例——巴菲特的赌约

主动管理与被动管理基金的较量。2007 年,巴菲特以 50 万美元作为赌注,对冲基金的基金经理选择任何基金组合,十年的收益都不会超过标普 500 指数基金的收益。来自 Protégé Partners 资产管理公司 Ted Seides 接受了巴菲特的挑战。Ted Seides 选择了五种对冲基金组合与巴菲特的标普 500 指数基金对赌。九年过去,在 2016 年年底巴菲特的标普 500 指数基金的年回报率为 7.1%,而 Ted Seides 对冲组合基金年回报率只有 2.2%。同时,对冲基金组合的管理费将占到基金收益的 60%,而巴菲特的标普 500 基金的管理费则少于基金收益的 50%。十年期限就要到了,显然,巴菲特会赢了这场赌局。

当然,在对赌开始之前,巴菲特就知道自己必赢无疑。他说:"我经常推荐的就是低成本的标普 500 指数基金,只有极少数谦虚的朋友才会相信我的话。"

第五章 家族资产配置的实施

第一节 投资分析

在资产配置的过程中,当投资者能够同时运用远景(一种长期的、宏观的工具)和深度分析(一种短期的、微观的工具)时,他将能够获得非常大的收益,并且减少次优决策的影响。这需要耐心、技巧和经验。为了达到这一目的,投资者需要一系列能够提供结构并且能够强化反映的工具。在考虑每一个主要的资产种类时,投资者需要一副"望远镜"来分辨:(1)重要的趋势;(2)趋势持续的时间;(3)这些趋势可能产生的影响程度。与此同时,投资者还需要一副"显微镜",来解构和评估某一给定资产种类中的特定投资和投资经理人的基本特征。

一、社会分析

投资者应当考虑一个经济体的稳定性、成长性、国家凝聚力及前瞻性思考的程度。这一分析思路适用于对美国国内和国外权益、固定收益证券以及另类投资(包括风险投资、私募股权投资、房地产和其他工具如对冲基金)的投资。

一般来说,一项投资的合理性和吸引力在很大程度上取决于一个国家的社会整体健康状况,其中包括相互依存的金融、经济、政治和社会因素。

各个国家、地区和民族都在追寻以一种连续不断的、上升的方式来实现自己的理想和抱负。但是在这样的过程中,梦想常常会遭遇变幻莫测的经济和金融周期、外部事件、冲突与和平时期、不断变化的信心水平以及改变的优先事项的挑战。在把相当数额的资产投入到某一资产种类和(或)世界上某一特定地区之前,作为明智的投资者,应当问问自己,有没有对目标地区存在的风险进行建设性的精确测量或计算。然而，投资者既能够也必须，试着去获得一种对那些影响资产配置和投资活动的当前及未来环境的整体感知。例如，在金融领域里，投资者或许希望考虑的是，一个国家是否有可能奉行或者继续奉行资本友好型政策，或者它是否有可能采取非资本友好型政策。

二、市场周期分析

资产配置过程的一个至关重要的基石是有能力确定：（1）某一特定的资产种类（或某一资产种类的子类）处于市场周期的哪个阶段；（2）在那个阶段内，价格水平的主要驱动力。金融资产（例如权益和债券）和实物资产（例如商品、贵金属、艺术品和收藏品）的价格通常取决于以下三种力量之间的不同组合：（1）基本面；（2）价值面；（3）心理/技术/流动性因素。表5-1展示了资产价格通常遵循的一种模式。

表 5-1　　　　　　　在不同的市场阶段下影响资产价格的因素

市场阶段	底部	复苏期	牛市中期	牛市顶部	熊市
基本面	20% 持续改善，但是被忽略	50% 可靠的潜在业绩	40% 业绩稳定高速增长	20% 乐观的预期	30% 过渡在于恶化的信息
价值对比	20% 有吸引力，但是没有人购买	50% 充足的廉价资产	30% 愿意支付	20% 人为修改估值基准	20% 突然意识到估值过高
心理面	60% 精疲力竭，沮丧	20% 怀疑。反思和转变	30% 信仰、希望	60% 愉悦、贪婪	50% 恐慌与怀疑

资料来源：《资产配置的艺术》。

表5-1简要描绘了大多数资产的价格变化过程所经历的五个主要的阶段，这种价格变化的中间可能会出现趋势的反转，变化的程度和变化持续的时间也

会各不相同。这些阶段包括：（1）底部，在这一阶段，低迷的价格无法引起投资者的热情或者只能引起极少数投资者的热情；（2）复苏初期，在这一阶段，低廉的价格开始令投资者相信其潜在的价值；（3）牛市中期，在这一阶段，对价值的基面的衡量吸引了更多的投资者和数额不断增加的投资资金；（4）牛市顶峰，在这一阶段，投资者对资产种类不断高涨的热情推动价格达到极值；（5）熊市，在这一阶段，越来越多的投资者对资产失去热情并且希望将资产售出。

表5-1也显示了一个典型的市场周期所经历的五个阶段中，三种主要驱动力之间不同的重要程度。基本面（定义了一项资产的内在吸引力、效用或者目标）在一个市场周期的底部和顶部时，倾向于对价格变动只施加很小的影响。在牛市的中期，当投资者通常采取最为理性的行为时，基本面一般会在决定价格方面扮演更为重要的角色。

价值面（考虑的是与其本身以及其他资产相比，一项资产的现金流和终值的模式、时间和现值）倾向于在牛市的初期发挥其最大的影响力。在这一阶段，极具吸引力的价值常常将投资者从不信任者变为信任者。在市场周期的其他阶段，价值或许更像是投资者行为的一种滞后而非引领性的激励因素。

心理、技术和流动性因素在市场周期的高峰或低谷阶段扮演着非常重要的角色，它们会推动资产价格达到极高或者极低的水平。

心理力量跨越了人类情感的全部范畴，包括自己以及他人的狂热、贪婪、愉悦、轻信、怀疑、畏惧、恐慌、后悔甚至厌恶。技术和流动性力量包含了一项资产的流动性、投资者基金流量的来源和目标，以及一项资产相对于其他资产具备或者不具备吸引力。总而言之，心理、技术和流动性因素常常在市场的极端状态下超越基本面和价值面的影响。

三、情景分析

在投资者考虑了某一资产种类（或子类）的社会影响及其市场周期的现行阶段和相关力量之后，将思维和才智投入到一种假设的经济和金融情景分析中去或许对他们大有裨益。这种分析的主要价值来源于：（1）情景序列的相对完整性，从乐观到悲观；（2）将预测的经济结果粗略地转化成它们对不同的资产种类的潜在影响；（3）为每一种情景分配概率；（4）建立一种适用于每个投资者的战术性资产配置（通常有一年的时间跨度）。

在建立和评估各种情景,并分析它们对金融市场和投资组合的预期影响时,投资者应当谨记几点注意事项。预测,特别是预测的关联概率,仅仅是一种对未来的估计,而非真实的情形。预测往往缺少一种内部的连贯性,与实际的情况会有出入,而且,经济和金融历史充满了许许多多的结果,它们原本并非预测的一部分,完全是无法预知的。

四、金融市场环境分析

投资者应该知道如何认识、预判金融环境的变化(这里说的变化是不同环境之间的变化,而不是一种环境内在的变化),并对其做出反应,这是实现成功投资的最大挑战之一。

金融资产前景的变化常常要求投资者对资产配置的比例做出相应的调整。例如,美国经济在 20 世纪 50 年代和 60 年代出现了迅速扩张,在这种情况下,投资者就需要将他们的资产配置向权益和权益类资产倾斜。对比之下,在 70 年代,通胀率(石油输出国组织两度提高原油价格)和利率出现了大幅提高,标准普尔 500 指数在 1973 年下跌了 14.7%(在接下来的 1974 年下跌了 26.5%),在这 10 年的大部分时间里,权益资产的回报一片惨淡。

从 1979 年 10 月开始,美联储决心降低通货膨胀率;经济和利润连续多年出现增长;在许多家庭的退休和投资计划中,股票和权益共同基金所占的比重大幅提高。这些因素使得权益和权益类资产在 20 世纪 80 年代和 90 年代重新受到了重视。相比而言,90 年代的日本出现了经济衰退和价格的通货紧缩,日本政府债券的回报是日本权益的 2.5 倍。

进入 21 世纪之后,美国权益市场和许多国外权益市场都出现了价格下跌,其中标准普尔 500 指数在 2000 年下跌了 9.1%,在 2001 年下跌了 11.9%,在 2002 年下跌了 22.1%。一些固定收益、现金和另类资产种类表现相对较好,这使得许多投资者开始思考、评估金融市场和一些资产种类的环境。

支持投资者调高权益和权益类资产比重的长期因素包括:(1)美国和世界其他许多地区的预期经济增长及盈利能力所带来的回报;(2)持续的技术进步和对资本友好的政府;(3)价格变化、流动性和资本流以及货币和财政政策较为有利。

支持投资者降低权益和权益类资产比重的长期因素包括:(1)权益的估值指标(如市盈率、市净率、市售率和股息率)处在历史较高的水平;(2)各种形式的金融杠杆的量级、复杂程度和使用频率较高，包括消费者和公司借贷，衍生品的广泛使用，以及高度杠杆化机构的大幅增加；（3）美国私人储蓄率处在较低水平，经常项目的国际收支出现115年来的最高赤字，如图5-1所示。

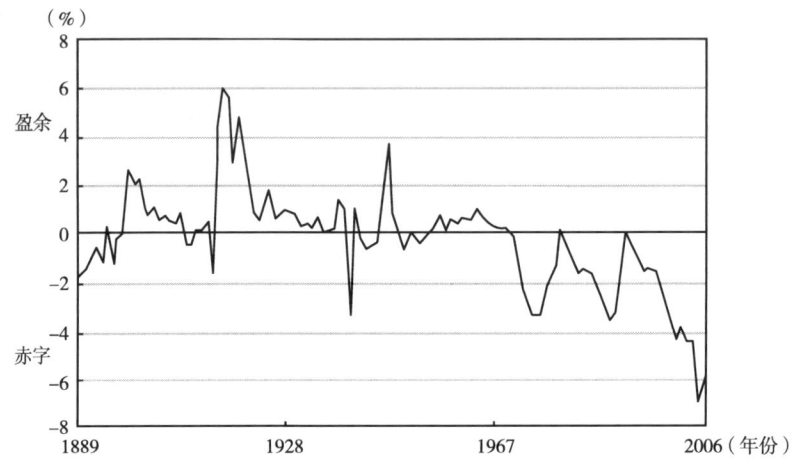

图5-1　美国经常项目的国际收支（与GDP比例）（1889~2006）

金融市场条件影响的不仅是资产配置，还包括投资者行为和投资策略的流行方法。例如，在一个趋于成熟的权益牛市中，现金作为一种资产以及市场时机的选择都会受到轻视，相反，人们更喜欢以长期持有方式和买跌心态将钱全部投入到股票之中。图5-2给出了有利和不利的金融环境对投资者动机。

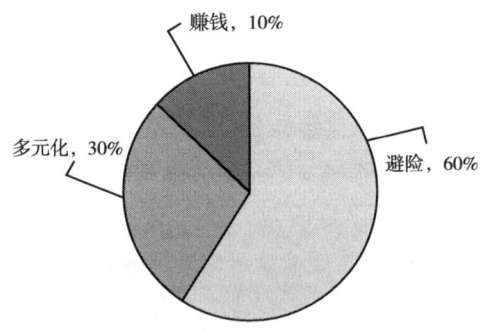

图5-2　牛市投资动机

图5-3中的饼形图估计了投资者在牛市中的动机，并将其与熊市中的动机做了对比。在牛市中，投资者的主要动机都围绕着赚钱；在熊市中，他们的主要动机则趋向于避免损失。

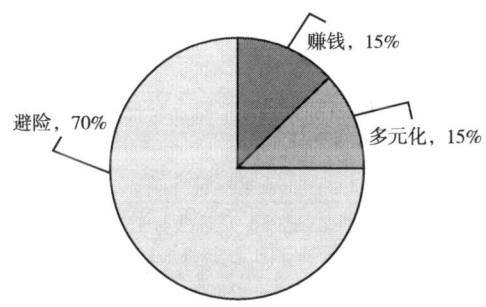

图 5-3　熊市投资动机

表 5-2 还将有利的金融市场环境对投资者行动的影响与不利的金融市场环境对投资者行动的影响做了对比。在金融资产的价格长期上涨的时期,投资者愿意尝试更多的地区投资、资产种类和投资策略。随着前景预期和风险承担的提高,许多投资者常常会强调资本的增值、权益和权益类资产、"进攻型"另类投资范畴和对冲基金策略。

表 5-2　　　　　　　　有利和不利市场投资动机对比

不利的金融市场环境(熊市中的投资者动机)	有利金融市场环境中的投资动机
不利金融市场中对投资者行动和预期的影响因素	对投资者预期及行动的一些影响因素
财富的降低和新创造财富的减少	大量个人财富的建立
较少的地区投资、资产种类和投资策略	更多的地区投资、资产种类和投资策略
投资者对投资表现较为不满	投资者预期较高而且常常不切实际
投资者努力寻找高质量的金融中介	投资者对现有的金融中介较为满意
对风险降低、风险控制和风险管理的强调	显性和隐性的风险承担
短期和中期固定收益证券在配置中变得更为重要	权益、权益类产品以及垫头借支在配置中变得重要
对"防御型"另类投资和对冲基金兴趣提高	对"进攻型"另类投资范畴和对冲基金兴趣提高
对资本保护的强调	对资本增值的强调

在金融资产价格长期下跌的时期,许多投资者常常会局限于少数的地区投资种类和投资策略中。投资者首要关注的是资本的保护和具备防御特征的主流投资,如短期和中期固定收益证券。他们的预期会降低,对风险的意识会提高,并倾向于强调"防御型"另类投资范畴和对冲基金策略。高净值客户群资产配置特征的统计结果如表 5-3 所示。

表5-3 高净值客户群资产配置特征的统计结果

职业	专业技术人员、私营企业家、其他类型
财富来源	主要来源于稳定性收支结余和高成长性资本积累
资产净值	500万~1000万元人民币之间
投资知识与经验	大多具有一定的投资知识和投资经验
投资者参与度	高端个人客户的投资比重较大，市场参与度较高
资产结构	资产结构主要持有现金存款、股票与开放式基金、房地产、货币挂钩结构性投资产品、私人股权及实体企业；期货及其衍生产品与信托产品呈两极状态
投资目标	资本保值、资本升值、长期成长、积极成长
投资期限	大部分高端个人客户选择2~5年。有部分高端个人客户选择超过6年以上的投资期限
风险偏好	大部分高端个人客户都是积极型投资者、能承受一定的风险，对风险容忍度较高
投资者自信度	大部分高端个人客户对自己的投资行为有50%的信心度
投资者观点	大部分高端个人客户对股票和房地产的未来走势持观望态度，对这两类资产的未来收益持保守态度

第二节 配置策略的制定

个人投资者、超高净值客户们的特点是与众不同，交税、投资目的多种多样，各种各样的时间范围、增长率和收入需求，不同的风险承受能力。那么超高净值客户的咨询师如何才能处理好这些问题呢？要有很多很多的耐心！超高净值客户们还有一些限制，如必须要集中股权、运营商业利益、慈善目的等其他很多限制。因此，咨询师们的任务就是为每个客户定制最优化的资产配置，正如前面提到的那样，这不仅是一门科学也是一门艺术。超高净值客户咨询师们要知道，超高净值客户们更多的情况是为了在实现多个目的同时最优化他们的资产——简单讲是不可能的。不可能同时最大化收入，最大化慈善捐赠，最大化增长，最大优化税收。有很多个目标，可以分别为这些目标创建投资策略，但是对每个目标都用一种资产配置是不可能的。超高净值客户咨询师们要帮助他们的客户决定对他们来说哪个是最重要的，一旦确定以后要为客户的关键目标编制资产配置。表5-3显示了高净值客户群资产配置特征的统计结果。

第五章
家族资产配置的实施

说明定制资产配置最好的方法也许是看投资策略报告集。这些会有目标回报、风险容忍度、流动性限制、时间范围、税收、法律和规章、特殊的环境。为了清晰，这些章节之间都会有一段叫"资产配置上的影响"的内容来论证每个因素是如何影响资产配置过程的。关键是要让咨询师学会如何跟客户沟通让他们来优化投资目标，这样他们就可以推荐最合适的资产配置了。

一、回报目标

选择一个回报目标是让咨询师和超高净值客户们意见相左的问题之一。举个例子，咨询师知道根据资产配置和资本市场的原则，不难理解9%的回报目标是很难实现的。但还是可以实现的（假定客户有相应的风险承受能力）。对于一个超高净值客户，尤其是那些喜欢持单一股票来创收的超高净值客户来说，9%看上去很不怎么样。好消息是绝大多数的超高净值客户不需要赚取超过9%（尽管在一些家族中，家族的人数增长超过家族财富的增长，9%就没有用）。最基本的需求是使大多数人生活得开心，所以可把钱投资到市政债券中。所以，也有极少的超高净值客户决定将他们所有的钱放在市政债券中。为什么会这样？因为绝大多数超高净值客户想赚取超过9%的收益。但他们能为赚取超过9%的收益而承担必要的风险么？最后还是要由客户来作决定。但是咨询师也要尽责地告诉客户要达到两位数的收益必须要承担的风险。

所以超高净值客户收益回报的目标需要仔细确定，要有量有质，要强调质量。超高净值客户咨询师们需要去做的就是帮助他们的客户算清楚他们的钱要为他们做什么。收益目标是个很重要的开始，因为这让超高净值客户们开始思考长期金融目标的一系列问题，还有他们目前的财富如何能帮助他们实现这些目标。很讽刺的一点是，收益目标是重要的讨论点之一，但是一旦客户有个很大的想法并开始设想家族需要这些钱来干什么的时候，收益目标就变成了决策过程的最末位。然而定性是很容易判断的（"我是否赚了9%"），尽管定量要按一定方法评估，但也容易判断，举个例子，一个定量目标，比如"能获得稳定收入并维持基金购买力的目标，就能被正确判断。对资产配置决策的影响回报目标对资产配置决策有很大的影响。如果回报目标很高，在混合资产中高风险和高收益的那个会被选中。如果收益目标很低，那么，自然，和前面相反。万一客户倾向于高回报目标，超高净值客户咨询师们需要去自行评估客户是否

需要一个高回报目标。而超高净值客户们经常要尝试更多没必要的风险，因为他们认为应该有一个高的回报目标。

二、风险忍受度

当为客户创建风险资产策略时，收益目标的另一补充就是风险忍受度。有了回报目标，定量和定性的风险目标就需要考虑了。很多参与者通过风险忍受度的调查问卷来开始评估投资者的风险忍受度。结果通常根据投资者对承担风险的意愿和能力，把投资者分成从低到高的四类或五类风险等级。但是咨询师如何根据客户的风险忍受度来为他选择合适的资产？我认为行为学因素需要被评估，因为客户经常会高估他们的风险忍受度。事实上，我在本书后面会讨论这个问题。但是从一个纯粹风险评估的立场看，有好几种方法做这些，比如标准差、一年中损失的可能性、短期风险等方式让配置符合风险忍受度。

投资者可用标准差衡量12%波动率的接受程度来量化风险忍受度。如，投资者适应收益波动率为12%或者12%以下的话，就不要考虑配置波动率超过12%的资产。一年内损失的概率是另一种量化风险的办法。在这个方法中，为客户列出一些资产配置，其中一些回报小于0的概率很高，另一些很低。保守的人只会允许一年内概率为10%的负收益。激进的人可能允许一年中概率为40%的负收益。最后，另一个投资者量化风险的方法是考虑短期成本，就是一个投资组合的价值会小于某个最小可接受水准的风险，比如一段时间的通货膨胀率和消费率。如果短期风险对投资者来说很重要，合适的短期风险目标可以用于描述投资者对风险的态度。对资产配置决策的影响承担风险的意愿和能力对资产配置的选择有很大的影响。很明显，随着风险忍受度的增加，会有更多的风险资产被选择。超高净值客户咨询师们需要区分承担风险的能力和承担风险的需求。超高净值客户往往过高估计承担风险的需求，其中一些人过高估计承担风险的能力。

三、流动性

客户投资组合的流动性是很重要的，但是常常被忽略。通常来说，流动性的需求限制了投资者忍受风险的能力。超高净值客户的投资策略说明书的流动性章节包括了两个主要的部分。第一部分包括需要应付预期花费、私募投资的现金和很多无法预期的花费，比如医学检查和家族里的花费。第二部分包括投资组合中的流动性资产、半流动性资产和非流动性资产。

现金客户的现金需求是很大的。一些客户靠投资组合的回报（包括股利和资本利得）来完成他们的日常开销，其他人靠的是职业收入，就不用变现投资组合。前一种情况的话，可预测的生活开销（比如花费率）构成了投资组合中很大的那一块。因为可预测性，投资组合中有一部分现金用来应对预期的花费。后一种情况的话，现金的比例会比较小是因为不需要用来支付生活花费，而更多是根据投资组合的原理来配置。两种情况中，非预期的现金需求可以通过设置现金垫来解决，这要根据不同的客户来决定。两种情况中，可预期的支出流动性事件，比如购买房屋、学校花费、慈善捐赠或其他的花费需要在流动性规划中考虑。收入流动性事件，比如继承和其他可预期的现金流可以在投资策略说明书中说明，假定家族客户还是很愿意探讨这些话题的话。

投资组合中的非流动性超高净值客户们，尤其是年长一点的，对资产组合中的非流动性很敏感。即使他们有能力去投资私募股权、房地产、自然资源、对冲基金和其他非流动性或流动性差的资产，他们也会限制投资的比重来最大化持有基金的灵活度。这没有严格不变的规则，我用资产组合的50%作为客户对流动性的需求。换句话说，就是客户投资组合中的50%或更多是流动性资产或者流动性较强的资产，而另一些客户的选择是30%～40%的比率。

对资产配置决策的影响：一些投资者喜欢流动性，这对资产配置决策有很大的影响。像之前提到的那样，限制私募股权投资和对冲基金投资比重的客户就是比较偏爱流动性的客户。现金和债券的比重高会拉低收益率变成了长期的投资组合。

四、时间范围

投资时间范围对资产配置选择有很大的影响。尤其是，时间范围会决定投资组合能忍受的波动率。期限越短，投资者能忍受的波动率越小。很多咨询师把期限分成短期、中期和长期，但是这些划分没有很普遍认可的定义。任何时候，我喜欢用范围而不是绝对的期限来描述时间范围。举个例子，我把15～20年的时间称为长期，把3～15年的称为中期，把3年以下的称为短期。中期可能是最难说清楚的，比如我把10年当成是中期，其他客户把这个认为是短期,也有人看成是长期。任何情况下,资产配置要以客户对时间范围的解释来构建。

时间范围第二个很重要的方面是投资时是否面对单一还是多阶段的时间范围。某个投资者,尤其是老客户,可能是单一的时间范围比如 10 年。但是,对大多数超高净值客户,要接受特别和复杂的问题,要适应多重时间范围,对不同时间范围的想法要进行不同的资产配置。超高净值客户们,一旦建立好了投资目标,会为好几代人设置风险和收益目标。一个年龄不大的超高净值客户也要为孙子们规划。

对资产配置决策的影响:时间范围对资产配置有很大的影响是因为时间范围决定了客户能承受的波动率和客户的投资风格。举个例子,5~10 年的投资时间范围的话,可以选择股权,但是私募股权在这里就不合适。

五、税收

税收的问题可能是超高净值客户们要处理的最普遍和复杂的投资限制问题。收入和财产的税全世界都有,对财富累积而言是个很大的挑战。各种各样的税要处理:所得税、资本利得税、财富转移税和资产税。

第三节 策略的实施

为了使资产配置随着时间的推移产生成功的投资结果,选择和对资产进行再平衡的技巧必须与某些其他原则一起使用。在许多情况下,除了那些最具才华、最富经验、最有知识的投资者,所有人都可能会在某种程度上依赖于资产经理人、咨询顾问、评级机构、时事通信和金融中介机构来提供专业的知识和建议。图 5-4 给出了影响资产配置的选择决策。

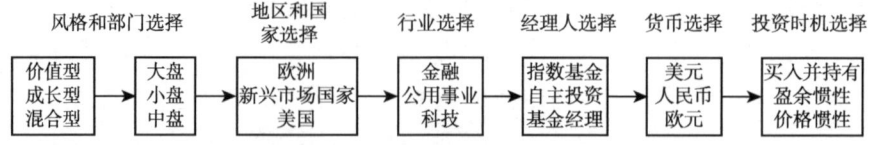

图 5-4 资产配置的决策过程

第五章
家族资产配置的实施

一、风格和部门选择

如果说资产配置是决定选择森林的过程,那么风格和部门选择可以被描述为选择树种的过程。风格和部门选择还包括所谓的主题、工业或群组选择。除了权益之外,这一原则也适用于许多主要的资产种类。在某些金融市场环境下,一项给定的资产种类之内的多数部门会大致上朝同一个方向移动,而在另外一些金融市场条件下,这些部门则会表现出一定程度的回报差异。因此,投资者应该重视这些差别,不管它们是不是被用来表明某项资产种类之内各自独立的进一步分类。

例如,在债券这一资产种类之内,投资者可以按照信用评级(从投资级或较高级债券,到高收益或较低级债券)、到期时间或持续时间(从短期到中期,再到长期发行)以及部门(从政府到政府机构,到公司,再到免税市政债券)来配置资产。

在权益资产种类之内,投资者可以按照市值(包括大盘股、中盘股、小盘股)、风格(包括成长型、价值型和混合型,其中混合型是成长型和价值型的一种机会主义的结合)、主题(从防御型到激进型,或者从所谓的新经济到旧经济),甚至是泛部门主题(如环境敏感型、人口驱动型或出口导向型权益)来配置资产。

在另类投资种类中,投资者可以根据部门(如房地产、风险投资、私募股权投资和对冲基金)和风格(包括合并套利、可转换套利、基于期权的战略、不良资产投资、杠杆收购活动或包厢投资)等分类方式来配置资产。

二、地区和国家选择

对许多投资者而言,国际投资代表了迈向更多元化的第一步。国际投资的结果可以是极为成功的或勉强可以接受的,也可以是令人遗憾的,这取决于跨国投资尝试发生在何时、何地,以及持续的时间长度。

在部门和风格方面,某个特定国家和地区内的资产种类可能会在一些金融市场环境下朝着同一个方向、以大致相同的量级移动;而在另外一些情况下,一个国家或地区可能会以自己的步调运行,而不与世界其他地区同步。例如,在20世纪80年代和90年代,以及在进入新千年以后,日本的固定收益证券和权益起起伏伏时,类似的资产在其他国家和地区则向相反的方向移动。而对于基于地区性的或国家的多元化实际上会不会产生相对不相关的投资回报和结果，投资者则需要对其在长期和短期内的可能性进行评估。当在地理上不同的市场产生了高度相关的结果时，地区和国家选择可能就不如风格、部门和工业的选择那么重要。

还是用森林来打比方，个体的工业群组和证券的选择就像是具体的树的选择。通过互不相关的投资，或者由一位投资顾问做独立的账户管理，或通过共同基金、封闭式基金（closed-end funds）、单位投资信托（unit investment trusts）和私人合作（private partnerships）等融资工具，投资者将资金投入工业和（或）证券。尽管许多研究都强调了资产配置在解释投资总回报随时间推移而变化时有着极高的重要性，但这些研究结果并没有降低行业和证券选择的意义。

三、经理人选择

在许多方面，经理人选择是影响资产配置的最重要原则之一，尤其是对那些将资金配置在多个资产种类上的投资者来说。投资者可能会决定自己管理资产中的一部分——可以直接管理，也可以通过指数型基金和（或）交易型开放式指数基金来管理，如SPDR基金（被我们称作"蜘蛛基金"——基于标准普尔500）、Diamonds基金（基于道琼斯工业平均指数）、Cubes基金（基于纳斯达克100）或Webs（世界权益基准基金，World Equity Benchmark Shares，追踪17个不同的国外市场）。即使不是所有的资产种类及其主要子类都拥有可以简单定位、交易的指数型基金或交易型开放式指数基金，对所有类型的投资者来说，它们的数量和应用都在20世纪80年代和90年代大大增加，在90年代尤为如此。另一个趋势与此相关：一些大的专业投资者使用了期货以及其他类型的衍生工具，作为一种快速、有效、低成本的增加或降低对某一资产种类持有的方式。

与20世纪70年代和80年代初相比，投资者可以获取到的关于资产经理的信息急剧增加。经理人选择的过程也反映了这些发展，它主要通过以下几点获得了改进：(1) 业绩报告方法的标准化；(2) 纸媒和网媒更广阔的传播渠道；(3) 各种金融公司的资产经理人项目，这些项目可以提供审慎的经理人调查和选择、阶段性报告、正式经理人的纳入和保留程序，这些服务是收费的。

四、货币选择

在选择了一种参考货币或基础货币后，投资者应该决定是否对冲投资组合从基础货币之外带来的货币风险。尽管对冲投资可以降低一个给定资产配置产生的总体回报波动性，但这样的对冲也会带来不菲的成本。

关于对冲投资组合中的任何一种国外货币资产，投资者总可以找到强有力的支持或反对的论据，它们听起来似乎也很有道理，但在短期内，预期外的、未对冲的汇率变化可能会增加或减少国外资产的投资回报。因此，投资者应该评估任何一种货币的增值或贬值可能给资产中受外国货币支配的回报带来的影响，以及影响的程度，同时也要评估这些可能的变化会给外国货币回报的基础货币等价物带来怎样的影响。

五、投资时机选择

当投资者投资于一项具体的资产种类时，他们会对该资产的价格表现有一个预期，通常，投资时机选择方法的吸引力和感知效用会受到这一预期的影响。举例而言，当资产价格稳定升高，并且预计会继续升高时，投资者常常会低估投资时机选择的重要性，他们更喜欢立刻把可以使用的资金投资出去，而不是做分阶段的投资或在价格回落时投资。对比之下，如果资产价格一直在上下波动或者横盘运行，并且预计这种价格运行方式会继续下去，那么投资者和资产经理人常常会强调市场时机的选择。在试图选择时机时，投资者可能会根据一个阶段性的计划，对涉及的资产种类增加投入或者取出资金，从而利用价格的向上或向下波动。

投资时机选择和资产配置的另外一个交叉点与投资者的心态和目标有关。有的投资者将资产配置看作一种使投资组合保值、增值的方法，在很长的时间段内采取一种风险控制的态度，这样的投资者很可能会采用买入—持有的策略。这种策略的版本可以围绕这样一种原则来建立：让增值的资产种类继续增值，同时削减价格下跌的资产种类。当增值的资产种类在较长时间内持续增值时，这种策略一般可以奏效。但是，当资金逐渐向表现好的资产转移，而在投资组合中占比重很高的资产种类出现价格下跌时，这种方法产生的效果则会令人失望。

在权益类资产内，有的投资者偶尔会追求基于顺势选择的时机来选择策略。盈余动量策略（earnings-momentum strategies）认为应该买入那些正表现出强劲增长的股票，这种增长包括已有的业绩和分析家的获利预估修正率，同时卖出在这两个方面出现增长放缓的股票。价格动量策（price-momentum strategies）的方式与此相似，它认为应该买入股价上涨的股票、卖出股价下跌的股票。这些基于顺势选择的方法（momentum-based method）需要有较高的成交量和频繁的交易，风险较高，与资产配置的原则和目标有较大差距。因此，希望在合理的资产配置原则的基础上构建投资组合的投资者会限制这种顺势的选择方式——如要使用的话。

第四节　家族资产配置案例

一、案例基本情况

2017年，中国客户A系某民营企业家，多年来通过经营服装公司积累了一定的财富，但近年来客户的公司受经济环境影响利润水平呈下降趋势。客户婚姻和睦，妻子为家庭主妇，育有两个儿子，目前均为高中生在读，客户非常重视儿子未来的教育。客户父母均在世，但年事已高。该客户有迫切的设立家族信托的需求，一方面是为了在企业经营风险较大的情况下进行财产的风险隔离，另一方面是为了鼓励儿子学习，引导孩子受到更高层次的教育，最后客户也希望通过设立家族信托保障父母的养老生活和妻子的日常生活。此外，客户家庭无外籍成员，短期无移民计划；客户本人无负债，客户公司负债率较低。目前客户可向信托投入的资金规模大约为5000万元人民币。请结合客户需求以及资金状况制定该信托的投资规划以及信托收益分配计划。

二、投资策略分析

（1）回报目标：客户企业经营状况良好，家庭收入和支出稳定，且有较多盈余，因而客户对于投资目标的要求并不高，在8%～10%。

（2）风险忍受度：由于该笔资金只要用于长期的生活保障，因而可以有一定的浮动亏损，客户大概可以接受的损失为不高于10%。

（3）流动性：鉴于投资的目的，该笔资金总体流动性要求不高，但是必须没有或者每年能产生现金流，以满足日常所需。

（4）时间范围：长期，甚至跨代。

三、配置方案

(一) 投资规划

投资理财侧重于保值增值。根据"标准普尔家庭资产象限图"把家庭资产分成四个账户。第一个账户：日常开销账户。存放在活期储蓄的银行卡，活期基金。一般占家庭资产的10%，500万元人民币为家庭1年的生活费。这个账户保障家庭的短期开销，日常生活，买衣服、美容、旅游等都应该从这个账户中支出，该账户，对流动性要求高，收益率要求不高，可以考虑配置货币基金和债券基金。40%即1200万元用于保本升值，银行定期活期，国债，企业债，保本基金。

存款分为活期存款和定期存款。(1) 活期400万元，年利率为3%，利息每年12万元。定期存款400万元存5年，利率为4%，年利息16万元。(2) 购买理财产品200万元，银行理财产品的平均收益为4.25%，年收益为8.5万元。(3) 债券投资200万元，年收益为3.8%，每年可得到7.6万元。保本升值的投资每年可得到的收益为44.1万元。

第二个账户：杠杆账户。投资于保险。一般占家庭资产的20%，1000万元人民币专门解决突发的大额。开支这个账户主要是意外伤害和重疾保险以及零散的支出如车险等等。保险大约花费420万元。主要为老人购买死亡险，意外住院医疗险和养老险共计60万元；为客户A先生购买养老险，健康险，意外住院医疗险，寿险约计100万元；为妻子购买医疗保险，养老保险，重大疾病险约计60万元；为孩子购买重大疾病险，教育险，医疗保险等约为100万元。其余钱留作备用存银行活期。780万元，年利率3%，年收益23.4万元。

第三个账户：投资收益账户。用有风险的投资创造高回报。一般占家庭资产的30%，1500万元为家庭创造收益。主要投资股票、基金、不动产（投资一些商品楼和住宅楼）。考虑客户资金和承受能力适当投资一些金融衍生品，股权基金等。股票投资200万元，基金投资200万元。投资一些IPO，优质企业股权，如共享单车，网络。互联网金融、创业孵化一共1100万元。2016年，人民币兑美元贬值了约6%，客户赴美留学、旅游和购物的成本显著提升。所以需要关注外汇市场，适当购买一些外汇或做空人民币准备200万元人民币。全球动荡黄金白银避险可以买一些准备200万元。

第四个账户：长期收益账户。也就是保本升值的钱。一般占家庭资产的40%，2000万为保障家庭成员的养老金、子女教育金、留给子女的钱等。一定要用，并需要提前准备的钱。可以成立小型基金。

（二）受益权分配

1. 客户配偶

（1）生活费：受托人每自然年度的固定时间向受益人配偶分配10万元。

（2）旅游费：受托人于每自然年度的固定时间向受益人配偶分配10万元为旅游基金的支付。

（3）美容费：受托人于每自然年度的固定时间向受益人配偶分配10万元为美容费的支付。

2. 客户儿子

（1）教育金：受益人就读大学本科、硕士或博士研究生，向受托人提供本科、硕士或博士录取的书面证明文件，受托人每收到一次录取通知书即向受益人支付信托利益30万元（委托人可以根据受益人就读学校的情况设置不同金额的教育金，以激励受益人努力考上排名较高的学校）。

（2）创业金：若受益人创业，由委托人向受托人发出相关书面通知，受托人在收到书面通知后向受益人一次性支付信托利益200万元。

（3）生活费：受益人儿子取得全球排名前100位的任何一所大学的本科录取通知书后有权利申请就读期间生活费的支付。受托人每年度的固定时间向受益人儿子分配10万元。

（4）结婚礼金：若受益人结婚，受托人自收到受益人提交的婚姻证明材料后，一次性向受益人支付信托利益50万元。

（5）生育礼金：若受益人生育子女，每生育一个孩子，受托人自收到受益人提交的出生证明材料，一次性向受益人支付信托利益50万元。

3. 客户父母

（1）养老金：信托运行期间，受托人每自然年度的固定时间向委托人父母分配5万元，直至受益人的父母死亡或主动放弃该项信托利益。

（2）医疗费：信托运行期间，若委托人的父母发生疾病、身体遭受损害情形时，有权利通过向受托人发送书面通知和证明文件的形式申请医疗费的支付，分配30万元为医疗费的支付。

（三）治理条款

（1）教育金：受益人就读大学本科、硕士或博士研究生，向受托人提供本科、硕士或博士录取的书面证明文件，受托人每收到一次录取通知书即向受益人支付信托利益30万元（委托人可以根据受益人就读学校的情况设置不同金额的教育金，以激励受益人努力考上排名较高的学校）。

（2）创业金：若受益人创业，由委托人向受托人发出相关书面通知，受托人在收到书面通知后向受益人一次性支付信托利益200万元。

（3）结婚礼金：若受益人结婚，受托人自收到受益人提交的婚姻证明材料后，一次性向受益人支付信托利益50万元。

（4）生育礼金：若受益人生育子女，每生育一个孩子，受托人自收到受益人提交的出生证明材料，一次性向受益人支付信托利益50万元。

（5）受益人（儿子）若因私生子、婚姻的破裂又或是拥有不良的嗜好等负面消息的曝光，造成重大损失，尤其是当其资产中有上市公众公司或者相关信息可能会影响民众对其自身形象的价值造成降低的，应当中止信托利益分配，直至消除影响，恢复原本状态。

（6）养老金：信托运行期间，受托人每自然年度的固定时间向委托人父母分配5万元，直至受益人的父母死亡或主动放弃该项信托利益。

（7）医疗费：若委托人的父母发生疾病、身体遭受损害时，有权向受托人发送书面通知和证明文件申请医疗费的支付，分配30万元为医疗费的支付。

第六章 家族财富传承与多代资产配置策略

尽管有诸多非财务因素威胁到家族的基业长青,但是更危险的财富流失是转移税收,对财富就有非常严重的负面影响。不适当的管理计划,财富可能很快消失考虑每个家族从一代到下一代,典型的家庭成员会翻倍,这个家庭的财富没有相应的翻倍,则其对应的每一份收入都会被扩散,税收、通货膨胀以及净支出都会对财富造成影响。接下来举一个简单的例子,假如一个家庭开始有15个家庭成员,这个数字每25年翻一番,进一步,我们假设这个家族中没有财富转移计划,并且这个家庭的父母在35年后去世,该家族的财富的浪费在第二代后将大幅下降。

第一节 遗产税及其规划

一、遗产概述

(一) 遗产的定义

所谓遗产是指自然人死亡时个人遗留的合法财产,不包括不动产、动产以及其他财产价值的权利。遗产的概念只存在于继承开始到遗产处理结束这段时间,当遗产继承完成后,继承人所继承的财产即为其合法持有的个人财产,不再具备遗产的性质。

(二) 遗产的特征

1. 财产性

遗产只包括死者生前的财产权利,其民事权利随死亡而自然消失。

2. 时效性

遗产在法律上的时效范围是从自然人死亡之时起到遗产分割完毕为止的时间。在此之前，自然人生前的财产不属于遗产，即使是他已经就其财产分配立定了遗嘱。

3. 可转移性

遗产是可以与人身分离而独立转移给他人的财产，如果财产不能转移，则不构成遗产。能独立转移的财产包括：所有权、债权等。与个人身份密切结合，一旦分离便不复存在的财产权利，如承保经营权、演出合同中的演出权等不构成遗产。

4. 合法性

自然人的遗产必须是归属于其本人的合法财产，如果是非法所得形成财产或者其他非法所有财产，均不能视为遗产，继承人对该类资产不具备继承权。

5. 权利义务的统一性

在继承遗产时，需要注意的是：继承人在继承遗产的同时，有义务以所继承的财产为限承担被继承人的债务，即遗产具有权利和义务的统一性。如果继承人放弃继承遗产的权利，则无须履行清偿被继承人债务的义务。

（三）遗产税制

遗产税是一个国家或地区对死者留下的遗产征税，国外有时称为"死亡税"。遗产税制根据征收的方式以及纳税主体，可以分为总遗产税税制、分遗产税税制。

1. 总遗产税制

总遗产税制是指对被继承人的遗产总额征收遗产税的制度，其纳税额是被继承人的遗产，纳税主体一般是指遗产执行人。在扣除遗产税之后，方可进行遗产的分割和继承，在此环节，不再征税。总遗产税的税基是遗产总额，税率涉及依据遗产总额确定，而没有将继承人的财产、收入状况，与被继承人的亲疏关系和继承财产的多少作为依据，总遗产税税率通常为累进税率，且遗产税设定一定的免征额和扣除项目。

2. 分遗产税制

分遗产税制是指对被继承人遗留的遗产先进行分割，之后再根据每个继承人所继承到遗产数额分别征收遗产税的财产税制度。该税制又称为"继承税

制"。分遗产税税率依据继承人与被继承人的亲疏关系及所得遗产额实行累进税率。

具体而言，分遗产税的税率一般遵循如下的原则：(1) 直系亲属遗产税税率较轻，其他继承人的税率较高；(2) 按照所继承财产数额的多少，实施累进税率；(3) 被继承人的数量越多的，税率越低。目前，在实施遗产税制度的国家中，大部分采取的分遗产税税制，如德国、法国、意大利、瑞典、匈牙利、芬兰、俄罗斯、日本、智利、委内瑞拉等。

3. 混合遗产税制

混合遗产税综合了总遗产税制和分遗产税制的特点，它是先对遗产总额征收总遗产税，在遗产分割之后，再分别对被继承人所继承的遗产征收分遗产税。

4. 不同国家（地区）遗产税制

在以上三种税收制度中，分遗产税不仅考虑了继承人的个人经济能力、生活状况，又兼顾了其余被继承人的亲疏关系，这种税收制度既能体现代际传承中的税务负担，又避免了不合理的遗产税征收现象，同时鼓励了财富的分散，目前被认为是最为科学、合理的遗产税税制。然而，由于分遗产税是在遗产分割完成后，再分别进行征税，因此，其税收管理较为复杂，它要求税务部门有很强的征管能力，目前，在实施遗产税制度的国家中，大部分采取的分遗产税税制，如德国、法国、意大利、瑞典、匈牙利、芬兰、俄罗斯、日本、智利、委内瑞拉等。总遗产税制，税源集中，征税管理简单易行。也被部分国家采用，如美国、英国、新西兰等。而混合遗产税，不仅征收管理复杂，且税负很重，采用此种税制多为贫困国家基于财政税收的目的而实施。

二、遗产税规划工具

基础的遗产规划包括遗嘱或生前信托、预立保健管理（也常被认为是健康保健委托书）和一般的预立代理人。除了这些基本原则之外，这里还有许多可用来最小化联邦税的基本转移技巧。这其中有三点需要注意：财富税、转移税和隔代转移税。财富税目前最高税率为45%，是财产所有权人死亡后的财富用作慈善以外，转移给其他人的财富税，但这不是本章所要讨论的免税问题。赠与税是一种针对超出赠与税免征额目前为100万美元，应承担纳税义务的赠与税税率为45%，隔代财产转移税（GST）是对那些要将钱财转移给以后多个世

第六章
家族财富传承与多代资产配置策略

代的家庭高于 GST 免征额（200 万美元）部分所征收的税。总之，这些税收让有效的财富转移计划变得困难重重。一个简单的，并且有效的最小化这些税收的方法是在赠与人仍然活着的时候将这些资产交给受益人。在接下来的讨论中，我们讨论的财富都是满足生活费用剩下的部分。

（一）年度免税额

在目前转移税制下，一个捐赠者每年给受益人 12000 美元可以不承担赠与税，这里还有其他的支付项目，例如学费、医药费等不需要承担赠与税，其他如被捐赠者支付给教育机构和医疗机的费用。让我们看一个每年赠送 12000 美元免税额的简单例子，假如一对夫妻有两个孩子，都结婚了，而且他们也都有一个孩子。这对夫妻每年一共可以赠送总税额度为 144000 美元给他们的孩子，女婿/儿媳妇，孙子/孙女每个人 12000 美元，6 个亲属共 72000 美元，他们用不完终身免税额度，如果这对祖父母连续 20 年做这样的赠送，假设税前的复利为 7%，他们转移给他们收益人的财富中有 630 万美元是可以免税的。一个面向 529 个大学储蓄计划的赠与也是一种有效的转移机制，在最初的一年，五倍于年度免税额度的赠与（在目前的税率下，为 12000 美元）可以免税，或者用尽了数量上等于五个年度的赠与免税额的额度，包括当年和接下来的四年。必须注意的是，如果捐赠人在这五年中去世（已经赠与），上述赠与中将会有一定的比例被纳入到捐赠人的财富中，这些是需要纳税的。

（二）终生赠与免税额度

对于一些家庭来说，630 万美元的免税额度只是占到了他们财富的很小一部分，并不能解决问题，下一个要涉及超出年度免税额度的赠与以及一个叫作终身赠与免税额度（LGTE）的基础技术。虽然当前赠与税免税额为 200 万美元和遗产税免税额度到 2009 年增加到了 350 万美元，但 LGTE 在这个阶段仍然定于 100 万美元，增加免税额度可以通过在捐赠者生前抵免遗产税或赠与税，或死后无任何遗产或赠与。尽管它可能看起来很反常，但是在实践中使用 LGTE 是最好的方法。许多人假设他们应该避免捐赠纳税，并在死后将财产留给他们的后代，因为他们认为推迟纳税没什么重要的意义。而最好是支付现在的税收，因为早点转移资产，对于准确捐赠给受益者的资产的收入和增加部分是不增税的，这些也算在捐赠者的财富中。为了证明这个策略的有效性，假设税前7%的复利,那么100万美元的LGTE赠与在这20年中一共可以从捐赠者的纳税资产中减免380万美元。

(三)高级赠与理念与策略

哪种类型的资产给受益人最好?为了回答这个问题,需要在赠与时考虑资产的成本基础。在死亡的时候,财富中的财产相对于他们在死亡日的价值会上升或者下降(意味着如果资产在死后马上卖掉,应该没有或者有很少的资本利得税),然而,当一项合适的资产在捐赠者活着的时候捐赠,捐赠者的税基传递给受益人,因此受益人在捐赠者死亡时财富的课税标准不会上升。因此,赠送那些具有相对比较高的税基,或者应该捐赠那些受益人不大可能会卖掉的资产是比较有税收效率的。为了他们的利益,捐赠可以建立不可撤销信托,用来作为受益人生命周期中的一个安全保障,或者在他们的生命周期中分阶段地传递给受益人。

在这个领域中有三种这样的信托工具,分别为克拉米信托、不完全产权信托,以及隔代信托。这样的背景下,有资格纳入年度或者终身免税额度的赠与,必须是当前利益的赠与,这意味着赠与必须立即交付给收益人,且捐赠者不再对其控制。克拉米信托(以赢得官司而建立该类型信托的人的名字命名)是这样一种信托,通过它,受益者具有这样的权利——当年从赠与中提取出一部分(数量等于赠与者赠与的数量),如果受益人在特定的时间内(典型的是在受益人获得提取基金的权利的通知后15天或者30天内)在允许范围内没有提取,受益人将失去要求以后提取的权利,该项资产会保留在信托中按照信托条款规定的方式进行分配。例如,资产将分为三个部分,在受益人到达27岁、37岁、47岁时。通过这样的方式设立赠与,可以控制基金的消费。

为了进一步给受益人提供价值,以所得税目的而创造的赠与人信托,叫作不完全产权信托。这仅仅意味着,信托是为了减少赠与人支付所得税而设计的。用这种方式建立信托,具有这样的作用——需要纳税的资产不断减少,同时信托资产不断增加,这样,信托资产不会因为捐赠者去世而被征收财产税。同样,也可以建立这样的信托,在受益人的整个生命周期中,这个资产将会继续保留在信托里面,然后传递给受益人后代,这也叫作隔代信托,但是如果合理地制定,这样的信托可以赋予受益人这样的权利,即可以提供两项重要的好处(这个好处是直接赠与没有的):(1)信托里的资产是不被受益人的债权人追讨的。(2) 信托中的资产在受益人死后可以免于缴纳财产税。通过建立信托赋予受益人权利和控制，同时也对受益人的权利进行了限制。如果孩子有债权人、毒瘾或者酒瘾、发育性残疾或者是有乱花钱的倾向，而赠与人试着保护这个孩子，这种信托是有意义的。

(四) 资产冻结技术

如果捐赠策略没有充分地将纳税资产从资产中移除，冻结技术可以用来进一步地降低纳税资产额。概括地讲，冻结是用来限制一种资产计划技术，在生命周期中持有，通过转移资本财富的未来增长给继承者限制资本财产的增长。最常见的冻结技术涉及赠与人保留信托（GRTs）的使用。在 GRT 中，捐赠者不可撤销将资产交给信托固定的年数，在这之后，信托资产或者分配给受益人，或者仍保留在信托中。大致有四种 GRTs：捐赠者保留年金信托（GRAT），捐赠人保留单一信托（GRUT），捐赠人保留收入信托（GRIT），有资格个人住宅信托（QPRT）。本章稍后将讨论非常流行的资产转移技术——GRATs。除了 GRTs，还有一些其他的资产冻结技术需要注意，分别为个人养老金、不完全产权不可撤销信托和自动取消分期票据（SCINs）。

1. 私人养老金

私人养老金是在捐赠者余生中，每年支付固定数量的货币给捐赠人的一种承诺，通过支付货币或者卖出一项资产给那个承诺付款给购买者的方式来购买养老年金。支付的数量基于寿命表和国税局规定的利息率以及年金的数量。这个承诺必须是无担保的，所以购买者依赖于做出承诺者的信誉，购买者收到的支付是一部分普通的收益，这个收益是投资的免税收益或者资本利得。支付的人会用这笔钱投资，所以其收入需要纳税，但是支付给购买者的部分不会扣除。因此，事实上，转移的财富收入要纳两次税（一次是给做支付的人，一次是给受益人），但是当捐赠者或者受益人死后，假设信托还没有清算，信托中保留的资产或者货币将不需要缴纳捐赠税或财产税，而直接传递给捐赠人或者受益人的法定继承人。

2. 出售给不完全产权不可撤销信托

另一项技术是将增值资产卖给不完全产权不可撤销信托（IDIT）。IDIT 是捐赠人为收入税而成立的，但是作为赠予和遗产税目的而设立的不可撤销的信托。把资产卖给信托，这样做可以冻结资产的当前价值。跟正常的分期付款买

卖不同，卖给税收目的的IDIT所得是不需要报告的。因为IDIT会将资产卖给第三者，或者捐赠人死亡，无论哪个先发生，这样的交易推迟了所得。如果资产在捐赠人活着的时候卖掉，捐赠人需要支付该交易的资本利得税。

3. 自动取消分期票据

持有自动取消的分期票据（SCIN），捐赠人借钱或者将资产卖给另一个人，通常是一个孩子，来置换本票，这个本票规定了利息的支付以及特殊的时间区间的原则。但是也规定了如果赠予人在票据到期前去世，余额将会取消，本票将会被免除。因为在捐赠者发生死亡时，孩子可能因为不需要偿还而获得收益的孩子必须支付一个比平常更高的利息或者将红利加入到本票本金中。本票被补偿的利息金额或者本金的红利必须有保险精算师来计算。本票的期限必须安排在精算的寿命内，收到的利息同正常收入一样需要纳税，如果钱被借给了另一个人，本金支付是免税的，但是如果资产被卖给他人，本金偿还时部分资本收益和部分资本增值。

（五）赠与人保留年金信托

赠与人保留年金信托（GRAT）是一种不可撤销的信托，由信托的创始人设立，捐赠者将资产转移给GRAT，但仍然保留接受固定年金支付的权利，至少一年一次，连续一个特殊数量的年份。期限到期后，捐赠者不再从GRAT中收到更多的收益。到期后，保留在信托中的本金构成GRAT，利息可以支付给指定受益人（如捐赠者的孩子，或者为了一个或者多个人的利益，继续保留在信托中。如果捐赠者度过了信托初始期限，也就是说，赠与者是为了从GRAT得到年金支付，保留在GRAT中的本将会从捐赠者的总资产中扣除，以免交联邦财产税。

建立GRAT的主要优点是，被捐赠者转移给GRAT的资产的价值对于联邦赠与应税额是打了折扣的。这是因为捐赠的价值将会等于最初转移给GRAT的资产的公平市场价值，减少了捐赠者在最初的期限内将会收到的未来年金支付的现值。折扣的大小将取决于GRAT的初始期限的长度，固定年金支付的金额将会在初始的期限内由RAT支付给捐赠者，适用的利率为资产转移当月的联邦利率，由美国收入署（IRS）公布。换句话说，转移到GRAT的赠与等于转移给GRAT的资产总值减去赠与人持有的年金收益的现值。

举一个简单的例子：假如捐赠者X，70岁，转移200万美元资产给GRAT，GRAT赋与捐赠者每年收到一个140000美元（最初转移给GRAT的资产价值的

7%）的权利，每年支付共支付15年。假设应用由IRS公布的联邦利率在资产转移当月为6%，基于应用IRS条例，保留的利息价值大约为120万美元，这意味着由捐赠者转移给GRAT资产的价值大概为80万美元。假如捐赠者X在期限结束时仍然活着，信托受益人将会收到包含GRAT的资产余额，这个余额可能超过200万美元，它取决于GRAT是否能够赚到在超过15年的期限里支付给捐赠者的年金。

GRAT的另一个优点是信托的纳税特征，因为联邦收入税的目的，将一个GRAT作为捐助者的信托来对待，所以在GRAT的存续期间，捐赠者接受年金支付，并且需要对GART赚取的收入纳税，包括资本利得，这种纳税增加了财富计划的收益，因为纳税降低了捐助者的财富，而不是减少捐助者与受益人的资产。GRAT的一个缺点是该信托是不可撤销的，信托协议可以提供一些弹性，但是任何时候，信托设立时规定，捐赠者是不能对其进行修改的，这里也经常出现一个风险——在捐赠者一个生命周期中的变化可能让这个信托在其存在期限中变得不再需要。但是，这个缺点相比较隐藏在直接捐赠中的风险并不算糟糕。因为受益人可能会根据他们的选择随意花钱。作为GRAT最后需要注意的地方是，如果捐赠者在GRAT到期前去世，GRAT的资产将会包括在捐赠者需要交纳财产税的总资产中；但是，捐赠者可以避免这样的情况发生，即在GRAT的初始期间，通过购买一个生命保险政策建立不可撤销的信托。

（六）滚动捐赠人保留年金信托

GRAT的目的是为了获得超过IRS 7520条款的收益，这个利率必须达到那个利率水平GRAT才能够正常发挥作用。因此长期的GRAT倾向于表现得更好，因为收益可以在更长的时间窗口内增长，这跟我们在前述举的例子是相同的。GRAT在低利率的环境下表现得尤其好，因为捐赠者可以封锁一个较低的IRS预设回报率增加成功的机会。但是当利率增加时，GRAT的风险将会增加，信托期限的长度和预设回报率是GRAT取得成功的两个关键因素。

所以可以通过选择一个更长期限的信托来提高获得高于预设收益的机会，但是期限长也增加了死亡的风险，而且正如之前讨论过的一样，如果捐赠者在GRAT到期前去世，资产将会被包含在捐赠者的财产中。另一种策略可以解决这个风险：滚动捐建人保留年金信托（RGs）是传统GRATs的一种替代，可以在没有死亡风险的情况下提高收益。这项技术涉及创造一系列短期的GRATs

(典型的是两到三年),后一个 GRAT 由前一个 GRAT 通过年金支付成立。通过使用短期的信托,死亡风险降低。在更长的期限内,滚动 GRATs 保持成功转移资产的机会。在许多案例中,相比较单一的长期限的 GRAT,可以取得更高的收益。

拥有 GRAT,在早期的差劲的市场表现让信托最终取得成功变得有些困难。RGs 可以解决这个问题。而且,单一的长期限的 GRAT 的成功常常决定于低利率,一系列 RGs 的成功并不取决于低利率。RGs 也允许财富马上转移给受益人,并且如果资产增长率下降得太低或者捐赠者相信足够的财富已经被转移,也具有停止 GRATs 的选择权。最后,即使不执行单一的 GRAT,或者是因为捐赠者在信托存续期间去世,或者信托的收益没有超越预设收益率,财富也简单地回归到捐赠者的遗产中,除了创建这个信托所产生的费用,这里并没有什么损失。

(七) 生命保险计划

生命保险能够在财富转移计划中扮演很重要的角色,但是超高净值客户因为收入重置的原因不经常使用它。更常见的是,用生命保险来为死者的继承人支付遗产税(对一个人死后的财产征收的税)提供流动性,另一个用途是为一个买卖协议提供资金,所以死者在生意中的利益可以卖给另一团体。并且当某人想要把主要的资产如生意留给孩子时,生命保险能够做到让其他孩子受到同等价值的资产,还有涉及生命保险其他更复杂的计划技术和许多不同类型的生命保险政策。在着手涉及生命保险的财富转移计划时,需要咨询财富转移专家的意见。

1. 不可撤销保险信托

不可撤销的生命保险信托(ILIT)用于从被保险遗产中转移保险收益。如果被保险人在他自己生命保单上具有直接或者间接的权利,保单的收益要交遗产税。导致这些发生的权利包括指定受益人的权利,直接以这些保单的货币价值为抵押取得贷款的权利,从保单中获得现金。家族经常会建立 ILIT 来拥有保单,让一个朋友或者亲戚作为受托人来防止保险收益作为被保险人的财产的一部分征税。不可撤销的保险信托一般被制定为克拉米信托,可以获得 12000 美元的年度的捐赠税免征额度,每年给信托的年度赠与为受托人支付保险费提供资金。总的来说,受托人要申请新的保单,但是现有的保单可以在特定的条件

第六章
家族财富传承与多代资产配置策略

下使用，如果被保险人申请或者拥有该保单并且在转移保单给 ILIT 后的三年中死亡，这时候保单收益将会作为被保险人的财产而征税。如果该保单卖给了被保险人的 ILIT。并且这个 ILIT 是作为不完全产权信托而设计的，那么这个三年的规则可以避免。如果现存的保单被转移给不可撤销信托或者被保险人以该保单的货币价值为抵押取得借款，则收益税不可避免。

2. 保费分担（家庭分担）寿险计划

基本的保费分担（家庭分担）寿险计划策略涉及将保险保单的货币价值的收益或者所有权分给两个人。一个人每年支付部分或者所有保费，等到被保险人死后，这个人可以收回所有已支付保费的权利（可能是保单的全部货币价值）。保单收益的剩余部分被支付给被保险人的继承人。保费分担安排允许被保险人用很少的或者不用花费来购买一个以货币计价的保险保单。家庭的保费分担安排用相同的理念来构建不用支付捐赠税的不可撤销的信托，这个信托是通过让被保险人支付保单的货币价值的增值部分来实现的。这种类型的安排仍然用得上，但是由于经济效益的部分从 2003 年以来降低，修改了这个策略的几项条款。IRC 第 61 条的规则现在管理着保费分担保险安排，这种安排的税收由 IRC 第 61 条和第 7872 条规定。超高净值客户的顾问需要知道管理该策略的条款。

保费分担生命保险安排是一种介于生命保险合约拥有者和非拥有者之间的安排，它具有以下几个特点：

（1）该项安排的每一方直接或者间接地支付全部或者部分的保险合约的保费，包括用保险保单担保的贷款给其他方的方式支付。

（2）这项安排中的支付保费至少有一方（上一段提到的）被赋予收回部分或者全部保费的权利，这样的收回是因为生命保险的收益而产生或者受到保障。

（3）这样的安排不是在第 79 条中描述的团体定期寿险的一部分，除非团体定期寿险计划为雇员提供永久的收益。

（八）慈善捐赠计划

许多超高净值客户使用慈善捐赠计划实现慈善的目的并降低收入、赠与和财产税负担。仅仅用这些策略来实现税收收益的目的也是具有诱惑力的，但是需要有合理的慈善目的。我总结了三种比较常见的渠道，剩余慈善信托、慈善导向信托和私人基金会。

1. 剩余慈善信托

剩余慈善信托（CRT）是这样一种实体，信托里的货币或者财富用于慈善，但是捐赠者在特定数量的年份内或者直到其死亡可以继续使用或者从中得到收入，信托受益人在信托存在期间获得收入，在信托到期时，信托本金交给慈善组织。捐赠者在向慈善组织捐赠资产时避免了资本利税，并且获得现金收入税减免，数值上等于仍保留在信托中的财产的利息公平的市场价值。另外，这部分资产从捐赠者资产中扣除，降低了相应的财产税。但是这个捐赠是不可撤销的，捐赠者可能对资产的投资具有一定控制力，并且可以将资产从一个慈善组织转移到另一个组织（这个组织必须取得慈善的资格）。

CRTs 有三种类型：慈善保留年金信托（每年支付一个固定的美元的数量），慈善保留单一信托（每年支付信托价值的固定比例），慈善合并收入基金（由慈善发起，许多捐赠者可以参与）。慈善保留信托提供分配给受益人，期限可以达到 20 年或者受益人的余生。当初始期限结束时，仍然保留在信托中的资产可以传递给一个家族控制的慈善。慈善保留单独信托给当前受益人一个固定比例于信托资产价值的资产，每年重新计算一次。因此如果资产价值增加，支出增加，但是如果资产价值降低，支付也将相应减少。慈善保留年金信托给当前的受益人固定数量的美元，这永远不会改变慈善保留信托常常在一个人想要卖出升值资产时用到，因为信托不用支付该买卖当前的资本利得税。在这项买卖中，将要交给政府作为税收的货币会继续留在信托里，并且可以进行投资。来自于该信托的分配是否会作为受益人的普通收入、资本利得收入和免税收入纳税，取决于信托赚取的收入的类型。

捐赠者可以是该信托的受托人，并且可以保留更换受益人的权利。单一信托能够这样设计，分配不会超过当前信托的收入。也可以设计单一信托，以便分配被限制在当前信托 CRT 收入，直到一项资产（比如一块未开垦的土地）的买卖后，才有所变动。

如果一个 CRT 在捐赠者活着的时候建立，捐赠者被赋予这样的权利，即转移到信托的资产价值的一部分可以获得收入税减免。减免的数量取决于用到的信托的类型（单一信托或者是年金信托），信托募资期的利率、派息率、非慈善受益人受益的期限、转给信托的资产的类型，以及在信托到期时选择的接受基金的慈善的类型（公有或私有）。慈善信托可以在捐赠人去世时成立，这一般在捐赠人想要在一段时间内或者终身让某人受益,并且想获得财产税慈善减免时用到。

2. 慈善导向信托

慈善导向信托(CLT)是这样一种信托,捐赠者既不是在其活着的时候设立(也叫生存者信托),也不是在其去世时设立(这时候设立的叫作遗嘱信托)。来自信托的收入流向慈善组织,典型的是一个固定的年数,这几年过去后,信托中的资产被分配给捐赠者的受益人,典型的是一个或者多个家庭成员。CLT与其他类似信托相比较有一个有趣的区别,取决于它是如何设立的。因为资产将会有一天转移给另一个人,所以可以被认为是无捐赠者信托。这意味着信托资产并不属于建立该信托的那个人,并且资产并不会在将来的某一天归化所有(捐赠者信托是这样一种信托,信托中的资产最终将会回到捐赠者的手里,并且捐赠者需要为其纳税)。

如果信托是作为收入税目的无捐赠者信托而设立的,当信托募资时,收入税减免是CLT接受的,但是信托分配给慈善的那部分是可以作为信托收入免除收入税的。如果CLT是在生前作为收入税目的(如捐赠人每年从信托获得的收入要征税)捐赠者信托而设立的,这时捐赠者可以在信托募资中,提出免除收入税的申请,但是从信托分配给慈善的那部分将不会得到收入税减免。CLT通常在生前信托或遗嘱下成立。CLT获得遗产税减免,是因为一部分遗产进入了信托。减免的规模取决于使用了哪种CLT、派息IRS信托设立时的现行利率,以及慈善的期限长短。如果资产价值升值速度远远大于IRs预设收益率的话,CLT表现会比较好。

3. 私人经营(家庭)基金会

许多超高净值客户建立家庭基金来完成他们的慈善目的,并且必须每年捐出资产(调整债务和货币储备账户)的5%。许多人不知道私人基金和公共基金的区别,但超高净值客户顾问需要知道这其中的不同。

理解什么是私人基金会,同样能帮助我们理解什么不是私人基金会。每个获得IRS条例第501条规定免税资格的美国或国外慈善团体都是私人基金会,除非它能够向IRS证明它属于别的范畴。一般来说,美国IRS条例第501节中提到的非私人基金会是指公共慈善机构。

私人基金会和公共慈善机构的另一个不同点,一方面,公共慈善机构一般获得它们的资金或者支持主要来自于公众,即收到来自个人、政府的支持和捐

赠，尽管一些公共慈善致力于资助型活动，但大部分进行直接的服务和一些免税的活动；另一方面，私人基金会的本金经常源于单一资金来源，例如个人或者一个家族、一家公司等通常是一个捐赠者，私人的基金会不会从公众那里募捐资金。

另外，个人基金会和公募基金会的税收处理也存在一定的不同，明显的限制在于捐赠到私人基金会的捐赠收入税减免额度。一般来说，捐赠货币到私人基金会可减免收入税的额度，最高是捐赠人的调整总收益（AGI）的30%。如果捐赠的是非货币，则这个比例不超过20%。在一些例子中，捐赠人的免除额取下面两个值中较小的一个：捐赠者收入税基准和捐赠的资产的价值。相比之下，捐赠给公共基金会的货币的免税额可以达到捐赠者AGI的50%，而非货币捐赠的免税额为捐赠者AGI的30%。在大部分例子中，捐赠者向公共慈善捐赠的免税额主要基于资产的价值，并不受收入税基准限制。

（九）家族有限合伙

然而，奇怪的是，家族有限合伙（FLPs）在超高净值客户中非常流行，他们并没有在IRS条例中定义或者涉及。之所以这样，是因为FLP仅仅是一个有限合伙，它的合伙人是家族成员。如同其他的有限合伙人一样，包括两种类型的合伙人，普通合伙人和有限合伙人，并被典型地构建为一个固定期限的合作关系。普通合伙人负责管理以及投资决定，并且拥有100%的责任，有限合伙人不参与FLP的管理，并不承担责任，FLP是一个流通性实体，意味着拥有者向合作伙伴报告收入和扣除纳税。通过投资于FLP中，家庭投资费用明显地降低了；并不是为每一个孩子维持单独的账户或者信托，而是合伙企业能够持有一个账户，孩子或者为孩子设立的信托可以拥有合伙的利益。

从结构来说，主要家庭成员（如父母）将资产投于FLP中用来置换小部分的一般合伙人利益和大部分有限合伙人利益。他们接着把一部分或者所有有限合伙的利益，直接地或者通过一个信托，给他们的孩子或者孙子。尽管合伙人已经将有限合伙人的利益赠送出去，但他们作为一般合伙人，仍然保留所有资产的控制权。创建FLP的另一个好处是有限合伙利益的转移具有捐赠和财产税好处。首先，有限合伙利益的转移能够享受年度捐赠免税额。捐赠税一般对高于年度捐赠免税额的部分征税，但是父母可以用他们的100万美元的终生捐赠免税额来抵消这部分税收。其次，这个捐赠结束后，这项资产的所有升值部分将从父母的财产中转移出来。并且将资产转移给孩子，这部分资产可以从父母的联邦财产税目的资产中移除，然而保留决定权和投资的分配。

当转移给家庭成员时，有限合伙份额的价值可以打折扣，因为有限合伙人不能够控制投资和分配——然而 IRS 可以对 50% 范围的折扣提出异议，20% 的范围常常更容易接受。在写本章的时候，IRS 正在激烈地讨论 FLP 的可行性，所以在跟你的客户讨论 FLP 时，请咨询在这个领域的专家。结构合理的 FLP 也能够保护资产免于债权人未来的索赔。在没有征得全体合伙人同意的情况下，债权人不能够强制获取基金的分配、投票、或者拥有有限合伙人的利益。在离婚的情况下，一个有限合伙人不再是这个家族成员，合作关系协议常常要求以市场价格返还给这个家族，保持这项资产仍然存在家族结构中，并且因为 FLP 的弹性，在家族状况发生变化时，家族成员能够修订合伙协议。

第二节　多代传承计划

超高净值客户顾问经常遇到关于多代资产配置的问题。例如，"我是否应该为我全家配置资产或者为家里每个人配置一份资产"，这样的问题经常出现在咨询的过程中。这是一个不好回答的问题，但是超高净值客户的顾问需要对它进行讨论。顾问们要理解，这个问题的正确答案不止一个。合适的家庭资产配置依赖于多种因素，例如：

- 对复杂化的需求；
- 补充资产配置的家庭人数；
- 家庭对流动性的需求；
- 投资类型；
- 家庭成员的相关情况；
- 整代人关于财富传递的观念；
- 选择的投资工具。

不要担心。你首先会在概念上得到关于这个问题的帮助。我将基于我的经验，在这章中提供关于两代间资产配置的三张蓝图。用于两代间的资产配置策略可以有无数种。我将在这里讨论每种策略里的一些因素，以及在本章的最后

还会研究资产配置目标。这三种资产配置策略有:
- 为每个人构建不同的资产管理;
- 为整个家庭构建一个资产配置;
- 为每代人或者每个家庭成员构建不同的资产配置。

在我们研究这些策略前,要先按顺序简要介绍一下这些策略。在选择不同策略时,超高净值客户顾问需要理解弹性的重要性。2008年,沃顿全球家族联盟在沃顿商学院开展了一项名为"单一家族理财室:家族背景下的私人财富管理"的研究。研究人员是拉斐尔·艾米特、海因里希·列支敦士登、茱莉亚·普拉茨、托德·米莱以及莱尔德·P.彭德尔顿,他们在研究中通过数据来支持自己的观点。如表6-1所示,第一代超高净值客户比起后面几代,他们有不同的资产配置。

表6-1　　　　　　　　　　第一代对比继任代的资产配置

产品	第一代资产配置	第二代资产配置
股票	32%	33%
固定收益	15%	17%
对冲基金	13%	13%
私募股权	11%	9%
房地产	11%	12%
其他有形资产(如石油、天然气)	3%	4%
投资于公司股权	14%	9%
其他价值储存(如艺术品、葡萄酒)	1%	3%

家庭需要跟进那些在弹性计划下不能使用的多世代资产配置。使用弹性方法的顾问会基于家庭的具体情况来进行选择。再次重申,对于每个家庭来说,正确的方法不止一种。接下来我们将把每种策略的研究情况陈述如下。

一、为每代人构建不同的资产配置

假定超高净值客户顾问为一个家族工作,这个家族是个多世代家族,并且每代人的志趣相投。例如,这个家族的第一代人就是财富的创造者。下一代人是第一代人的两个小孩。第三代人是第一代人的四个孙子/女,第二代中的每个人分别生育了两个小孩。我们可以看到,这个家庭有三个层级。他们的家族树如图6-1所示。

第六章

家族财富传承与多代资产配置策略

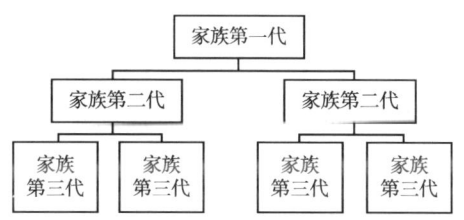

图 6-1　家族树样本

在第一代这部分中，他们是财富的创造者。在仔细地计划后，这两个人给后代创造了多种新人，并且把财富传承了下来。现在第一代人在 75~80 岁之间。第一代面对的风险要低于整个家族面对的风险，他们的目标是在保护和传递家庭财富的同时过好自己的生活。

在第二代这部分中，他们是第一代的子女及其配偶，这些子女的志趣相投。这四个人的年龄在 40~50 岁之间，其中两个人在工作，两个人没有工作。他们的目标是为了自己以及后代的生活，要让财富增值。他们掌握了家庭 30%的财富，面临着较高的风险。

在第三代这部分中，他们分别是第二代家庭成员的四个小孩。他们的年龄为 10~20 岁之间。因为财富是多世代的，并且时间范围很长，所以他们面临的风险非常高，这个系统正在着眼于许多远期资产，例如私募股权、私人房地产投资。这一代人掌握了家庭财富的 30%，并且这个比例正在增长中。表 6-2 描述了为这个家庭的每代人所做的资产配置策略。简而言之，第一代的资产配置策略是以财富保持为目标的，第二代的资产配置策略是以资产增值为目标的，第三代的资产配置策略是以资产大量增值为目标的。这是一个为多世代假定而做的非常典型的结构。

表 6-2　第一代到第三代的资产配置策略

代际	风险容忍度	财富的百分比	投资组合的流动性	资产配置策略
第一代	低到中等	40%	高	财富保全
第二代	中等至高	30%	中等至高	成长
第三代	高到非常高	30%	低到中等	激进成长

二、为整个家族构建一个资产配置

假定超高净值客户的顾问面临的家庭情况是这样的：第一代（父母）的年

龄是50~60岁，第二代（子女）的年龄是15~20岁，暂时还没有第三代。父母是成功的企业家，创造了大量的财富，第一代是决策者，拥有70%的家庭财富。这个家庭的两代人应该使用两种不同的资产配置策略吗？在这个例子中，超高净值客户的顾问和这家庭都决定为整个家庭构建一个资产配置，因为两代人对于财富的目标是一致的。考虑到补充资产配置策略，在经理选择以及资产配置时要考虑到下一代。经理应该站在家庭以及两代人的角度考虑资产的流动性问题。表6-3将这些情况总结了出来。如果超高净值客户的顾问和家庭决定为每代人进行不同的资产配置，那么情况就会如表6-4所示。

表6-3　　　　　　　第一代和第二代同样的资产配置

代际	风险容忍度	财富的百分比	资产配置策略
第一代	高	70%	成长
第二代	高	70%	成长

表6-4　　　　　　　第一代和第二代不同的资产配置

代际	风险容忍度	财富的百分比	资产配置策略
第一代	高	70%	中速成长
第二代	高	30%	中速成长

这个决定中的关键因素是这个家庭是否想要执行不同的资产配置策略、家庭能够容忍的整体风险、组合投资的类型，以及家族能够容忍的整体复杂度。联合配置策略更偏向于简单化。

三、为每代人或者每个家族成员构建不同的资产配置

假定超高净值客户的顾问碰到的家庭情况如下：这个家庭包括三个独特的小家庭，共有四代，12个人。图6-2展示了这个家族集团。

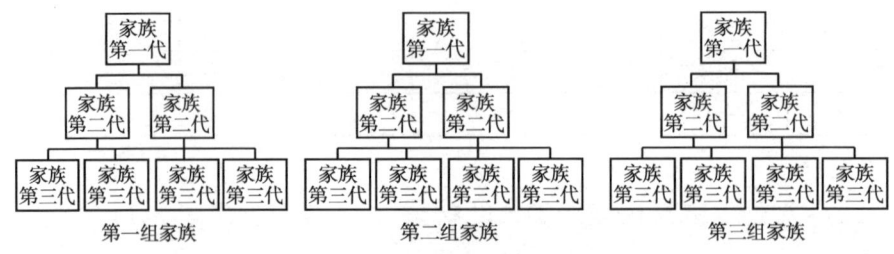

图6-2　家族集团示意

第六章
家族财富传承与多代资产配置策略

每个一个小家庭有各自的资产配置情况,每个个人也是如此。通过一个广泛的评估过程,超高净值客户顾问通过个体的风险容忍度以及每个小家庭的目标来决定采取什么样的资产配置建议。在这些例子中,我们假定财富在每一代中都可以完全传递。

(一)第一组家庭

在第一组家庭中,第一代人对风险的容忍度较低,主要的目标是财富的创造与保持,第一代人拥有家庭财富的比例大约为70%,第二、第三、第四代期望继承家庭的财富,他们的目标是以财富快速增长为目标,表6-5总结了第一组家庭的资产配置策略。

表6-5　　　　第一组家庭的资产配置策略

代际	风险容忍度	资产配置策略
第一代	低	资产保值
第二代	高	资产快速增长
第三代	高	资产高速激进增长
第四代	高	资产高速激进增长

(二)第二组家庭

在第二组家庭中,家庭成员采取与第一组家庭较为类似的资产配置框架。第一代人对风险的容忍度较低,主要的目标是财富的保持。第二代人对风险的容忍度中等,主要的目标是在财富保持的基础上实现财富增长。第三代人和第四代人的目标是财富快速增长。这是一个更典型的资产配置策略。表6-6总结了第二组家庭的资产配置策略。

表6-6　　　　第二组家庭的资产配置策略

代际	风险容忍度	资产配置策略
第一代	低	资产保值
第二代	中等	中速增长
第三代	高	资产增长
第四代	非常高	资产高速激进增长

(三) 第三组家庭

在第三组家庭中，每一代人都决定采取各自不同的资产配置策略。第一代的风险容忍度仍然很低，主要的目标是财富的保持。

第二代人拥有冒险精神，采取激进增长的资产配置策略。第三代人属于保守派，采取温和、保守的资产配置策略。第四代采取激进增长的资产配置策略。表6-7总结了第三组家庭的资产配置策略。

表6-7　　　　　　　　　第三组家庭的资产配置策略

代际	风险容忍度	资产配置策略
第一代	低	资产保值
第二代	非常高	资产高速激进增长
第三代	中等	保守
第四代	非常高	资产高速激进增长

超高净值客户的顾问需要具有弹性、思维开阔。在决定策略前需要进行反复的思考，采取的策略一定要跟家庭相适应。

四、财富传承的挑战

非常有趣的是，拥有大量财富的家族往往在生活中面临着巨大的挑战。挑战不只是关于乡村俱乐部、私立学校、慈善活动和美妙的假期。巨额的财富需要仔细的监督和大力的指导，在错误的管理中，财富可能损失殆尽。如何成功地将财富传给下一代，特别是从第二代到第三代，几乎不是一个金融资产管理的问题（即可持续的金融资本）。相反，它是关于家族成员自身发展的问题。在本章中我将这个观念称为可持续的人力资本。如果家族管理持续的财务和人，资本方面想获得成功，仍有两个挑战摆在眼前，需要及时加以处理。

家族在探索如何成功地将金融资本从这一代传给下一代的过程中所面临的第一个挑战就是样本统计。成功地将财富转移给下一代的概率对大部分家族而言并不乐观。在洛伊·威廉姆斯和维克·普雷瑟的著作《慈善、继承与价值》中，他们证实，有70%的富裕家族未能将财产转入继承人的手中。他们二人对3250个有过财富转移经历的家族进行了研究，然后发现"富不过三代"这句广为流传的谚语确有其事，而且不仅仅发生在美国而是发生在全世界。

第六章
家族财富传承与多代资产配置策略

引起读者强烈兴趣的地方，应该是来自于法律、会计、投资等专业领域的职业咨询师几乎不对这样的转移失败进行批评。根据威廉姆斯和普雷瑟的研究，问题在于资产总是能够成功传递，而家族成员却往往不可以。有个理由可以完全解释为什么家族成员总是无法成功传递：许多家族根本没有为家族成员发展安排过渡计划。在传递过程中，得到最多关注的是金融资本，而不是人力资本。根据威廉姆斯和普雷瑟的研究，表 6-8 强调了成功的财产转移与不成功的财产转移之间的差别。

表 6-8　　　　　　　　　　财富转移成功与否的差别

转移后成果的主要区别	
成功	不成功
整个家族（包括继承人和配偶）在家族财富的长期使命上达成共识，包括策略和自身在使命中承担的角色	父母决定资产转移，专注于税收、保值和治理等传统元素
转移中的主要区别	
成功	不成功
继承人和配偶参与转移后的角色和责任，并为自己的角色承担责任	继承人在资产转移时发现他们的责任，在那之前具有广泛不同角色，不涉及配偶

第七章 基于家族生命周期的资产配置

第一节 财富水平与资产配置

当投资者在创造财富和实现财富的主要阶段中进行时,他们的需求和关心的焦点会发生变化,同时,与他们的投资组合相适应的资产种类也会发生变化。图7-1给出了这样一个渐变的过程。

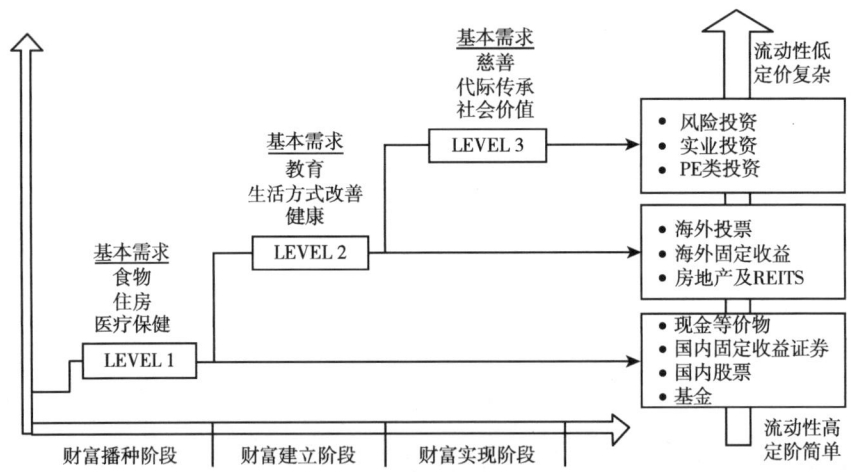

图7-1 资产种类与财富水平和投资者需求的匹配

财富播种阶段:在开始阶段(或者称之为"财富播种阶段"),投资者主要关心的是基本需求,如住房、医疗保健、食物、衣服以及保险。如果还有盈余的资本,投资者应该考虑较容易理解、有较好流动性的资产种类。这样的资产种类通常包括现金等同物、国内权益以及国内固定收益证券,持有方式包括直接持有或通过共同基金持有。

第七章
基于家族生命周期的资产配置

财富建立阶段：当投资者进入增长阶段（或者称之为"财富建立阶段"）后，他们的需求有所增长，将教育、生活方式的改善和资产的代际转换纳入进来。同时，他们可以投资的资产种类范围也有了扩大，不仅可以投资财富播种阶段的资产，也可以将国际权益、国际固定收益证券、房地产和房地产投资信托——也许还有与商品相关的投资，纳入进来。

财富实现阶段：在一些情况下，当投资者通过投资清偿（liquidity event，如并购、证券发行或继承）获得了高额财富时（也就是在"财富实现阶段"），他们的需求可能会再次增长，慈善和多处房产的保有被纳入进来。在这个阶段，投资者可能会考虑在财富播种阶段和财富建立阶段可投资的资产之外，进一步扩大所投资的资产种类的范围。这些更为高级的资产种类可能会以流动性较差、估值和定价频率较低、产品更为复杂为特点。这些资产包括风险投资和绝对收益投资，如某些种类的对冲基金、母基金（fund of funds）、私募股权投资和私人地产等。

请注意，图7-1中给出的资产搭配只是一个大致的指导。在许多情况下，处在财富实现阶段的投资者会愿意全盘考虑财富播种阶段和财富建立阶段所遇到的投资。但是，作为一条一般规则，处在财富发展初级阶段的投资者却应该避免投资于高财富的投资者在财富实现阶段所考虑的资产。

第二节 不同阶段家族资产配置

家族资产配置不仅与家族利益相关体的财富水平密切相关，同时需要兼顾家族生命周期阶段，因为处于不同生命周期阶段的家族，其风险偏好，财富水平，需求的种类、对于流动性的需求等均有所差异，因而其资产配置的战略与战术均不同（见表7-1）。

表7-1　　　　　　　　不同家族生命周期阶段的特征

阶段	收入来源	来源稳定	主要支出	财富形式	风险偏好	流动性	风险忍受
初创期	家族企业红利	较差	子女教育、医疗、保险	家族企业股权	激进	高	低
成长期	家族企业红利	较稳定	子女婚姻、医疗	家族企业股权	激进	高	适中

续表

阶段	收入来源	来源稳定	主要支出	财富形式	风险偏好	流动性	风险忍受
成熟期	家族企业红利、投资收益	稳定	儿孙教育、住房、婚姻等	股权,不动产、流动资产	保守	不高	高
衰退期	投资收益	稳定	儿孙教育、住房、婚姻,医疗	股权,不动产、私募、公司股权	保守	不高	适中

一、家族生命周期与资产配置

(一) 初创期家族

初创期家族的想法很简单,只要企业能生存下去,然后能赚点钱,其家族可供配置资产较少,即使有的话,也多半对资产的流动性要求较高,以防企业经营遇到流动性问题。家族成员结构简单,主要是第一代参与企业的经营管理,家族第二代尚未出生,或者年纪很小。家族企业治理结构简单,主要是夫妻或者兄妹直接参与企业的决策与管理,如早期的真功夫。

初创期家族的主要收入来源是家族企业的分红、相关投资收益;主要风险来源是家族企业的经营风险、家族掌门人健康风险;主要支出有医疗保健、子女教育、保险等。

处于初创期的家族,其可投资资产的规模不大,且对投资的收益率目标要求较高,但是限于其资产规模,可投资资产种类仅限于国内资产。其服务类型、服务主体见表7-2,其具体的资产配置比例可以参考表7-3。

(二) 成长期家族

成长期家族的需求相对开始多元化,除家族企业的稳定成长外,还要考虑企业的传承、税收规划等问题。其家族可供配置资产较多,对资产的流动性要求较低,尽管家族成员结构简单,第二代家族成员没有进入家族企业,但是第二代即将成人,家族掌门人应该考虑家族第二代成员的前途问题:是另立门户还是在家族企业历练,以备接班。大多数刚刚上市的家族企业都处于家族的成长期。

成长期家族的主要收入来源是家族企业的分红、相关投资收益;主要风险来源是家族企业的经营风险、家族掌门人健康风险、企业传承中的风险、遗产税风险；主要支出有医疗保健、子女教育、子女创业、保险等。

处于成长期的家族，其可投资资产的规模较大，且对投资的收益率目标要求有所降低，但是对收益的稳定性要求更高，其可投资资产种类不再仅限于国内资产。其具体的资产配置比例可以参考表7-2。

（三）成熟期家族

成熟期家族的需求多元化，此时，家族企业已经实现的稳定的运营，且顺利完成家族企业控制权的传承，家族和家族企业治理井井有条，但是家族掌门人需要具有忧患意思，尽管成熟期家族从外表看已经相当成功，但是，正所谓，生于忧患，死于安乐，月满则亏，水满则溢，一日倘或乐极生悲，则树倒猢狲散。家族掌门人需要考虑的是家族面临的潜在风险：如家族企业经营环境可能会恶化，家族内斗，政治经济环境恶化等。

成熟期家族可供配置资产较多，其来源一方面是家族企业的红利，但是，在成熟期的家族，其来自于其他投资的红利已经构成家族现金流的重要部分。此时对资产的流动性要求较低，尽管家族现金流充沛，但是此时家族成员较多，代际结构复杂。家族成员的个人需求也呈现出多元化的特征。成熟期家族的主要支出有社交礼仪、慈善捐赠、医疗保健、子女教育、子女创业、保险等。

处于成熟期的家族，其可投资资产的规模很大，对投资的收益率目标要求较低，但是对收益的稳定性要求很高，其可投资资产种类不再仅限于国内资产。其具体的资产配置比例可以参考表7-2。

表7-2　　　　　　　　　　不同生命周期家族的需求

周期	初创期	成长期	成熟期	衰退期
投资建议的提供	自我设计、经纪人	私人银行投资顾问、MFO	MFO或者FO	MFO或者FO
税收规划	没有	自己或者投资顾问	MFO或者FO	MFO或者FO
慈善规划	没有	慈善基金	家族慈善基金	慈善基金
保险规划	保险经纪人	保险经纪人、私人银行顾问	MFO或者FO	MFO或者FO
资产规划	银行投资顾问	私人银行投资顾问	MFO或者FO	MFO或者FO
生活方式/礼仪服务	没有	较少	较多	较多

(四) 衰退期家族

家族的衰退可能，而且大部分不是在经历成熟期后才出现的，很多家族由于家族企业经营不善、传承失败甚至是其他原因（如家族成员欠下巨额赌资、家族成员婚变导致企业股权被分割等），直接从初创期或者成长期进入衰退期。

尽管衰退期家族现金流逐渐枯竭，但是如果是经历了成熟期或者成长期的家族，其资产规模仍是相当可观，所谓百足之虫，死而不僵。只要全体家族成员齐心协力，家族仍有新生的机会。

衰退期家族可供配置现金资产较少，其来源一方面是前期的投资收益，另一方面就是变卖原有资产所得。衰退期家族的主要支出有医疗保健、子女教育、子女创业、保险等。此时对资产配置的风险忍受度较低，对投资的收益率要求较高。表7-3列出了不同生命周期家族的配置建议。

表7-3　　　　　　　　　不同生命周期家族的配置建议

	货币基金	债券	国内股权	国际股权	PE	对冲基金	房地产	艺术品	慈善
初创期	20~30	20~30	20~30	—	10~20	—	—	—	—
成长期	10~20		20~30	—	10~20	—	10~20	—	—
成熟期	10	0~10	20~30	0~10	10~20	0~10	10~20	0~10	—
衰退期	10	0~10	10~20	—	20~30	0~10	10~20	0~10	0~10

二、财富持续性传承的指导方针

虽然不是很明显，但在家族传宗接代的过程中，有必要和动机在管理财富方面下更大的工夫，这一点意义重大。

第一代人的重心在于创造财富，而接下来几代人的任务是构建财富可持续性规划，包括更多地关注人力资本问题，不过分关注金融资本问题。所以，这个过程的规划通常可以分为三个部分：第一代人、第二代和第三代人，以及其他所有人。表7-4对财富可持续性的三个部分及每个部分的关键构成进行了总结。在第一阶段，第一代人的重心在于创造金融资本。在第二阶段，第二代和第三代人的工作重心在于金融资本的保值和人力资本的教育。在第三阶段，第四代人的重心在于培养和发展人力资本。

表 7-4　　　　　　　　　　　　财富的可持续发展的阶段

第一代	第一阶段财务资本的创造 目标：为后代构建财务基础 实施：通过财务顾问帮助进行家族资产配置和风险管理，聘请专业法律人士或者MFO帮助建立信托等形式的家族传承计划	财务资本 ↓ 人力资本
第二代 第三代	第二阶段财务资本你的保全和人力资本的创造 目标：构建专业的管理平台，解决财务和非财务的问题 实施：加入教育组织，聘请MFO或者构建自己的FO	
第四代 及以后	第三阶段人力资本的增长和发展 目标：通过家族治理机制，让家族实现基业长青 实施：雇佣专业的家族治理顾问，帮助家族进行必要的治理操作	

（一）第一阶段：创造财富，为后代构建牢固的财务基础

在为创造一家成功的企业付出了无数心血、汗水和泪水之后，第一代富翁（以下简称FGWs）不敢相信他们居然做到了。但是等一下……他们做到了吗？FGWs不仅要面对来自商业竞争对手、潜在法律诉讼、心怀不满的员工和其他可能侵蚀他们财产的一系列细节的威胁，他们还面临着另一个他们未曾考虑过的威胁——他们的孩子！我们大部分人都了解普利兹克事件，在这一事件中，一名妇女要求她的父亲公平分配家族财富60亿美元，而在这一过程中，也使美国最出名最富有的家族被分家。为了努力工作，这些FGWs往往忽略了，或者没有时间向自己的孩子慢慢灌输那些令他们取得成功的工作道德标准，某些后代将家族财产视为他们的主要收入来源，而不是合法继承或对自己创造的财富的一种补充，而家族财产通常落败在这些后代手中。

那FGWs应该做些什么才能将他们的财富留给他们的孩子及后辈呢？家族的第一代人致力于创造不会被后辈挥霍光的家族资本基础，而可持续性的财富之路就始于这第一代人的努力。对于超高净值客户的咨询师而言，这意味着他们要为家族带去他们所能找到的最好的投资、税收、金融、保险及地产规划专家，并通过他们来设计一个可靠的财务规划，实现财富的有效传递。简单地说，如果后辈们没有一个赖以成长的牢固的财富平台，那就不用考虑其他人力资本活动了。

(二) 第二阶段：金融资本保值与人力资本教育

如果运气够好，家族能够成为那30%的少数成功地将财富传给第二代的家族之一，但残酷的统计数据在等着他们。根据马萨诸塞州布鲁克莱思家族企业协会的统计，有88%的家族未能成功地将财富传递给第三代，而97%的家族未能成功地将财富传递给第四代及后辈们。这是为什么呢？其实，第二代和第三代人在工作上要面对某种很强势的挑战：自然法则。我们都对投资领域的均值回归这一概念非常熟悉，这一概念认为资产价值会随着时间的推移恢复到其长期的均衡水平。这一概念也能应用于家族财富。例如，在皮特·L.伯恩斯坦的著作《与上帝为敌：传奇的冒险故事》（约翰·威利，1998）中，伯恩斯坦对均值回归在世代财富传递中的作用进行了阐述："从外部界限向中心改变或移动，这一过程是恒定的、不可避免的、可预见的……驱动力总是向着平均，向着恢复常态的……所有类似于'物极必反''骄傲使人失败''富不过三代'等的训诫都源自于此。"

小杰姆斯·休斯通过自己的著作为超高净值客户咨询师的知识基础做出了巨大贡献。在他的作品《家族：世代契约》（彭博，2007）中，休斯通过在正态分布曲线标出家族四代人所处何点位（见图7-2），适当地指出了均值回归与家族财富之间的联系。他强调除非一个家族可以通过第三代人反转"常态"的力量，否则它就会变成"平均"。休斯的钟形曲线图强调了第二代人的至关重要性：如果想要有未来的话，它必须在钟形曲线的右边运动。他说："想做到这一点，首先要通过坚持不懈地帮助每一代新人实现自己的梦想，其次要通过将家族成员培养成上一代人梦想的积极继承人和管理人。那些能预见到回归均值风险的家族可以帮助第二代人实现他们的梦想，使其具备创造财富的能

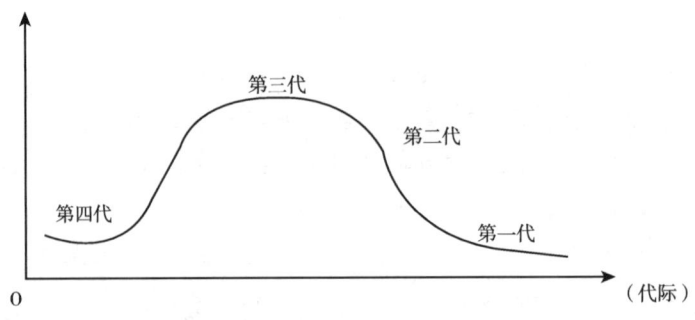

图7-2 休斯的代际财富均值回归概念

第七章
基于家族生命周期的资产配置

力——然后用同样的方法,让每一代人都像第二代人那样具备创造财富的能力——这样的家族将会停留在曲线的右端中间的最优点,我相信在这一点上可以长期成功避免那些谚语的实现。"

所以,这里的关键点是家族的焦点开始从构建财务基础(这也必须是靠专家来不断维持的)转向关注家族成员的发展。财务基础和家族成员发展都可以通过成立单一的、多元的或商业的家族办公室来最好地实现。我也鼓励所有超高净值客户家族加入信息交换组织,如家族办公室交易所、私人投资者协会和CCC联盟,以此来取得信息,满足财务和人力资本的需求。超高净值客户的咨询师参与家族第二代和第三代人的财务、人力资本发展,且在这一过程中扮演重要角色。

(三) 第三阶段:管理企业

到目前为止,在第四代人的生活中,家族已经经历了许多正常生活所必须经历的环节:死亡、离婚、疾病、内斗、嫉妒,以及你所能说出名字的任何事情。就好像任何扩张中的人类社会一样,人们需要建立一些基本法则来指导那些可接受的行为。回想一下你早年的教育,你应该学到过有41名登陆马萨诸塞州的探险家,他们在五月花号上,没有具体的管理条款来指导他们。他们共同签署了五月花公约,一部能让他们更好地建立殖民地的法律条文。家族管理也是如此:一群有着不同成员关系的人为了达成共同的目标,彼此互相依靠,他们的生活需要规则和指导。但是,家族管理可能是超高净值客户咨询师提供咨询的众多领域中最棘手的一个领域,也是要求最高的一个领域。简单地说,在这一领域只有少数真正合格的专家才能够提供专业性的家族管理建议。

因此,对于超高净值客户咨询师而言,认识这些人并在恰当的时机引荐他们是至关重要的。针对专家的需求,本节内容提供了对家族管理的简要概述,你可以通过这一部分来熟悉某些关键概念。

想要熟悉家族管理,最好的资源就是由国家家族慈善中心出版的读物,名为《家族治理:慈善家族专刊》。作者帕特里夏·安格斯在其文章中,着眼于家族管理的三个主要要素:原则、实践与政策。如图7-3所示,这三个要素形成一个三角结构:家族原则构成三角的顶部,原则构成家族政策,家族实践是工作部分和整个系统的基础。这个系统既可以是非正式、临时的,也可以拥有更为正式的结构与进程。

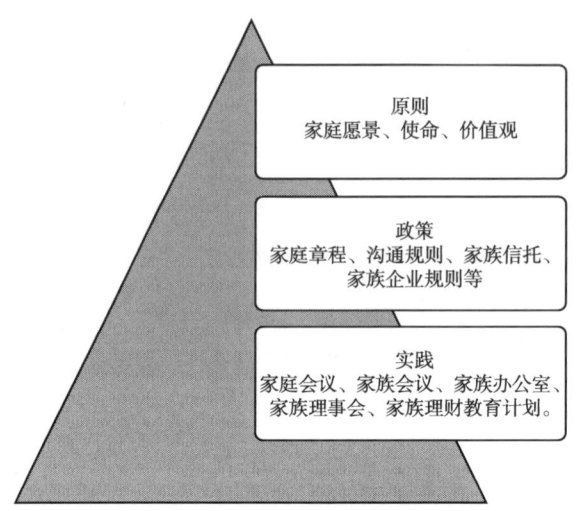

图 7-3　家庭治理的三要素

资料来源：Patricia Angus，Family Governance：A Primer for Philanthropic Families Washington，D.C.：National Center for Family Philanthropy，2004）。

1. 原则

家族必须发现自己一系列特有的原则——它的愿望、任务和价值观。这些特有的原则必须在家族内共享，并为家族所支持，因为它们会影响家族政策和实践的形式。在这些原则的形成过程中，剔除家族成员的个人愿望是十分重要的。家族原则也应该有一些确定的特质：它们应该尊重家族成员之间的差异，能鼓舞人心，但又不脱离实际。其中应当回答如下问题。

家族共同的价值观是什么？

我们家族与其他家族的差异在哪里？

我们对家族和后代的普遍愿望是什么？

我们的任务有哪些？

从对这些问题的回答，我们可以得到一张任务表、愿景表或共同价值表。如果这一环节是有效的，那家族成员就需要保持变通。举个例子，让我们来看一下摘自《灿烂遗产：创造家族基础指南》一书中的"建立在你的最佳希望之上：从愿望到行动"部分的一张共同价值表。

"我们的家族时刻保持着联系。我们通过手机或互联网与老人、父母保持沟通，通过建议与支持向彼此提供帮助。"

"我们的家族对取名非常严谨。我们对自己的祖先引以为豪。我们有自己

第七章
基于家族生命周期的资产配置

的家族史，我们以这段历史为骄傲。"

"我们关心集体，积极参加集体活动。"

"我们重视观点的多样化。我们的家族成员有着多种多样的观点。"

"我们家族重视教育。任何时候任何家族成员从任何学校毕业，都是非常重要的事。"

2. 政策

家族落实的政策是家族成员交流与行动的基本准则。这一政策的典型例子就是家族章程，它是描述家族愿望、价值观及管理家族内部关系的书面文件。章程所要解决的典型问题是行政系统指导、受托人或领导人的任命、通信、生活方式、家族商业和投资、配偶地位、教育、投资目标及慈善事业；这些准则有助于家族成员之间的互动，特别是当他们对问题有不同个人看法的时候。

在家族任务表和家族构成方面，作家斯蒂芬·柯文是极好的资源。他是起草这些文件的提倡者之一，其观点在这一领域也被频繁引用。在他的畅销书《高效家族的7大习惯》（圣马丁出版社，1997）中，柯文建议家族要有自己的家族任务表。这么做有助于克服许多有害社会的问题，比如校园枪击案、工作与家族的冲突、婚姻问题或者家族内部混乱。柯文在他的作品中确认了从家族友好型社会向家族有害型社会的转变，在后者中，家族无法通过民间团体或政府来支撑或救助自身的价值观念。他认为在过去，家族可以成功由外而内地上升为家族，因为这时候社会是同盟，是资源。人们的周围到处都有楷模、榜样、媒体支持、家族友好型法律，以及持久婚姻的支撑机制，这些都有助于创造强大的家族。因此，即便有许多家族问题，社会机构也会提供支持。相反的，在最近30~50年里，"社会的大潮流……已经基本上从赞成大家族向反对大家族转变。"他认为，家族是"世界上最重要、最基础的组织，是社会的首要组成部分……没有其他机构能实现它本质的目的"。但是，在大多数的家族成员中，他们对共同愿景的重要意义和目的没有深刻的认识。

3. 实践

实践通过家族成员的日常活动来支持家族原则与政策。家族成员如何互动需要通过这些实践来进行商定。一些家族举行由顾问或家族成员组织的定期会议。其他人通过安全网站或论坛来协调他们的活动及共享信息。家族办公室可以管理家族的非金融事务，家族也可以聘请独立的顾问或咨询团队。在一天结束的时候，不管家族选择使用什么形式的沟通方式，它必须是最适合该家族的互动模式。

4. 发展平台

在开发家族管理系统的过程中,家族要经历三个阶段:混沌、整合和凝聚。在第一阶段,混沌,家族只关注当前的需求,而对自身的长期目标没有牢固的理解。当需求出现,如在家族第一次度假前或一对夫妻第一个孩子出生后,就要搭建起支撑结构。在这一阶段,家族成员往往单独致力于家族更大的利益。第二阶段,整合,通常开始于家族发生重大事件时,家族成员意识到一个更为整合的系统是家族继续存在的重要保障。他们不再仅仅关注于短期利益,他们开始发展自己的方针政策,选择自己的领导人和顾问。最后,也是最难达到的阶段是凝聚。家族通过自身的整合系统来自我经营,并定期沟通,朝着可持续发展的未来前进。一旦家族进入这个阶段,以继续支持凝聚状态的方式采取行动是非常重要的。

第八章 家族跨境资产配置意愿与影响因素

国家外汇管理局2017年年初发布《金融机构大额交易和可疑交易报告管理办法》，对个人换汇进一步进行了限制，但是企业换汇则不存在政策障碍，这对规范跨境资产配置起到了一定的保障。随着CRS的迅速开展，资本的监管越来越严密，从表层来看，是遏制了非法转移资产；深层次来说，是解决了境外投资的监管难题，也为境外资产配置的放开打下了坚实的基础。所以跨境资产配置将成为中国家族马上要面对的一个关键问题。本章主要对跨境资产配置的动因与倾向进行分析。

第一节 中国家族资产跨境配置的意愿

目前跨境资产配置正处于从小众化向一般化过渡阶段，国际性的资产管理公司分支机构以及进驻中国的发达城市，积极地开展宣传和托管工作，唤醒了尚在沉睡中的资金和意识。下面我们来分析家族跨境资产配置的意愿。

一、中国家族跨境配置认知现状

我国家族进行跨境资产配置已经非常广泛，由过去的富裕家族扩展到了中产阶级的家族。也就是说我国家族对跨境资产配置的认知已经比较熟悉。我们先来分析我国家族对跨境资产配置的认知途径。

（一）中国家族跨境资产配置认知途径

根据图8-1所示，我国家族对跨境资产配置的认知主要来源于亲人、朋友以及银行和电视的宣传，门户网站、微信及私人顾问也有较大的作用。这与中国的传统文化有较大的关系。我国的家族，更具有模仿效应，往往会跟风身边的行为；但是又比较谨慎，所以相信银行的宣传会多于其他金融机构以及私人顾问。随着我国家族跨境资产配置产生良好的示范效应，很快在家族企业之间扩展开来，越来越多的家族参与了跨境布局。

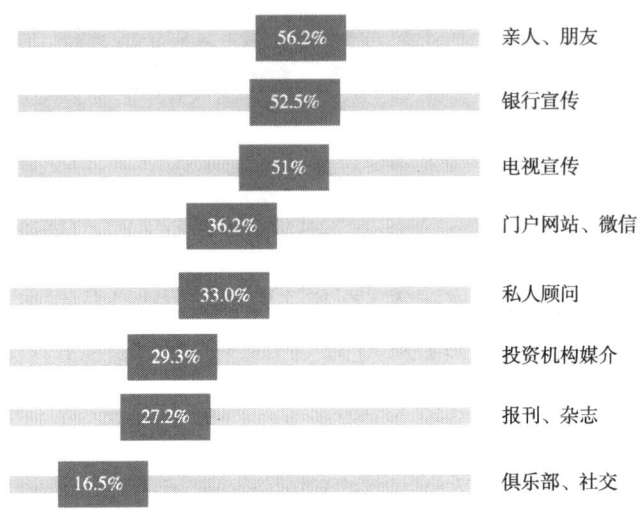

图 8-1　2016 年我国家族跨境资产配置认知途径

跨境资产配置的发展，也吸进了国际性的服务公司来开展业务，提供全流程的服务保证，我国的资产管理与服务公司像雨后春笋，蓬勃发展起来，更加助推了我国家族跨境资产配置的步伐。这些因素都导致了我国家族对跨境资产配置的迅速而深刻的认知。

二、中国家族跨境资产配置意愿

根据 2017 年福布斯发布的 1000 家高净值人群跨境配置调查结果，我们经过筛选和归纳，制作为图 8-2，将我国家族跨境配置的意愿呈现给读者。

由于我们无法取得原始的数据，职能从图 8-2 简单解读我国家族的跨境配置意愿，其中大型企业主跨境配置资产的意愿强烈，有 78.4% 的大型企业主有跨境配置的需求；其次是高管与其他股东，有 64.2% 的高管及其他股东有跨境配置意愿；自有职业者也达到了 49.1%，这些自由职业者包括艺人、作家、艺术家等家族；另外值得一提的是我国事业单位、公务员家族也有近 20% 的比例有跨境资产配置的意愿。

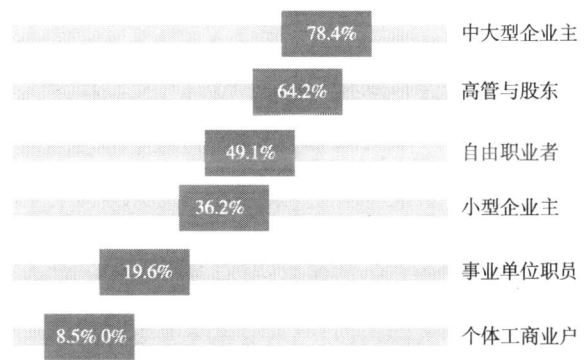

图8-2 2016年我国家族跨境资产配置意愿图

三、中国家族资产跨境配置现状与需求

我们界定富裕家族为可支配现金资产1000万元,达到该标准的家庭进行计算。单从富裕家族的数据来看,全球的富裕阶层财富约54万亿美元,我国富裕家族可支配资产已经达到21万亿元(约4.5万亿美元)。但是从跨境资产配置的进展来看,我国家族境外资产配置的规模仅不到5%,但是有逐年递增的趋势。而目前发达国家家族跨境资产配置的比例达到15%以上,跨境资产配置最多的国家为新加坡,高达37%(见图8-3)。

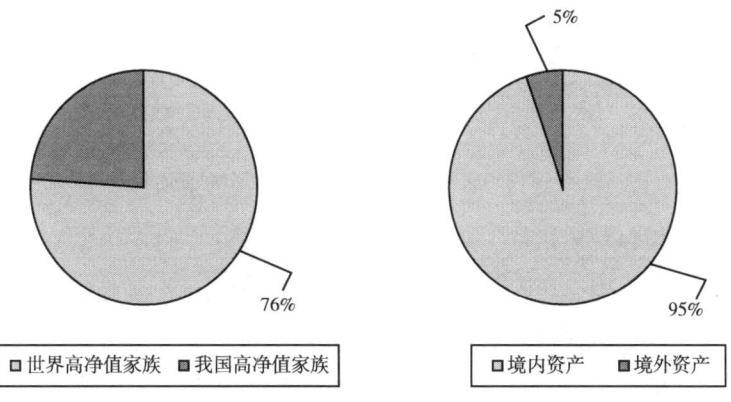

图8-3 我国富裕家族与世界富裕家族情况及跨境资产配置比例

随着我国资产管理公司的增多以及服务的发展,我国家族对跨境资产配置的认知越来越深入,对跨境资产配置的实施越来越有信心,导致跨境资产配置的需求也越来越大,预计2016~2020年每年需求将增长11%。

第二节 中国家族资产跨境配置的动因

跨境资产配置在操作上并不是一件容易的事,在收益与风险上更是充满了不确定性。那么为什么我国家族对跨境资产配置有那么强的意愿那?下面我们来阐述我国家族跨境资产配置的动因。

不同于个人投资者逐利的行为,家族资产跨境配置的动因有很多。对于超高财富拥有的家族来说,选择离岸财富管理的主要动因,来自对财产安全、隐私保护、投资多样性和风险管理、子女教育等因素的考虑。主要的动因考虑情况见图8-4。

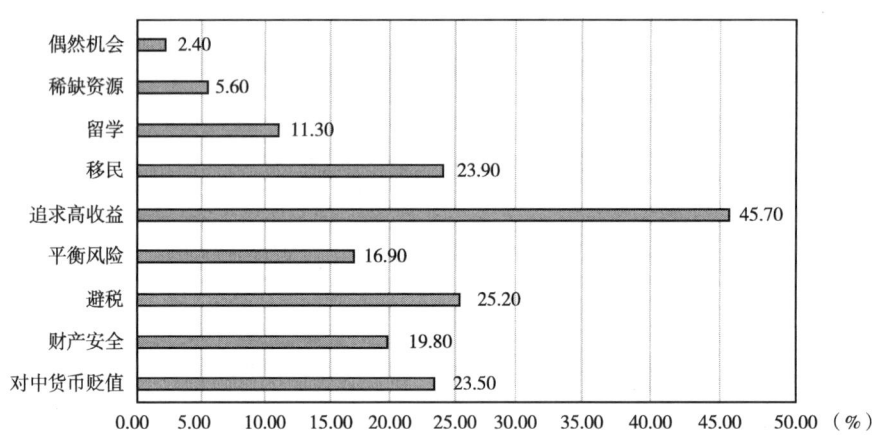

图8-4 2016中国家族资产跨境资产配置动因

与我们的认知有所不同,根据1000个受调查家族的反馈结果,跨境资产配置考虑最多的首先是对收益的追求,有45.7%的家族主要考虑该因素;其次是避税,在我国全球征税未执行之前,通过跨境资产配置进行避税是跨境配置的主要目标,随着全球征税时代的到来,避税已经成为新的挑战;再次是移民,我国富裕家族的移民热情度一直很高,移民与跨境资产配置是必然关联的;最后是对冲货币贬值,人民币的稳定性虽然有一定的保障,但是相对于美元仍然处于劣势;另外对财产安全的考虑也达到了19.8%,财产安全主要指的是政治、经济、法律环境变化对持有的资产价值的影响,这一考虑主要还是针

第八章
家族跨境资产配置意愿与影响因素

对经济周期等问题有所顾忌；另外对平衡风险也有一定的侧重；留学的考虑也超过了10%，我国家族的子女教育观决定了留学的倾向，也影响了对跨境资产配置的选择。下面我们来具体分析跨境资产配置的动因。

一、追逐高额回报与平衡风险

（一）追求高额回报

我们常常看到新闻报道王健林在国外投资、潘石屹带着资产"外逃"、李嘉诚把钱都搬到欧洲等，大众舆论立即掀起一场有关"爱不爱国"的大讨论。其实这和爱不爱国，有没有责任感，扯不上丝毫关系，纯粹是资本的逐利行为。资本逐利的本质永远不会改变。所以对于大多数家族来说，哪里有高额的回报，就会把资产配置在哪里。

而同样的资产，在不同的国家区域之间的表现也注定是不同的，甚至差异很大，如投资我国北京的房产收益已经很高，但是也许芝加哥的房产收益更加高得离谱。但是跨境资产配置对于家族来说，会受到资金管制约束。于是除了家族直接购买境外资产之外，更多的资本在金融机构甚至是某些非正式团体手中聚集，以基金、投资公司等形式运作，开启了全球逐利之旅。

（二）平衡风险

收益和风险永远是相伴随的，当一个家族的资产达到一定的数量之后，如何化解风险也许比追求高额回报更重要。而分散投资正是有效降低风险的理论之一。

美国经济学家马科维茨（Markowitz）1952年首次提出投资组合理论（portfolio theory），该理论包含两个重要内容：均值—方差分析方法和投资组合有效边界模型。该理论给出了降低投资风险的努力方向——即分散投资。在发达的证券市场中，马科维茨投资组合理论早已在实践中被证明是行之有效的，并且被广泛应用于组合选择和资产配置。

然而传统的分散投资仅限于投资产品上的分散，并没有提及在区域和经济周期上的分散。笔者认为，在障碍较小的情况下，财富在经济区域上的分散以及在经济周期上的分散也是平衡风险的有效途径，也即在时空上的分散，或者可以称为跨越时空的资产配置。目前公认的世界主要国家发展阶段，中国处于上升周期，落后于美国；日本仍然在经济周期的底部，没有反弹的迹象；英法等国则已经过了他们的巅峰时期,开始进入下行周期,如图 8-5 所示。所以把握好不同经济体的发展阶段,规避经济下行风险,也是主要的跨境资产配置动因。

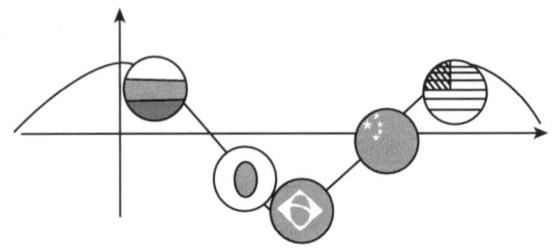

图 8-5 世界部分国家和地区所处经济周期位置图

二、寻求合理避税与财产安全

(一) 寻求合理避税

国际区域上的税负差异,简单来说就是税率甚至税制的不同,导致相同的资产会产生不同的纳税结果。

(二) 保障财产安全

在我国,很多家族经历了上一代人的不懈努力和勤俭节约之后,积累了一定规模的财富。而这些财富随着时代的变迁、技术的进步和货币的贬值,可能存在区域上的贬值风险。随着中国经济的发展和国力的强大,资产贬值的风险正在逐渐减弱。但是也存在着由于债务责任原因需要进行风险隔离等因素,而中国文化中的情感、脸面等因素导致一些家族希望资产转为境外资产,来达到彻底的资产安全。然而随着全球账户资源共享计划的不断推进,这种方式也将大受影响。

三、移民以及留学

(一) 移民需求逐年增长

据民调机构盖洛普 Gallup 在 2017 年进行的最新全球调查:全球有 14% 的成年人(折算约合 7.1 亿人)在条件允许(包括经济、心理准备和人生规划)的情况下,希望移民到另外一个国家。该调查共耗时 3 年(2013~2016 年),统计了 156 个国家/地区的成年人。结果发现:在条件允许的情况下希望移民

第八章
家族跨境资产配置意愿与影响因素

的人从 2010～2012 年间的 13%（折算约合 6.3 亿人），猛增到 2013～2016 年的 14%（7.1 亿人），增长幅度达到 0.8 亿。一个典型的潜在移民画像是这样的：男性、不到 40 岁、单身、来自城市，并至少受过中学教育。

但表态"想移民"可以理解成为对于目前生活状况的不满，不一定就说明他们的确就是想这么做。因此，真的有具体移民计划的是 6600 万人，其中做出相应努力的人达 2300 万人。这个数字乍听惊人，实际上仅占世界人口的不到 0.5%。

不管怎么说，与 2007～2010 年相比，2010～2016 年的总体移民意向人数的确增多了 12%。在这些希望"用脚投票"的国家里，有 20 个国家包揽了全球计划移民人数的一半，其中包括：8 个非洲国家（尼日利亚、刚果民主共和国、苏丹、埃及、埃塞俄比亚、加纳、阿尔及利亚和科特迪瓦）；4 个亚洲国家（印度、孟加拉国、中国和巴基斯坦）；3 个拉美国家（墨西哥、哥伦比亚和巴西）；2 个中东国家（伊朗和伊拉克），以及 2 个欧洲国家（意大利与西班牙）。继 2009 年欧洲金融危机之后，西班牙和意大利都承受了居高不下的失业率。这可能是导致许多人考虑出国工作或进修机会的原因之一。

具体来说，移民的意向每个国家均有不同，并且存在交互的情况，并且在文化接近和距离接近的区域均有倾向。图 8-6 是主要临近区域移民意向统计。

图 8-6 是国与国之间的移民具体情况，也更符合人们平时对移民动态的印象：墨西哥到美国、印度到阿联酋、俄罗斯与乌克兰有来有往等。对于中国人来说，移民这个话题就像是一座"围城"：外面的人逐渐开始想进来，里面的人仍然蠢蠢欲动地想出去。跟 2000 年相比，移民美国的中国人有增无减，超过 2 百万人。

尽管与当下具体移民情况并不一定一一对应，但调查移民意向仍是有意义的。无论是移入或是移出，调查者的移民意向与现实移民情况对比显示出了明显的正相关：1% 的意向增减就能对应 0.9% 的实际情况变化。从长远来说，这也有助于我们预测未来的实际移民流。

从意愿到计划是一回事，从计划到准备又是另一回事。实现移民计划讲究天时地利人和，政府相关移民政策、邻近地理位置或者缺乏信息来源都可能是实际准备比例与计划比例不符的原因。比如说，尽管有更多伊朗、埃及和伊拉克人计划出国移民，但他们实际着手准备的人数其实不及巴基斯坦、墨西哥、哥伦比亚和阿尔及利亚多。而对于欧盟成员国公民来说，在欧盟内的四处周转其实也不过是出个省的事情，不需额外手续。

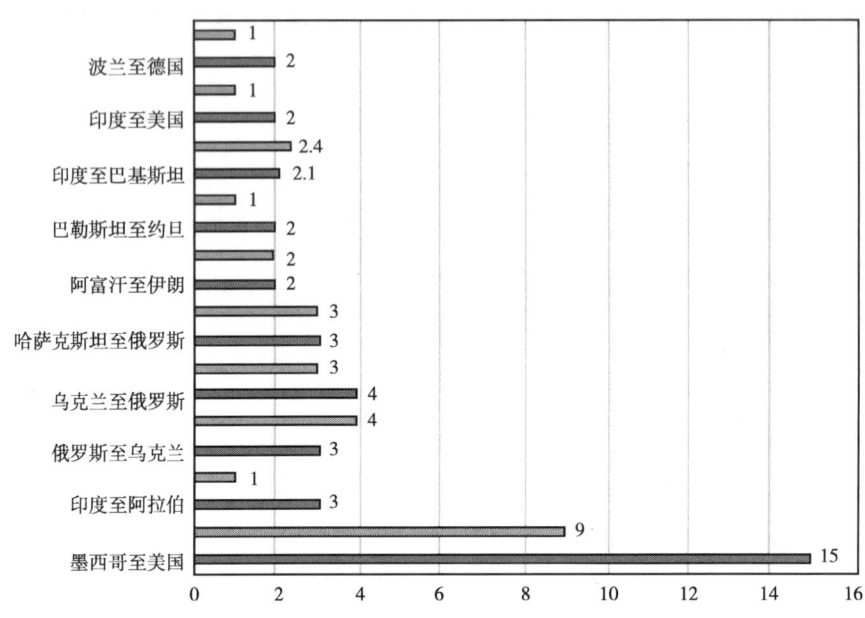

图 8-6　2017 临近区域移居意向统计图（单位：百万人）

资料来源：

有些国家人口绝对数量大，容易跑在前头，但如果看有移民意向占人口比例，那么我们就可以看到更多来自经济落后的国家的人了：14 个非洲国家，3 个加勒比海和中美国家，2 个中东国家（卡塔尔是唯一例外的富裕国家）和东欧的阿尔巴尼亚。那么，对这些潜在移民来说，最受欢迎的国家选择是什么呢？（具体见表 8-1）。

表 8-1　　　　　全球移民意向国家（区域）TOP18

排名	国别	意向排名变化	人数（百万）	人数增减率
1	美国	—	147	1.38%
2	德国	↑5	39	62.50%
3	加拿大	—	36	-16.28%
4	英国	↓2	35	-18.60%
5	法国	↓1	30	-5.88%
6	澳大利亚	—	25	4.17%
7	沙特阿拉伯	↑1	20	15.38%

续表

排名	国别	意向排名变化	人数（百万）	人数增减率
8	西班牙	↓3	15	-23.08%
9	意大利	—	13	-16.67%
10	瑞士	↑2	12	44.44%
11	日本	↓1	12	-20.10%
12	阿拉伯联合酋长国	↓1	10	20.80%
13	新加坡	↑2	8	42.86%
14	南非	↓1	8	—
15	瑞典	↑2	7	33.33%
16	俄罗斯	—	7	
17	新西兰	↑1	7	16.67%
18	中国	新上榜	7	新上榜

表8-2表明，75%的人选择集中在以上18个国家里。总的来说，移民意愿去向的大头仍然是传统发达国家：62%的人计划去经合组织国家（30个相对经济较发达国家），29%的人选择欧盟国家。然而，与过往相比，近年不走寻常路，而选择去世界50个最发达国家的人们也更多了，占据1/3。值得一提的是，中国也首次上榜了。移民意愿不完全代表实际，但这多少反映了外界对中国的向往与肯定。

（二）留学动机

根据全球化智库发布的《2017中国海归就业创业调查报告》，2016~2017年，我国出国留学人员总数超54万人，留学人数增长率略有下降，但增速仍超10%，如图8-7所示。而出国留学的学生当中，近半数以上是有较好的家庭背景，能够负担较重的海外留学费用。

而在关注的国家和地区中，TOP5国家及区域占78.7%，美国、英国和澳大利亚及日本是留学生最青睐的国家，我国香港特区也成为留学的重要目的地。在这些国家和地区的关注因素中，最主要的是名校因素，而名校集中在欧美地区，见图8-8。除学校以外，最关注的是区域经济和薪酬，留学生对海外工作和生活的期望也成了留学的重要动因。

为了子女留学考虑，很多家族选择在海外置业和配置货币类资产，有很多家长选择在子女的学校附近配置房产。例如，日本留学生的家长考虑到东京的

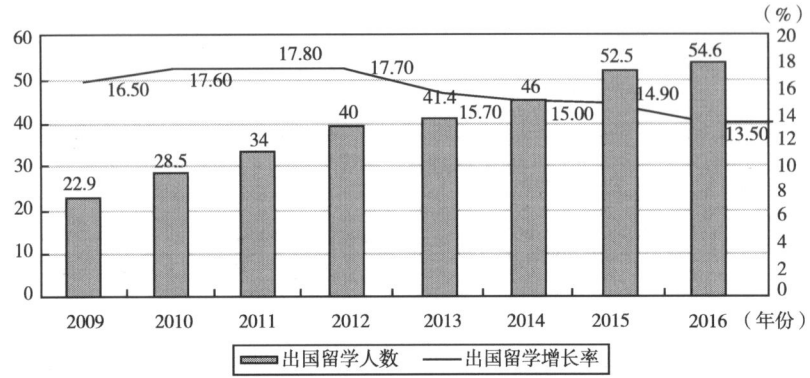

图 8-7 2009~2016 中国留学生人数及增长走势

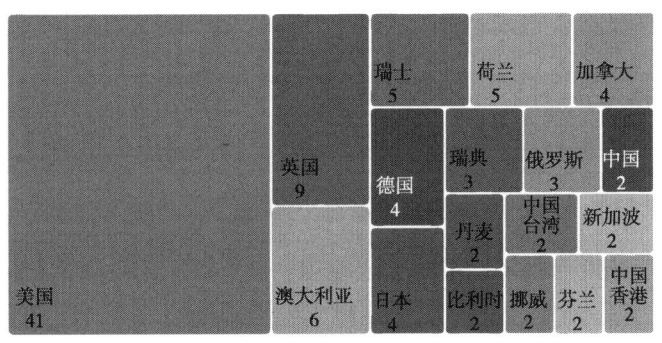

图 8-8 2017 世界名校前 100 名分布情况

注：图中数字为各国及地区名校数量。

房价与杭州不相上下，就果断地在日本东京购买房产，一边方便照顾子女，一边也作为自己的资产配置。于是海外留学也是我国家族资产跨境配置的动因之一。子女的留学甚至开阔了家长的视野，也使得一些家族对海外地区产生了好感，他们愿意为了子女的海外留学生活甚至是未来海外工作和生活的需要，提前做好准备。于是，我国一些家族越来越多地在福利优厚的国家配置不动产等大类资产，甚至在芝加哥、温哥华、墨尔本等地区形成了华人聚居区。

（三）留学与移民区域洞见

一个典型的潜在移民画像是这样的：男性（60.3%）、相对年轻（79.4%的人年龄小于40岁）、单身（63.1%）、来自城市（45.0%），并至少受过中学教育（63.4%）。但当我们谈论移民的时候，我们在谈论什么呢？藏匿在大数

第八章
家族跨境资产配置意愿与影响因素

据与趋势背后,移民本身是一个个体"为了过上更好的生活"而做出的选择与行动。然而移民并不是终点,移民者往往既需要与新的国家和地区磨合,又需要回馈于祖国家乡。无论是出于什么理由离开和加入一个国家,各人都有各人的故事与考虑。但有意无意间,他们也成为两种文化的沟通桥梁。

幸福感是一种心理体验,它既是对生活的客观条件和所处状态的一种事实判断,又是对于生活的主观意义和满足程度的一种价值判断。它表现为在生活满意度基础上产生的一种积极心理体验。而幸福感指数,就是衡量这种感受具体程度的主观指标数值。"幸福感指数"的概念起源于30多年前,最早是由不丹国王提出并付诸实践的。20多年来,在人均GDP仅为700多美元的南亚国家不丹,国民总体生活得较幸福。"不丹模式"引起了世界的关注。那么今天我们来说说全球幸福指数最高,最适合留学移民的15个国家和地区。

第15名:南非。南非拥有世界一流的酒店和旅游设施,育儿成本低,综合排名比较靠前。不过,目前还存在经济状况不好、暴力犯罪及贫困等问题。

第14名:新西兰。新西兰犯罪率较低。据汇丰银行的报告显示,新西兰在儿童基本生活条件领域排名第一,被认为是培养自信与全面发展的孩子的最佳去处。不过由于可支配收入低导致其经济领域排名偏低,故而总体排名并不是很靠前。

第13名:卡塔尔。卡塔尔在经济领域的排名很高,不过在住宿、娱乐、购物及交友等生活范畴的分数很低。卡塔尔是世界上人均生活水平最富有的国家,不过,其也是一个处于转型期的国家。许多居民都过着享受型的生活,如雇佣女奴、选用五星航线等,不过该国家基础设施匮乏,贫富差距较大。此外,汇丰银行的报告中还显示,该国移民子女的教育情况排名偏低,很多移民都选择自己在家教育孩子。

第12名:美国。美国一直是很多外国人的机遇之地。其在工作文化领域排名第一,在养育子女和生活质量方面排名也很高。相对于住房来说,很多移民都能买一辆不错的车。不过,美国在移民对当地经济满意度上得分很低。

第11名:土耳其。土耳其在经济满意度领域得分最高,银行业务的拓展及在线新兴公司的设立为移民提供了很多工作机会。不过,其在教育、卫生保健及工作环境方面得分偏低。

第10名:中国香港。中国香港在很多方面独立于内地。在移民子女教育特别是儿童保育水平方面得分很高。由于香港特别行政区是世界上住宿最昂贵也是人口最稠密的城市之一，故而移民的住宿空间往往比较狭小。在这里，移民们都必须工作非常努力，故而，香港特别行政区在工作与生活平衡感方面得分很低。

第9名：阿拉伯联合酋长国。阿联酋有很多高收入的移民，且大多为年轻人。这个富足的国家为移民们提供了良好的工作环境和育儿选择。此外，这里还拥有许多世界著名的酒店和购物中心。不过，这里的文化与西方社会完全不同。伊斯兰传统与观念使这个国家的公众行为十分保守。故而，移民在交友和融入当地社区方面比较困难。

第8名：比利时。比利时在移民子女教育领域的排名很靠前，在健康状况、福利条件及学习新语言等方面排名第一。其在整体经历及经济状况方面排名一般，不过在运动及饮食健康方面排名很低——当然这并不奇怪，因为他们的饮食一般都是啤酒、巧克力和华夫饼。此外，比利时的暴力犯罪现象也比较严重。

第7名：俄罗斯。俄罗斯是一个比较有趣的地方，其在娱乐、社会生活、交友等方面的得分都很高。不过，其在健康饮食方面的排名却是倒数第二，这主要归因于俄罗斯人习惯于食用半熟的食物和高胆固醇的肉类。此外，这里的教育质量不错，不过，育儿成本却相当高。从经济方面看，这里移民的收入相对较低，不过可支配收入相对较高。

第6名：加拿大。加拿大在移民经济状况和总体经历方面的得分都超过了美国。令人惊奇的是，相对于全球66%的平均移民率来说，加拿大的移民率达到了惊人的90%。虽然移民对工作环境、工作与生活平衡感及社会生活方面有些失望，不过其在子女的教育健康及卫生保健方面的得分都很高。加拿大是一个多元文化的国家，拥有开放、接纳与宽容的态度，又保持着自己的个性。

第5名：澳大利亚。澳大利亚为移民们提供了很高的生活质量。其在生活融入、交友及其他很多方面的得分都高居第二，这也弥补了其在经济状况和其他一些方面的缺陷，如糟糕的交通状况等。

第4名：开曼群岛。移民们很愿意去开曼群岛，因为这个地区在收入和可支配收入两项上都排在第二位。虽然，在这里的生活成本比较高，不过，相对来说，收入更高。社会生活和工作方面的优势令该岛的整体排名十分靠前。在这里工作十分舒适，没有长途通勤，交友便捷，且天气宜人。

第3名：新加坡。这里是事业型移民的最佳去处，且其在子女教育和育儿水平方面的得分都排在第二，不过，这里的教育成本也相当高。然而，其在工作与生活平衡感方面的得分比较低，有53%的移民对工作保障比较忧虑。新加坡是一个多民族混居的国家，在新加坡城内有很多著名的街道，聚居着不同的民族，如新加坡的唐人街牛车水，具有印度风格的小印度，内容丰富的阿拉伯街区等，这些地方同样是购物、餐饮、旅游的好地方。

第2名：德国。对于移民来说，德国是世界上最佳的育儿之地。相对欧洲各国来说，德国有着更强的经济实力。不过，令人纠结的是，这里的生活成本也比较高昂。值得一提的是欧盟高知人才引进方针实施法案（蓝卡政策）于2012年8月1日开始在德国实行。非欧盟成员国的外国大学毕业生可以凭借"欧盟蓝卡"前往德国工作。而他们所需要提供的年薪证明也由以往的税前66000欧元下降到目前的税前44000欧元。而对于许多紧缺的专业人才，只需提供税前约35000欧元的年薪证明即可。其中主要是工程师、信息和通讯技术领域的优秀人才和医生。

值得一提的是，具有在中国学习、工作经验的德国高校毕业生，尤其是工程学科、自然科学以及经济类学科的学生，他们在中国和德国的就业市场都很受欢迎。

第1名：中国。太多的积极因素令中国稳居榜首，安全和友好是中国最大的特点，5000年的历史也让多数国家望尘莫及。中国蓬勃发展的经济居世界第二，移民生活质量排名第三，这里有友好的文化、良好健康的饮食及高比率的运动参与率。此外，移民们还有时间进行娱乐消遣，故而，其在工作与生活的平衡感方面得分也很高。

四、对冲通货膨胀带来的货币贬值风险

（一）逐渐走高的通货膨胀风险

通货膨胀率是由于货币供过于求导致货币价值货币相对于物价贬值的速度，是我们手中人民币购买力下降的速度，当货币相对于同等数量的商品增加发行量，对应于单位商品的货币量增多，也即通货膨胀。如果直接持有货币资产，那么货币在通货膨胀的情况下价值就会自动的流失，这种损失由货币的超

发造成，并且每年在发生，没有得到有效控制。通过一组官方数据，可以看到近20年来的通胀率都维持在了6%以下，甚至还出现了负数，见表8-2。

表8-2　　　　　　　　　中国历年通货膨胀率表

年度	通胀率	年度	通胀率	年度	通胀率
2017	2.8%	2011	5.4%	2005	1.8%
2016	3.6%	2010	3.3%	2004	3.9%
2015	1.4%	2009	0.7%	2003	1.2%
2014	1.5%	2008	5.9%	2002	-0.8%
2013	3.2%	2007	4.8%	2001	0.7%
2012	2.6%	2006	1.4%	2000	0.4%

然而遗憾的是，官方的数据并没有客观地反映通货膨胀的真实情况。我们以杭州和北京地区的最低工资水平来计算通胀。每年的最低工资标准增长率为本年最低月工资减去去年最低月工资标准，然后再除以去年最低月工资标准，即：（今年最低工资标准-去年最低工资标准）/去年工资标准×100%，得出结果见表8-3。

表8-3　　　　　　　　　杭州、北京地区最低工资标准与增长

执行时间	月工资	杭州市区	增长率	北京市区	增长率
2001.7.1	月工资	440	15.79%	412	12.25%
2003.9.1	月工资	520	18.18%	465	11.40%
2004.10.1	月工资	620	19.23%	545	14.68%
2005.12.1	月工资	670	8.06%	580	10.03%
2006.9.1	月工资	750	11.94%	640	9.38%
2007.9.1	月工资	850	13.33%	730	12.33%
2008.9.1	月工资	960	12.94%	800	9.75%
2010.4.1	月工资	1100	14.58%	960	16.67%
2011.4.1	月工资	1310	19.09%	1160	17.24%
2013.1.1	月工资	1470	12.21%	1400	17.14%
2014.8.1	月工资	1650	12.24%	1560	10.26%
2015.11.1	月工资	1860	12.73%	1720	11.30%
2017.12.1	月工资	2010	8.06%	2000	14.00%
2001~2017	月工资	平均增长	13.72%	平均增长	13.06%

第八章
家族跨境资产配置意愿与影响因素

从表 8-3 中可以看出，杭州和北京地区的最低工资增长率都超过了 13%，也代表了通胀率并非官方数据那么乐观，接近 13% 是比较客观的结果。

采用其他数据的观点也很多，如北大教授王建国认为，中国 M2 年均增长率 2000~2012 年是 18.2%，而 GDP 增长是 9.5%，但这之中有一半货物出口了，所以中国实际商品的增长量只有 5% 左右。用平均 18.2% 的货币增长量减掉 4.5%~5% 的商品实际增长量，中国通货膨胀率应该在 13%~14% 之间。又比如按基本物价计算，1978~2009 年，货币贬值了 58 倍，年 CPI 高达 14%；按黄金价格计算，1979~2010 年平均每年 CPI 高达 10.8%。

根据不同的角度计算通胀率，得出的结果都接近于 13%，因此目前社会上的主流观点就是，中国年均通胀率已经高达 13% 了。这意味着什么呢？按照分级，我国目前正处于飞奔的通货膨胀（每年物价上升比例在 10%~50% 以下）中。这就意味着，在银行存入一笔存款，年利率 2%，一年之后取出来，亏损了近乎 10%。这就意味着，辛辛苦苦工作一年，公司为你加薪 6%，但你的薪资水平却早已低于物价的飞长。这就意味着，你 10 年前开始存钱，今年终于存够一套房的全款了，但今天的房市早已不是你所想，也许你本来打算付全款的钱，如今连个首付都付不起。

（二）如何跑赢通货膨胀率

谁都知道，想要跑过中国的通货膨胀率，你就要赚比这更多的钱，但是谈何容易？没有人能保证自己的工资每年都增长 13%，没有人能保证自己炒的每只股票都大涨，没有人能投资、理财样样成功……但是，假如什么都不去尝试，我们的生活水平就会越来越低。最好的方法就是，努力工作的同时，尽力去尝试各种可能。

通过合理的持有货币以及外币资产，也正是对冲货币贬值的风险方法之一。2016 年 8 月央行人民币中间价浮动以后，人民币两天之内跌了 4%。11 月，人民币加入 SDR，人民币汇率持续走低。这个档口，把人民币资产换成海外资产，是一个非常明智，也非常正确的决定。例如日元对美元跌了 50%，人民币还坚挺，那么相当于现在去日本买房打了五折，这就是为什么中国人这几年去日本疯狂买买买。那么对于家族来说，合理地进行境外资产配置，可以起到对冲汇率贬值的风险。

五、追求稀缺资源

世界上总是存在一些稀缺资源,或者是矿产资源,又或者是高新技术,又或者是虚拟资产。例如矿产资源中较典型的矿产资源锂矿,因为分布集中和提取难度大,导致全世界都在争抢澳洲的矿产,这时候跨境资产配置就成为战略需要,会影响到未来的可持续发展问题;例如,全球的石油资源,就更加成为全球争抢的目标。从高新技术来说,美的收购库卡、吉利收购沃尔沃等案例屡见不鲜;再从虚拟资产来说,近年来最为流行的比特币带给人们完全不同的投资体验。

由于比特币的稀缺性,导致很多人跟风豪赌,比特币从 2017 年年初的 750 美元一度冲破 20000 美元,至 2018 年 2 月跌回了 6000 美元,如图 8-9 所示。此类稀缺标的资产,由于存在特别的机会,所以也成为跨境配置的一项选择。

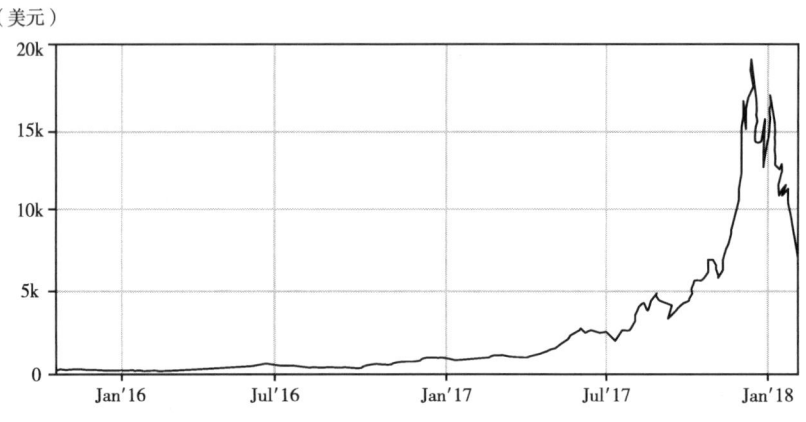

图 8-9 比特币 2017 年价格走势

六、其他特殊原因

仍然有很多其他的原因会形成海外资产配置的意愿。例如文化、联姻、爱好、机遇等。而总体比较来说,这些原因并非主流,也无规律可循,充满了偶然性。例如,浙江青田地区居民有移民西班牙的历史渊源,家族成员在两地的互动就会导致境外资产的关注和配置;例如,艺术品类的配置需要偶然的机会以及成交的条件;例如,联姻需要打破文化差异的影响,也往往需要特别的缘分。这些对跨境资产配置意愿也构成影响。

第三节　中国家族资产跨境配置的影响因素

第二节我们分析了中国家族跨境资产配置的动因，在本节来分析影响跨境资产配置的关键因素。

一、中国家族跨境配置关键因素

（一）决定配置效果的关键因素

1. 回报率

很多中国投资人认为海外投资就是买房子或者买美股，这是非常可以理解的。我相信这也是很大一部分人正在做的。从西岸的洛杉矶、旧金山，一直买到东岸的纽约、华盛顿，中国房地产买家们出手阔绰，毫不犹豫；股票投资上，从最早的网易，到现在的阿里巴巴，中国投资者全仓杀入，也绝不手软。我们粗略算来，如果从2009年开始你投资美股（标普500指数基金）或美国房地产（道琼斯全权益房地产信托指数基金），截至2017年年底你将分别取得192%（年化14.8%）或212%（年化16.14%）的总收益。这成绩，不夸张地说应该跑赢了99%的对冲基金或机构投资者，回报率永远是值得考量的关键。

我们列举了发达国家和新兴市场的房产、股票、债券以及通胀的10年平均情况（见表8-4），投资不同区域的收益是完全不同的，所以跨境资产配置的首要因素就是收益率，这也是资本逐利的本质决定的。

除了配置区域需要关注之外，配置的产品也非常重要。不同的产品会产生不同的收益，而且差别与规律都各不相同，配置的方法与比例都是值得探讨的问题。目前主要的大类资产包括股票、债券、房地产、黄金、原油、外币等，以近15年的大类资产收益情况为例，并选取主要的指数作为股票投资的代表，我们计算了各个年份大类资产的回报，并分析了不同年份投资不同资产的收益情况，见表8-5与表8-6。从表中数据可以看出，10年间，中国的房地产成为耀眼的明星，股市也表现优异，而黄金和原油的表现则让人失望。由于家族资产配置的长期性，需要在配置资产的过程中，借鉴发达国家的资产发展周期，理性分析和判断资产的发展趋势，合理的选择资产进行配置。

表 8-4　　　　　　　　　　10 年来各国大类资产表现

指标	中国	美国	日本	英国	新加坡
房地产	67%	14.8%	1.61%	8.01%	1.04%
股票	1.2%	16.14%	-0.26%	-2.6%	6.8%
国债	2.7%	8.01%	2.2%	2.7%	2.1%
通胀	13%	4.04%	2.6%	3.2%	2.6%

表 8-5　　　　　　　　　　不同资产分年度收益情况一览

年份	1	2	3	4	5	6	7	8
2017	上证50 25.08%	沪深300 21.8%	房价 14.57%	黄金 13.32%	原油 11.69%	企债指数 2.13%	定期存款 1.5%	创业板 -10.67%
2016	房价 118.54%	原油 53.72	黄金 9.12	企债指数 6.04	定期存款 1.5%	上证50 -5.53%	沪深300 -11.28%	创业板 -27.71%
2015	创业板 84.41%	企债指数 8.84%	沪深300 5.58%	房价 5.41%	定期存款 1.5%	上证50 -6.23%	黄金 -6.23%	原油 -35.02%
2014	上证50 63.93%	沪深300 51.66%	创业板 12.83%	企债指数 8.73%	定期存款 2.75%	黄金 -0.19%	房价 -2.18%	原油 -50.14%
2013	创业板 82.73	房价 15.94%	企债指数 4.63%	定期存款 3%	原油 0.28%	沪深300 -7.65%	上证50 -15.23%	黄金 -27.79%
2012	上证50 14.84	房价 14.1%	沪深300 7.55%	企债指数 7.49%	黄金 5.68%	原油 3.26%	定期存款 3%	创业板 -2.14%
2011	原油 15.09%	房价 14.1%	黄金 11.65%	定期存款 3.50%	企债指数 3.50%	上证50 -18.19%	沪深300 -25.51%	上证50 -22.57
2010	房价 32.62	黄金 27.74%	原油 19.16%	创业板 13.77%	企债指数 7.42%	上证50 -18.19%	沪深300 -12.51%	上证50 -22.57%
2009	原油 112.5%	沪深300 96.71%	上证50 84.4%	房价 31.85%	黄金 27.62%	定期存款 2.25%	企债指数 0.68%	
2008	企债指数 17.11%	黄金 3.41%	定期存款 2.25%	房价 2.15%	原油 -61.94%	沪深300 -69.95%	上证50 -67.23%	

第八章
家族跨境资产配置意愿与影响因素

续表

2007	沪深300 161.55%	上证50 134.13%	原油 62.94%	黄金 31.59%	房价 28.25%	定期存款 4.14%	企债指数 -5.49%
2006	上证50 126.69%	沪深300 121.02%	黄金 23.92%	定期存款 2.52%	原油 1.24%	企债指数 0.77%	
2005	原油 43.83%	企债指数 24.08%	黄金 17.12%	定期存款 2.25%	上证50 -5.50%	沪深300 -7.65%	
2004	原油 34.41%	黄金 4.97%	定期存款 2.25%	企债指数 -4.09%	上证50 -15.73%	沪深300 -16.30%	
2003	黄金 21.74%	沪深300 8.25%	定期存款 1.98%	企债指数 -0.07%	原油 -0.89%		

表8-6　　　　　　　　不同年份投资不同资产总收益情况一览

2017	上证50 25.08%	沪深300 21.78%	房价 14.57%	黄金 13.32%	原油 11.69%	企债指数 2.13%	定期存款 1.5%	创业板 -10.67%
2016	房价 150.38%	原油 71.69%	黄金 23.65%	上证50 18.16%	企债指数 8.30%	沪深300 8.04%	定期存款 3.02%	创业板 -35.42%
2015	房价 163.93%	创业板 19.09%	企债指数 17.87%	沪深300 14.07%	原油 11.56%	上证50 10.80%	黄金 9.53%	定期存款 4.57%
2014	房价 158.17%	沪深300 81.64%	创业板 34.36%	企债指数 28.16%	上证50 10.80%	黄金 9.33%	定期存款 7.44%	原油 -44.37%
2013	房价 199.33%	创业板 145.52%	沪深300 59.77%	上证50 53.97%	企债指数 33.75%	定期存款 10.67%	黄金 -21.06%	原油 -44.22%
2012	房价 231.38%	创业板 140.27%	上证50 76.82%	沪深300 71.83%	定期存款 13.99%	黄金 -16.56%	原油 -42.21%	企债指数 43.77%
2011	房价 278.11	创业板 54.06%	企债指数 48.80%	上证50 44.66%	沪深300 28.85%	定期存款 17.98%	黄金 -6.88%	原油 -33.71%
2010	房价 401.45	创业板 75.28%	企债指数 59.84%	定期存款 21.22%	沪深300 12.74%	上证50 12.04%	上证50 12.04%	原油 -21.16%
2009	房价 561.16%	沪深300 121.70%	上证50 106.65%	原油 67.86%	企债指数 60.93%	黄金 51.86%	定期存款 23.95%	
2008	房价 575.37%	企债指数 78.12%	黄金 57.04%	定期存款 26.74%	沪深300 -24.50%	上证50 -32.31%	原油 -36.11%	

续表

2007	房价 766.17%	黄金 106.65%	沪深300 97.50%	企债指数 78.12%	上证50 58.47%	定期存款 31.48%	原油 4.10%	
2006	沪深300 336.52%	上证50 259.24%	黄金 156.08%	企债指数 79.49%	定期存款 35.31%	原油 5.39%		
2005	沪深300 303.10%	上证50 239.48%	黄金 199.22%	企债指数 122.71%	原油 51.58%	定期存款 38.35%		
2004	沪深300 237.4%	黄金 214.83%	上证50 186.03%	企债指数 113.6%	原油 103.41%	定期存款 41.47%		
2003	黄金 283.27%	沪深300 265.24%	企债指数 113.45%	原油 101.93%	定期存款 44.27%			

2. 风险

如果说收益是我们衡量跨境资产配置的主要因素，那么我们考虑的信息忽略了一个同样重要的因素，那就是不确定性和局限性。根据过去的经验进行资产配置，除了需要关注收益之外，更要关注其不确定性，这种不确定性也可以认为是取得收益或者遭受损失的可能性（概率）。这种不确定性反映在收益的波动上，通常用标准差来衡量。

下面我们就拿最近10年（2008～2017）数据来举例，对中、美两国股票和房地产这两类资产在过去10年的表现进行对比见表8-7。可以看到美国股票市场的年平均回报为10.43%，而美国房地产市场的年平均回报为12.00%。显然，这两大资产都很好地完成了保值增值的效果，年化收益率远远高于通胀。我们也知道收益都是和风险相匹配的，高收益意味着高风险。

表8-7　　　　　　　　　美国资产历史收益与标准差

指标	美国房地产	美股	美国国债	通胀
年化收益	12.00%	10.43%	8.01%	4.06%
标准差	17.06%	15.26%	8.22%	1.35%
下限风险	14.04%	10.91%	5.03%	0.90%
最大回撤	-68.30%	-50.21%	-20.97%	-4.43%

为了更加直观地衡量投资单个资产的风险，这里我们借用一个概念——"最大回撤"，就是投资额从历史最高点跌倒最低点的跌幅，说白了就是从历史

第八章
家族跨境资产配置意愿与影响因素

上来看,你投资此类资产最大的亏损程度。在 1972~2015 年这段时期,美国股票市场的历史最大回撤为 50.21%,投资美国房地产市场的历史最大回撤为 68.30%。这意味着什么?我们以美国股票市场为例子,用图表来解释最大回撤。

由图 8-10 可以看到,美股 50.21% 的最大回撤发生在 2008 年金融危机时期,美股投资者的财富在短短半年内缩水一半,更让人难以接受地是,这一跌直接把投资总额跌到 10 年前,等于这 10 年都白忙活了。更加可怕地是,从这次回撤的最低点恢复回撤前的高点,花了 3 年时间,这还是建立在你在低点持有不卖的前提下。市场狂跌 50%,在跌破 2003 年的底部后,你能保证在反弹初期坚定持有吗?如果不能,那回本的时间可能会更长。大家可以设身处地想一下,那是一种怎样的体验。投资 A 股的朋友,可以回想下 2015 年下半年的暴跌(48.60% 的回撤),基本上是一样的体验。

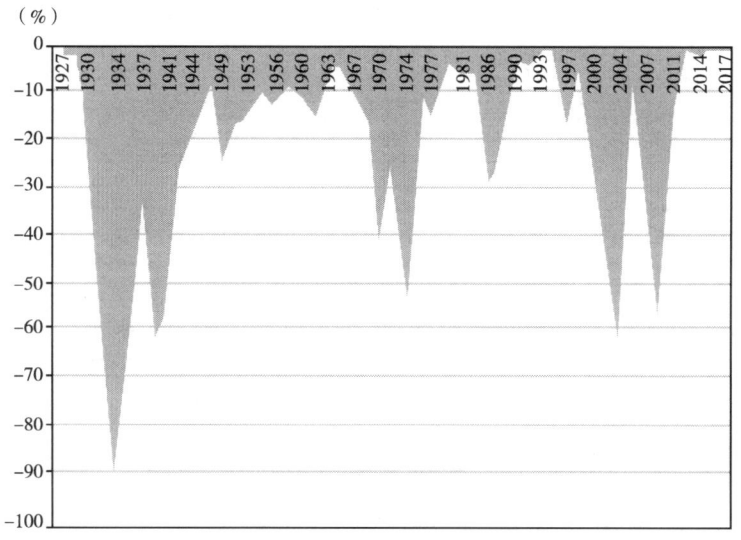

图 8-10　美股历史回撤总览

有人说,我不怕,我是坚定的长线持有人,50% 跌幅不算什么。不过,美股在 20 世纪 30 年代还曾出现过高达 80% 以上的回撤(1932 年股灾)。跌 80% 是什么概念,如果你不在低点加仓,如果你在最低点坚定的持有,你需要大盘涨 500% 才回到回撤之前。换算成时间的话,假设平均每年 10% 的涨幅,你需要将近 17 年的时间。另外,在从 1927~2016 年这近 90 年中,回撤大于 30%

的时间长达近 15 年之久,平均每 6 年,你就有可能会亏 30% 以上。

相比之下,国内数据以上证指数为例,近 10 年的回报率只有 1.2%,远远没有跑赢通货膨胀率,而最大回撤达到了 -93.51%,风险更是远高于美国股市。

中国资本市场的发展滞后于西方国家,中国经济的发展和居民投资能力也受限于发展程度,所以我们以最近 10 年左右的数据来衡量更为客观。然而中国在最近的 10 年间,股市就经历了 2 次大起大落,这也与美股的历史规律类似。每 6 年产生一次行情,然而这其中如若不慎踏空,财富损失的风险将是巨大的。相比之下,中国的房地产市场则有着不俗的表现(见表 8-8 和图 8-11)。

表 8-8 中国近 10 年资产历史收益与标准差

指标	中国房地产	上证指数	中国国债	通胀
年化收益	67.00%	1.20%	2.70%	13.00%
标准差	25.26%	37.29%	3.45%	1.25%
下限风险	10.24%	16.17%	2.04%	0.88%
最大回撤	-16.21%	-93.51%	-18.72%	-10.54%

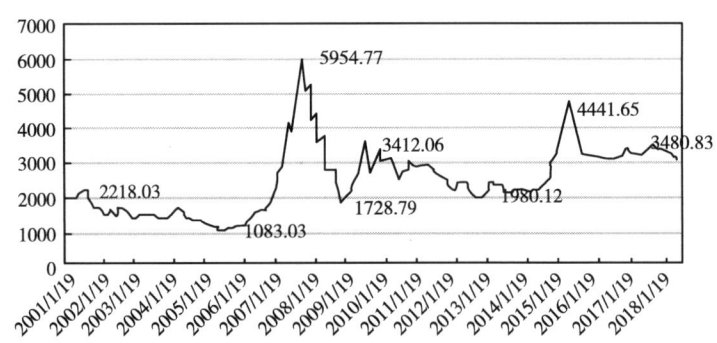

图 8-11 上证指数近 20 年历史走势图

可以说 10 年来投资房地产的收益几乎领先于全球的市场,而风险则相对较小,基本没有发生较大幅度的回撤。

3. 税负

不同国家级经济区域上的税收差异很大,并且在税收协定上的庇护也各有不同。所以跨境资产配置的第 3 个关键因素就是税负问题。根据前文所诉的全球 50 个主要国家税负压力排名数据，仅从个人所得税来说，超过 50% 的国家有 7 个，中国的个人所得税率最高为 45%，而世界上仍然存在着许多国家没有征税。可见，在不同区域配置资产在交税差异上是巨大的，在动因分析部分我们已经有过探讨，税负的差异导致了大量的避税需求。

根据《2017~2018 年全球竞争力指数报告》，总体税率最低的国家多数在中东地区，如卡塔尔（11.3%）、科威特（13%）、巴林（13.5%）、沙特阿拉伯（15.7%）和阿拉伯联合酋长国（15.9%）等中东国家的总体税率均在 16% 以下。一些中东欧国家的总体税率同样处于较低水平，如克罗地亚（20.9%）、黑山（22.2%）、波黑（22.6%）和保加利亚（27%）等国，全球 39 个代表个人所得税情况如表 8-9 所示。

表 8-9　　　　　　全球 39 个代表国家个人所得税情况　　　　　　单位：%

国别	个税	国别	个税	国别	个税
瑞典	61	澳大利亚	42.5	菲律宾	32
芬兰	53.5	斯洛文尼亚	41	塞浦路斯	30
法国	52.1	希腊	40	巴西	27.5
新西兰	52	英国	40	新加坡	20
丹麦	51.5	南非	40	巴基斯坦	20
澳大利亚	50	匈牙利	38	格鲁吉亚	19
日本	50	泰国	37	俄罗斯	13
德国	47.5	爱尔兰	37	保加利亚	10
加拿大	46.4	韩国	36.3	马其顿	10
美国	45.5	阿根廷	35	安道尔	0
中国	45	土耳其	35	阿拉伯联合酋长国	0
西班牙	43	印度尼西亚	35	列支敦士登	0
瑞士	42.6	印度	34	摩纳哥	0

在传统意义上认为较为富庶的西欧地区，既包括税率较低的卢森堡（20.8%）、丹麦（25%）、爱尔兰（26%）、瑞士（28.8%）、冰岛（30.1%）和英国（30.9%），也包括实际税率较高的芬兰（38.1%）、挪威（39.5%）、葡萄牙（39.8%）和荷兰（40.4%）。德国（48.9%）、西班牙（49%）和瑞典（49.1%）的总体税率均接近 50%，超过 50% 的有捷克（50%）、希腊（50.7%）、奥地利（51.6%）和比利时（58.7%），意大利和法国竟高达

62%和62.8%。在发达经济体中,总体税率最低的是新加坡(19.1%)和加拿大(21%)。

另外,根据经合组织数据(见表8-10),比起上述总体税率,一些国家的名义企业所得税率显然较低,如德国,其名义企业所得税率仅为15.83%,瑞典也仅为22%,但他们的总体税率都比较高。在经合组织成员中,名义企业所得税率最高的国家是美国(35%),其次为法国(34.43%)、比利时(33%)、澳大利亚(30%)等国,最低的则是瑞士(8.5%)、匈牙利(9%)和爱尔兰(12.5%)。但是由于有许多国家在其他税种方面有征税,如西方国家主流的遗产税和房产税,导致实际税负差异完全有别于名义税率。

所以在哪里进行资产配置、配置什么资产都无法避免征税的问题,而寻求最优的避税效应,也是当今资产配置的关键话题。

表8-10 世界主要国家资产涉税对比表

国别	房产税	遗产税	企业所得税	个人所得税
中国	0	0	25%	3%~45%
新加坡	10%~20%(非自住)0~16%(自住)	0	17%	2%~22%
萨摩亚	0	0	0	0
美国	0.31%~3%	40%	15%~38%	10%~39.6%
澳大利亚	0	0	27.5%	19%~45%
加拿大	0	0.6%~0.9%	25%	15%~29%
葡萄牙	0.3%~7.5%	10%	17%~21%	0~48%
塞浦路斯	0	0	12.5%	0~35%
英国	0.4%~0.7%	40%	20%	20%~45%
芬兰	0.5%~1%	10%~16%	20%	6.5%~29.75%
德国	0.6%	7%~50%	15%	15%~45%
意大利	0.4%~0.7%		33%	23%~43%
韩国	0.6%~3.5%	10%~45%	10%、22%	6%~38%
新西兰	0	0	28%	10.5%~33%
马来西亚	5%~30%	0	20%~25%	1%~28%
菲律宾	2%	5%~20%	30%	5%~32%

并非世界上每个国家都有与美国一样的复杂税制。企业和个人所得税的改革导致国际水平的税率降低。除了税收层面之外,还实施了简化税制。很多国

第八章
家族跨境资产配置意愿与影响因素

家采取了很多解决高税率的方法，让公司和个人（不包括富含石油的国家）得到实惠。下面是全球税率最低的 10 个国家（见表 8-11）。

表 8-11 　　　　　　　　　　全球税率最低国家和地区 top10

NO1	开曼群岛	开曼群岛实行 0 的国内税收。不需缴纳税款，政府的唯一来源依靠进口关税和各种印花税
NO2	巴哈马	巴哈马的所得税税率为 0。他们也免除了最初的 5 万美元物业税评估值。关税和关税是他们政府收入的主要来源
NO3	危地马拉	危地马拉目前的个人所得税税率为 7%，而 2008 年为 31%。然而，公司税率为 25%，销售税率为 12%
NO4	保加利亚	保加利亚对所有个人收入征收 10% 的固定税。保加利亚公司的税率是较低的 10%。出于这个原因，他们吸引了很多新的业务
NO5	玻利维亚	由于其他形式的税收，玻利维亚 13% 的固定所得税税率可能会产生误导。奢侈品，如汽车，酒和香水的税率从 18% 到 50% 不等。还有一项增值税税率为 13%
NO6	立陶宛	立陶宛对所有个人收入征收 15% 的固定税。还有为住房，教育，搬迁和生活费用增加提供的税收抵免。这个国家通过实施 21% 的增值税来弥补低税率，并允许一些降低的税率
NO7	罗马尼亚	罗马尼亚的所得税税率为 16%。他们的公司税率也是 16%。这是从 1995 年企业税率为 38% 时的显著下降。但是，公司的社会保障率为 23.45% 和 16.5% 的工作人员
NO8	乌克兰	乌克兰的所得税税率为 18%。在特殊情况下（军事活动），也可能会征收 1.5% 的临时税。大部分资本利得税以 1.5% 的税率征税
NO9	新加坡	新加坡在确定其个人所得税时采用浮动收入标准。超过 32 万新元的任何收入均按 22% 计算，而低于 22000 新元的任何收入均享有 0% 的税率。新加坡没有遗产税或资本利得税。企业所得税税率为 17%
NO10	拉脱维亚	拉脱维亚的个人税率为 23%。根据收入类型可以有一些豁免。公司的税率和个人资本收益税均为 15%

4. 汇率

跨境资产配置第 4 个关键因素是汇率。汇率问题关系到跨境资产变现以及货币转换的收益或损失。这种汇率导致的损益是不可以被忽视的。因为目前主要的支付和结算货币多采用美元，所以笔者以美元为标准，展现部分年份各国货币兑换美元的汇率（见表 8-12）。

表 8-12　　　　　　　　世界主要经济体货币对美元汇率

年份	澳大利亚	加拿大	日本	韩国	瑞典	英国	巴西	中国	印度	俄罗斯
2016	1.3453	1.3254	108.8027	1160.589	8.5564	0.7409	3.4905	6.6445	67.1953	67.0559
2015	1.3309	1.2783	121.0023	1131.309	8.4293	0.6545	3.3269	6.2275	64.1519	60.9376
2014	1.1094	1.1047	105.8475	1053.064	6.8599	0.6074	2.3529	6.1434	61.0295	38.3782
2013	1.0364	1.0301	97.5981	1094.926	6.513	0.6398	2.1561	6.1958	58.5979	31.8371
2012	0.966	0.9992	79.8136	1125.935	6.7689	0.6311	1.9531	6.3123	53.4372	30.8398
2011	0.9692	0.9891	79.7067	1107.302	6.4892	0.6238	1.6728	6.4615	46.6705	29.3823
2010	1.0902	1.0302	87.7606	1155.431	7.2022	0.6475	1.7592	6.7703	45.7258	30.3679
2009	1.2822	1.1414	93.5716	1274.947	7.6526	0.6413	1.9994	6.8314	48.4053	31.7404
2008	1.1975	1.0676	103.3881	1100.862	6.5971	0.5457	1.8338	6.9486	43.5052	24.8529
2007	1.1952	1.0743	117.7551	929.4504	6.7577	0.4998	1.9471	7.6075	41.3485	25.5808
2006	1.3279	1.1343	116.3544	954.748	7.3733	0.5434	2.1753	7.9734	45.307	27.191
2005	1.3128	1.2117	110.1333	1024.226	7.4739	0.5501	2.4344	8.1943	44.10	28.2844
2004	1.3592	1.3011	108.1469	1145.197	7.346	0.5457	2.9251	8.2768	45.3165	28.8137
2003	1.5415	1.4004	115.9363	1190.959	8.0782	0.6123	3.0775	8.277	46.5833	30.692
2002	1.8413	1.57	125.2549	1251.045	9.721	0.6665	2.9204	8.277	48.6103	31.3485
2001	1.9354	1.5484	121.4838	1290.41	10.3384	0.6943	2.3496	8.2771	47.1864	29.1685
2000	1.7265	1.4851	107.8347	1130.64	9.1606	0.6606	1.8294	8.2785	44.9416	28.1292

汇率上可以看出1美元兑换各国货币的数量关系，但是汇率的变动走势并不明显，我们进一步制作成汇率变动如图8-12所示。

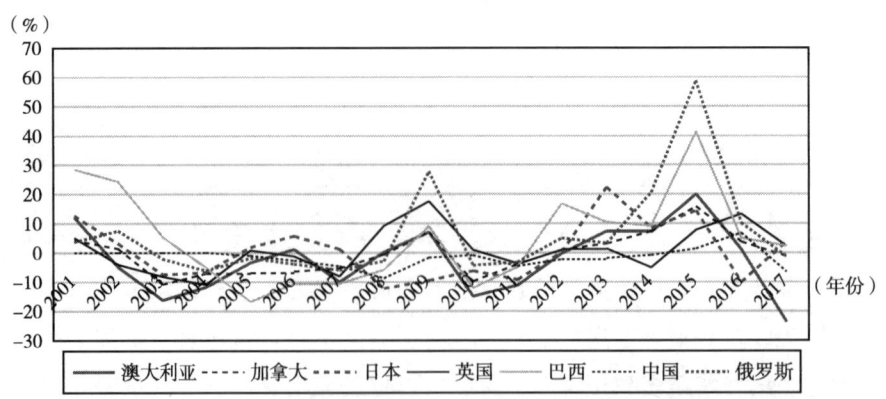

图 8-12　世界主要经济体货币相对于美元汇率走势

从图 8-12 可以看出，各国汇率波动较明显，俄罗斯卢布和澳元兑美元的汇率变化最大，澳元在 2000~2005 年、2016~2017 年具有最大的跌幅，一度达到 50%；而俄罗斯卢布在 2013~2015 年兑美元有最大涨幅，接近 60%；而随之而来的是大幅的贬值，几乎下跌 60%，并有进一步下跌的可能。相对而言，人民币则波动较小，年度最大最小平均汇率波动都在 8% 以内，呈现了较为稳定的走势。

当然，影响家族资产跨境配置的因素还有很多，如政治因素、经济环境、文化差异、宗教、空间距离、自然风光等，但是这些因素多数会反映在风险或者收益当中，在此部分不再详细描述。

二、跨境配置的限制因素

（一）外汇管制

从 2017 年 7 月 1 日开始，中国外汇政策加强外汇管制，中国人民银行发布的《金融机构大额交易和可疑交易报告管理办法》（以下简称《办法》）将正式施行。国家并没有因为外储的回升而放松对外汇的管制。主要的管制政策如下：

1. 外汇限制主要内容

（1）每人每天只能换等额 5 万元人民币的美元和其他外币。按照当前汇率约为 7100 美元，超过额度要申报。

（2）跨境汇款 1 万美元及等值外币都需要向上申报，5 万美元分 5 次在不同单日汇出。

（3）个人银行账户与其他的银行账户当日单笔或者累计交易人民币 20 万元以上（含 20 万元）、外币等值 1 万美元以上（含 1 万美元）的跨境款项划转，需提交大额交易申报。首先，是对换汇目的进行严格审查和过滤，控制极少数情况才可以换汇。

（4）新规规定，从 2017 年 1 月 1 日起，无论柜台或是网上银行办理购汇，均需要填写《个人购汇申请书》，对个人购汇用途进行更详细的调查。

允许的个人经常项目下的购汇用途包括：因私旅游、境外留学、公务及商务出国、探亲、境外就医、货物贸易、非投资类保险、咨询服务及其他共 9 大项。需要注意地是，在填写购汇用途时，"预计用汇时间"填报项为必填项，

填写预计使用购汇资金的日期。

在此之前,个人去银行购汇,并不需要说明自己究竟打算何时使用所换的外汇。同时,再填写个人购汇用途时,只能单选,个人应根据实际用途勾选购汇用途项目,并完整填写所勾选项目涉及的全部细项。个人一次购汇存在多种用途的,应按金额从大原则填报。如果你的个人实际用途不在《申请书》明确列明的八项购汇用途项目之内的,应勾选"其他"项,并详细说明交易对方名称、具体购汇项目、交易所需金额/币种等事项。

2. 诸多购汇禁忌

根据最新的个人购汇说明书,境内个人在办理个人购汇业务时的六项禁止行为,分别是:

(1) 不得虚假申报个人购汇信息;

(2) 不得提供不实的证明材料;

(3) 不得出借本人便利化额度协助他人购汇;

(4) 不得借用他人便利化额度实施分拆购汇;

(5) 不得用于境外买房、证券投资、购买人寿保险和投资性返还分红类保险等尚未开放的资本项目;

(6) 不得参与洗钱、逃税、地下钱庄交易等违法违规活动。

对于存在违规行为的个人,国家外管部门会依法将其列入"关注名单"管理。而如果被列入"关注名单",个人当年及之后两年不享有个人便利化额度,同时依法移送反洗钱调查。如果违反规定办理个人购汇业务,相关信息将依法被纳入个人征信记录!

外管新规主要从两个方面考虑:一是境内通过控制现金交易额度加强反洗钱和反恐,甚至反腐败(大额现金的存取将很不方便,而转账方式必然留下痕迹);二是在一定程度上控制了外币跨境流出,对缓解人民币对美元贬值起到一定作用。

不过无论如何,这样的规定对于海外房地产买家来讲,都是一种打击。尤其是对出国留学,此前在中国向境外汇款购汇额度的5万美元可以同日一次完成,而现在为了避免被"大额交易报告",必须要分6次才能完成5万美元(每次最多9999美元)。对留学生家长换汇后自由缴纳学费,家长赞助毕业后留在国外工作的留学生投资置业,以及各种移民行为显然设置了障碍,"蚂蚁搬家"式的把资金汇往境外将更加困难!如果学费或生活费超过5万美元,还

第八章
家族跨境资产配置意愿与影响因素

需要提供境外学校录取书、学校相应年度或学期的学费或生活费证明等文件。除留学外，如海外保险等其他类别也需要提供完整的资料证明。

其次是对换汇人员的关系进行控制，增加"关注名单"。根据《申请书》，如果违法违规套汇，除了可能被列入"关注名单"，此后两年都取消了 5 万购汇额度外，还可能面临逃汇金额 30% 左右罚款，以及 5 万元以下罚款。

除此以外，还对换汇和转款环节的金额进行了严格把控。将大额现金交易的人民币报告标准由 20 万元调整为 5 万元，对跨境资金交易，金融机构应当报送大额交易报告。这意味着，新政实施后，跨境汇款 1 万美元及等值外币都需要上报。截至 2018 年 1 月，个人境外直接购置资产的方式已经基本不可行。

（二）专业限制与运作成本

由于法律、环境等信息差异，跨境资产配置一般需要专业的团队进行，这些团队以资产管理公司的形式存在。例如海外买房，一般需要支付高昂的中介费用和法律咨询费用等；海外股权配置成本则更高；再有就是以基金形式进行海外资产配置，需要较高的运作成本。

关于基金的费率并非仅仅管理费与托管费，还有其他隐性费用。根据基金梦工场的总结，基金共需要缴付 12 种费用，如图 8-13 所示。基金费用分为显性费用与隐性费用，例如申购赎回费、转换费、管理费、托管费这些体现在基金费率表格中的都是显性费用，但是交易费用、结算费用、信息披露费用这些都是隐性费用，在隐性费用中估计 90% 以上都是交易费用。

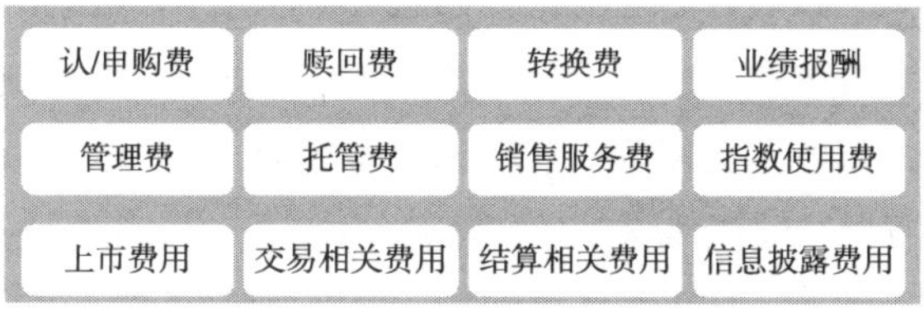

认/申购费	赎回费	转换费	业绩报酬
管理费	托管费	销售服务费	指数使用费
上市费用	交易相关费用	结算相关费用	信息披露费用

图 8-13 12 项基金管理费用

以基金成本由低到高排序，货币基金成本最低约为 0.3%~0.55%，指数基金（ETF/LOF 低于传统指数基金）成本约为 0.6%~1.5% 左右，混合型基金与股票型基金成本约为 1.8%~2.5% 左右，有些 QDII 基金的运营成本高达 2% 以上。例如年化收益 10%，仅需要 7 年收益率翻倍，如果运营成本为 2%，年化收益降低为 8%，则需要 9 年收益才能翻倍！

从资产配置角度,或许我们还需要大宗商品基金、Reits基金、贵金属基金、债券基金,但是这些基金的运行成本不是一般的高。目前国内个人投资者的佣金都在0.2‰左右。

(1) 大宗商品基金,以原油基金为例,从目前QDII基金跟原油走势,剔除汇率影响就是基金运行成本,通常在2%以上,原油跌的时候基金跌幅比原油跌的多,原油涨的时候基金涨幅比原油少。

(2) Reits基金,某基金公司发行以海外Reits为投资标的的QDII产品,查查海外Reits的分红率(税前)为6%~7%,结果基金成本就是每年成本2%,相当于你的房租一下打了6折。

能够覆盖1%~2%基金运行成本仅有投资股票基金(指数基金、混合基金、股票基金),而且还要进行大区间择时。除此之外,只能换外汇通过海外账户购买那些基金成本7万美元左右的指数基金了(股票、原油、黄金、REITs)。

第四节 中国家族资产跨境配置的倾向

一、中国家族跨境配置资产倾向

中国家族跨境配置的资产主要分为四类:①金融资产(含外汇);②保险;③房地产;④稀缺资源。具体的资产内容构成在前面章节已经有详细讲述。但就跨境配置而言,目前主要配置资产范围还是比较小。

REITs成为2017年全球资产中的明星,收益居各类资产收益之首,达到了15%左右。REITs全称为房地产信托投资基金,是房地产证券化的重要手段。从图8-14来看,全球大类资产在各个区域上的表现分化严重,2017年日本和英国的股市走弱,尤其是英国受脱欧的影响,存在较大的不确定性;美国的各类资产收益当中,除债券收益平平之外,其他大类资产走势都很好,股票、小盘股、企业债、大盘股等都取得了7%左右的收益;新兴市场债券也取得了不错的表现。图8-14是全球有统计数据的大类资产情况,下面我们来分析目前中国家族主要配置的大类资产。

第八章
家族跨境资产配置意愿与影响因素

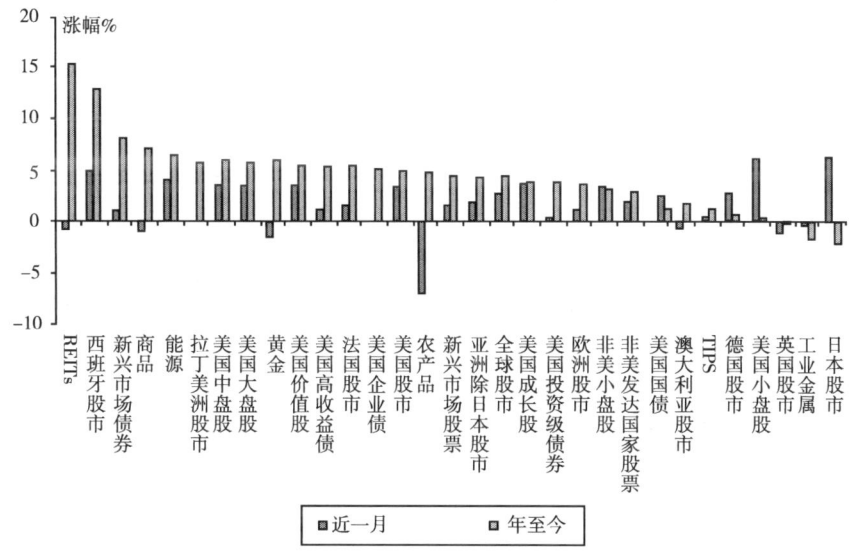

图 8-14　2017 年全球主要国家大类资产税前收益表现

（一）股票资产

股票资产相对看好发达市场；日本股市表现一直平平；美股自然是首选，美股盈利增长支持股指再次走高；美股估值相对较高，但还不至于泡沫；未来仍看好美国周期类股：可选消费、信息技术、工业；欧洲股市也不可忽视、可以适度增加新兴市场股票资产配置，但未到大幅增持的时机；在流动性边际趋紧的背景下，成长股将依据业绩可兑现程度出现分化：医疗保健、电信服务、能源；新兴市场短期偏防御类，逐步转向周期类。

（二）固定收益债券

美债与德债收益率缓步上行；超配欧元区边缘国债；新兴市场美元计价债券具有相对价值。值得一提的是，美国的国债收益一直高于其他市场，在固定收益产品的选择上可以考虑。

（三）外汇

适当的持有外汇，可以对冲一定的通胀风险。看好美元、加元等货币，看空欧元、日元，尤其是英镑，受到英国脱欧的影响，而且英国脱欧的进展缓慢，各项措施都存在不确定性，使得英镑的汇率必然产生较大波动。另外根据历史规律，新兴市场货币以及贸易依赖性强的拉美经济体货币容易受到美元加息影响，历史上发生过巨大的贬值，建议慎重配置。

（四）私募股权

私募股权已经成为资产配置的明星产品，耶鲁基金在过去的20年依靠大胆的私募股权配置，收益率完胜伯克希尔公司。随之而来的是大批的跟随者。配置私募股权已经成为投资组合的重要手段。目前来看欧美及新兴市场的回报较为可观，但是新兴市场的风险较大，政策不确定性仍然需要谨慎。关注政治风险和市场风险。

（五）房地产

房地产在全球市场上的表现都可圈可点，中国家族对房地产的热衷程度也是全球之最。2015年美国房地产市场的销售额当中，中国消费者做出了30%的贡献。日本、美国、加拿大、英国、EAFE（欧洲、澳大利亚）等地区、新兴市场都出现了中国人聚集的区域。

（六）保险

可根据家庭财务状况、生命周期和人生目标，先大人后小孩地综合规划家庭保障计划。香港特区是相对来说比较理想的"出境"第一站。香港特区金融业连通中西市场、经济制度发达。以香港特区为依托，投资全球，是高净值人士的重要选择。尤其香港特区保险具备费率低、收益高、美元货币和覆盖广的优势，获得保障的同时，也对资金进行了全球配置。

二、我国家族资产跨境配置区域倾向

中国家族主要资产配置区域当前主要集中在发达国家，以美国、加拿大、英国、澳大利亚等发达经济体为主，也不乏新兴国家。随着配置资产的不同，选择的区域也会有所差异。中国家族在跨境资产配置区域选择的过程中，也在不断地丰富自己的投资经验和刷新着跨境资产配置的认知。

从大类资产的配置区域选择来看，依然以发达经济体为主（见表8-13）。新兴市场的兴起，资产配置区域又多了很多选择，如新加坡、马来西亚、中东、拉美等地区。

表 8-13　　主要大类资产境外配置区域选择

序号	资产大类	配置地区
1	现金	中国香港、美国、加拿大、英国 人民币仍处于单边升值通道，不推荐日元
2	债券	美国、加拿大、英国、EAFE（欧洲、澳大利亚、远东）等地区、新兴市场（中东、拉美地区）
3	股票	中国香港、美国、加拿大、英国、中东、拉美地区
4	私募股权	中国香港、俄罗斯、日本、美国、加拿大、英国、中东、拉美地区
5	大宗商品	美国、欧洲
6	贵金属	美国、欧洲国家、中东、远东、拉美地区
7	房地产	中国香港、日本、美国、加拿大、英国、EAFE（欧洲、澳大利亚、远东）等地区、新兴市场（中东、拉美地区）
8	艺术品	不限

前面我们介绍了主要大类资产的配置种类和区域的倾向。这些大类资产和配置区域在中国家族不断的投资过程中，逐渐地形成良好的投资氛围，并产生了相应的服务环境和文化环境，服务于中国家族的财富管理机构、理财产品不断涌现和创新。可以预见，在将来中国家族可以便利地进行跨境资产配置活动，不受文化教育水平的限制。

第九章 资产跨境配置工具与运作

家族在进行跨境资产配置的过程中,除了收益和风险等因素之外,仍然存在着诸多的限制,在前文已经提到,其中资金管制对直接进行跨境配置限制最大。于是选用适当的工具就成为首要策略。本章介绍跨境资产配置的工具和配置运作。

第一节 资产跨境配置工具

目前最主要的配置工具包括基金、保险、信托。其中基金和信托是比较传统和主流的跨境资产配置工具,随着保险产品的丰富和功能的增强,保险也逐渐成为跨进资产配置的主要工具,下面我们进行具体介绍。

一、基金

随着经济发展和国内金融市场改革开放,全球化资产配置逐渐受到国内投资者关注。中国证监会颁布《合格境内机构投资者境外证券投资管理试行办法》,规定符合条件的境内基金管理公司和证券公司,经中国证监会批准,可在境内募集资金进行境外证券投资管理。这种经中国证监会批准可以在境内募集资金进行境外证券投资的机构称为合格境内机构投资者(qualified domestic institutional investor, QDII),QDII 是在我国人民币没有实现可自由兑换、资本项目尚未开放的情况下,有限度地允许境内投资者投资海外证券市场的一项过渡性的制度安排。目前,除了基金管理公司和证券公司外,商业银行等其他金融机构也可以发行代客境外理财产品,但我们这里主要涉及的是由基金管理公司发行的 QDII 产品,即 QDII 基金。QDII 基金可以人民币、美元或其他主要外汇货币为计价货币募集。QDII基金拓宽了境内投资者的投资渠道，使投资者能够真正实现自己的资产在全球范围内进行配置，在进一步分散风险的同时充分享受全球资本市场的发展成果。

（一）QDII 基金分类

按照发行机构不同，主要有银行发行和基金公司发行两大类。两者在投资范围、投资门槛、投资管理能力等方面有所不同（见表9-1）。

表9-1　　　　　　　　QDII 基金收益 top20 表

序号	代码	名称	单位净值	1年	2年	3年
1	000075	华夏恒生 ETF 联接现汇 QDII	1	6.66%	20.13%	26.32%
2	000076	华夏恒生 ETF 联接现钞 QDII	1	6.66%	20.13%	26.32%
3	000948	华夏沪港通恒生 ETF 联接 A	1	2.84%	14.41%	20.67%
4	000071	华夏恒生 ETF 联接 QDII	1	2.76%	14.43%	22.57%
5	000593	易方达标普消费品指数现汇	1	10.30%	25.05%	28.37%
6	000989	嘉实全球互联网股票现汇	1	9.18%	28.67%	38.96%
7	000990	嘉实全球互联网股票现钞	1	9.18%	28.67%	38.96%
8	000055	广发纳斯达克 100 现汇 QDII	1	8.87%	23.73%	32.68%
9	000044	嘉实美国成长股票现汇 QDII	1	7.87%	18.17%	23.44%
10	000934	国富大中华精选混合 QDII	1	7.07%	25.57%	36.58%
11	000049	中银标普资源等权重指数	1	6.04%	11.18%	24.11%
12	000988	嘉实全球互联网股票 QDII	1	5.68%	23.18%	35.72%
13	000043	嘉实美国成长股票 QDII	1	4.40%	13.12%	20.47%
14	000906	广发全球精选股票现汇 QDII	1	3.83%	17.64%	22.24%
15	000834	大成纳斯达克 100 指数 QDII	1	3.49%	14.39%	22.97%
16	000927	博时亚太精选股票现汇 QDII	1	1.96%	13.78%	15.31%
17	001065	华夏海外收益债券现汇 QDII	1	-0.22%	3.45%	7.40%
18	001066	华夏海外收益债券现钞 QDII	1	-0.22%	3.45%	7.40%
19	000370	广发全球医疗保健现汇 QDII	1	-0.46%	5.05%	6.32%
20	000341	嘉实新兴市场债券（QDII）C2	1	-1.26%	1.90%	5.10%

按照投资对象不同，主要分为货币型、债券型、股票型、基金型、固定收益型、衍生品型。如表9-2所示。

表9-2　　　　　　　　QDII基金按照投资标的分类

序号	分类	对象	代表
1	债券型	政府债券、公司债券、可转换债券、住房按揭支持证券、资产支持证券及国际金融组织发行的证券	华夏海外收益债
2	货币型	银行存款、可转让存单、银行承兑汇票、银行票据、商业票据、回购协议、短期政府债券等货币市场工具	博时亚太精选股票现金
3	基金型	在已与中国证监会签署双边监管合作谅解备忘录的国家或地区证券监管机构登记注册的公募基金	上投全球多元配置
4	混合型	与固定收益、股权、信用、商品指数、基金等标的物挂钩的结构性投资产品	上投摩根天然资源混
5	衍生品型	远期合约、互换及经中国证监会认可的境外交易所上市交易的权证、期权、期货等金融衍生产品	嘉实原油（QDII-LOF）
6	股票型	与中国证监会签署双边监管合作谅解备忘录的国家或地区证券市场挂牌交易的普通股、优先股、全球存托凭证和美国存托凭证、房地产信托凭证	易方达恒生综合小型股QDII

最初的QDII基金多为股票基金，随着国际市场的接轨，QDII基金产品线以及逐渐拓宽，除了大家所熟悉的偏股型产品；投资者可以精选品种，充分分享各个领域带来的投资机会（见表9-3）。

表9-3　　　　　　　　截至2017年年末207只QDII基金情况

截至2017年年末207只QDII基金分类数量													
股票型93						债类55	混合型34		另类投资25				
被动型指数相关62				普股增强					宏观型14			其他11	
恒生指数17	标普指数20	纳斯达克13	道琼斯4	其他指数8	股票基金28	增强指数3	债券型55	普通混合32	平衡混合2	原油6	黄金4	抗通胀2	商品2	REIT5	股票多空3	其他3

第九章
资产跨境配置工具与运作

（二）QDII 基金投资方式

QDII 基金的模式和制度框架与普通证券投资基金基本一致，可以用外币和人民币进行投资。一般选择固定的基金管理机构进行配置。但由于 QDII 基金主要投资于境外市场，面临地区时差、交易规则差异以及跨境资金划拨等问题，QDII 基金在基金净值披露时间、申购赎回确认时间、管理费和托管费水平、赎回款到账时间、开放日等方面也有一些差异：

（1）基金净值的披露时间。由于时差问题，境外有些证券市场收盘时已是我国夜间甚至凌晨，因此基金管理人一般在 T+1 日计算下日的 QDII 基金净值，并于 T+2 日公告，较普通基金推迟一天。

（2）申购、赎回的确认时间。基金管理人一般于 T+2 日对申购、赎回申请的有效性进行确认，投资者 T+3 日可以查询结果，较普通基金推迟一天。

（3）管理费和托管费水平。QDII 基金进行境外投资，运作复杂，难度较大，且还要聘请境外投资顾问以及境外托管银行，因此 QDII 基金的管理费率、托管费率一般略高于同类普通基金。例如，普通股票型基金的管理费一般为 1.5%，托管费一般为 0.25%；而 QDII 基金的管理费一般为 1.8%，托管费一般为 0.3%。

（4）赎回款到账时间。由于涉及跨境资金划拨，QDII 基金的赎回款一般自接受有效赎回申请之日起 10 个工作日内支付，有时还要考虑到境外证券市场的交易时间。

（5）开放日。普通基金的开放日一般为我国证券市场（上海、深圳证券交易所）的交易日，而 QDII 基金在遇到所投资的主要境外证券市场暂停交易时也会相应暂停基金的申购赎回，具体规则投资者可以参考各 QDII 基金的招募说明书。

（三）特色 QDII 基金之跨境 ETF

综合考虑成本、投资便利性等因素，通过跨境 ETF 投资境外股市是现阶段最便利、最具效率的方式。一方面，与直接境外开户投资个股相比，跨境 ETF 受外汇管制影响较小，资金进出相对自由；另一方面，与投资一般 QDII 基金相比，跨境 ETF 的买卖交易更为便利，交易成本更低。

1. ETF 概念

所谓跨境 ETF，是指以境外资本市场证券构成的境外市场指数为跟踪标的，在国内证券交易所上市交易的交易型开放式基金。简单而言，跨境 ETF 就是"跟踪境外指数，境内上市交易"的 ETF 产品。1996 年 3 月，摩根士丹利、巴克莱全球投资银行与美国证券交易所联合推出世界上第一只跨境 ETF：WEBS。2000 年 5 月，WEBS 发展成为著名的 MSCI 市场指数系列产品。这一系列跨境 ETF 在当时就包含了投资于澳大利亚、英国、加拿大、法国、德国、意大利、荷兰、瑞典、瑞士、奥地利、西班牙、比利时、日本、马来西亚、墨西哥等单个海外市场的产品。2008 年以来，得益于投资者进行全球化资产配置的需求日益强烈，全球跨境 ETF 发展十分迅速。目前，跨境 ETF 已成为投资者进行全球资产配置的优良工具，深受全球投资者欢迎。截至 2017 年年底，全球跨境 ETF 资产规模超过 1.5 万亿美元。

跨境 ETF 产品具有全球化资产配置、费用低廉等优点。通过跨境 ETF，投资者可分散风险，降低集中投资于某国或某地区资产所导致的系统性风险。在分散投资风险过程中，投资者还可能因配置某一类或某一国家资产类别获超额收益。以先锋基金公司推出的新兴市场 ETF 为例，其资产规模自 2012 年以来迅速增长，截至 2017 年年底已超过 651 亿美元，逐渐成为投资者配置新兴市场的必备之选。

国内跨境 ETF 发展较晚，2012 年 7 月才首次发行相关产品——易方达恒生 H 股 ETF 和华夏恒生 ETF。截至 2017 年年末，沪深两市总计只有 9 只股票型跨境 ETF，管理规模为 125.4 亿元，在全部股票型 ETF 中的规模占比约为 5.8%。

从跟踪标的来看，上海证券交易所现有产品主要跟踪中国香港、美国、德国市场主要指数，其中有 6 只产品跟踪境外主流宽基指数，1 只跟踪行业指数。深圳证券交易所现有产品主要跟踪中国香港指数和美国市场主要指数。

目前，国内有 7 家基金公司管理跨境 ETF 产品。其中，易方达管理规模最大，规模占比超过 60%，华夏次之。跨境 ETF 产品平均费率为 0.62%，略高于股票型 ETF 的均值 0.51%。

从全球市场看，跨境 ETF 在海外市场规模占比稳定，资金持续净流入。这表明，投资者配置海外资产需求长期增长，在整体投资需求中占比稳定。跨境 ETF 将会伴随整体 ETF 而快速发展。从国内市场看，随着经济高速发展和投资理念变化，投资者进行全球化资产配置需求日益强烈。跨境 ETF 无疑会成为投资者性价比最高的投资工具。

2. ETF 基金的流程介绍（如图 9-1 所示）

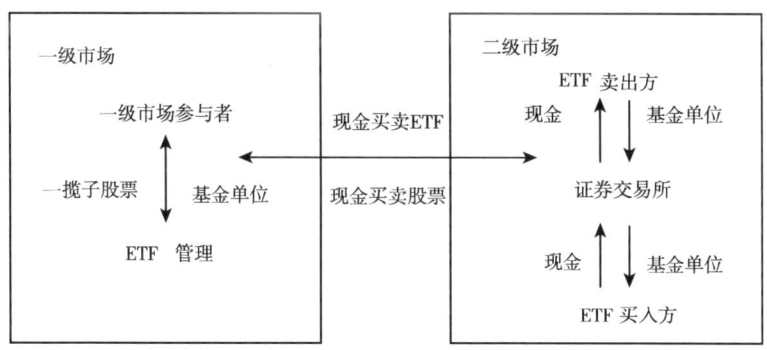

图 9-1 ETF 基金流程图

3. 国际上的三种 ETF 模式（见表 9-4）

表 9-4　　　　　　　　ETF 基金的设立模式对比表

项目	自主设立模式	联接基金模式	交叉挂牌模式
法律结构	上市地注册成立，受当地法规约束	上市地注册成立，受当地法规约束；基金中的基金	在境外注册成立，受上市地法规约束
投资组合构建	投资标的指数成份股或相关工具或基础成分股 + 较少的衍生工具	跟踪同一标的指数的境外 ETF 或：境外 ETF + 衍生工具	组合的构建与是否境外 ETF 无关，与注册地成立的 ETF 同享组合
分布	美国	加拿大	澳洲；新加坡；欧洲
投资成本 MER	MER 反映了其在当地上市及投资运作的费用	MER 在境外主基金（Master ETF）基础上再多收一层	MER 与其境外基金同；申赎模式可能成本增加
申赎模式	实物（In-kind）；现金（In-cash）；一篮子证券实际成本；–NAV + 买卖成本	现金（In-cash）	实物（In-kind）；现金（In-cash）；一篮子证券实际成本
优势	利于上市地监管、利于培育基金管理人投资、运营能力；跟踪误差、投资成本均由基金管理人控制	利于在上市地本地监管；简单易行的组合构建及投资操作	对于法规允许地区，为最简便快捷地引入境外投资工具的方法；成本与境外同

续表

项目	自主设立模式	联接基金模式	交叉挂牌模式
劣势	对本地基金管理人要求较高，必须具备海外投资、运作等管理能力	在主ETF基础上进行二次收费及管理，跟踪误差高	上市地本地监管困难；结算周期
共性	跨境ETF在流动性、折溢价、套利机制等方面的差异并不完全体现在三种模式上，而与时差、市场开放性、汇率波动性等有较大关系		
参考基金	iShares FTSE/Xinhua China25Index（US），FXI	宝来卓越50	澳大利亚上市的SPDR

（1）自主设立（primary-listing）模式。美国在上市的跨境ETF多为此类模式。在此模式下的特点是基金管理人募集资金后，根据标的指数自主构建投资组合，以达到跟踪标的指数的目的。其投资组合构成包括：标的指数基础成分股或成分股所对应的衍生工具以及少量其他避险、对冲衍生工具。自主设立模式下的跨境ETF可能以现金或实物的方式进行申购、赎回，而其现金申赎的对价模式在各地区，或同地区的不同ETF间又可能有所不同。

（2）联接基金（feeder fund）模式。此类跨境ETF同样必须在上市地注册并受上市地监管，基金管理人自行进行投资管理。但不同之处在于其投资的对象主要为境外跟踪同一标的指数的一只或多只ETF，或者以ETF＋其他基础成分股相关证券（衍生工具）的形式实现对标的指数的跟踪。联接基金模式下的跨境ETF通常以现金方式进行申购、赎回，对价模式通常为基金资产净值（NAV）。

（3）交叉挂牌（cross-listing）模式。此类跨境ETF通常已经在境外成立并正常运作，在上市地区不需注册成立；但在上市地法律法规的规范下，该ETF获准在上市地区销售及上市。相对于On-shore基金模式，此类跨境ETF由于实质上是境外基金，较难受到上市地当地监管机构的监管。在"交叉挂牌"（cross-listing）模式下出售、上市的跨境ETF，其在上市地区募集的资金与其境外正常运作ETF基金资产合并管理，"交叉挂牌"的跨境ETF自身可能作为境外基金的一个分级（share class），但并非独立投资主体。

4. 跨境ETF相对QDII基金的优势

（1）交易效率更高。此前投资者通过普通QDII基金配置美股，申购确认时间通常为"T+2"个交易日,而赎回确认时间则通常需要"T+10"个交易日,时间成本较高。QDII 指数 ETF 通过上市交易可以大幅提高投资美股的流动性,解决普通 QDII 基金赎回期过长的问题。该基金可以通过以下方式提高交易效率:①T 日买入,当日可赎回;②T 日买入,T+1 日可卖出,交易速度和 A 股股票一致,大大提高了美股交易速度;③T 日卖出,卖出款项实时可用;另外,该基金的申购赎回规则如下:①T 日申购,T+1 交收后确认,T+2 可赎回和卖出;②T 日买入,当日可赎回;③T 日赎回,赎回款 T+10 日内划往投资者账户。

(2) 交易成本更低。投资普通 QDII 基金需要交纳一定比例的申购、赎回费用。而 QDII 指数 ETF 可以在二级市场交易,没有申购、赎回费用,交易费用相对更低。

(3) 跟踪误差更低。QDII 指数基金风险控制目标是追求日均跟踪误差不超过 0.5%,年跟踪误差不超过 5%。而 QDII 指数 ETF 不需保留 5% 以上的现金,跟踪误差更小,工具特性更强,其风险控制目标是追求日均跟踪偏离度的绝对值不超过 0.2%,年跟踪误差不超 2%。

(4) 跨境 ETF 面临的风险。

①法律政策风险。跨境 ETF 规模受 QDII 额度限制,而份额申购的即时确认可能导致净申购超过外汇额度限制。在我国有 10% 涨跌停限制,而在国外没有。

②时差风险。由于全球市场存在时间差异,对于海外市场在国内市场收盘后发生的变动,国内 ETF 市场不能够及时反映出来,这将对投资者实现 T+0 的套利模式造成一定的困难,而且投资者收益也将存在一定的不确定性。

③管理与操作风险。基金公司可能由于在公司治理结构、内部风控、外部约束上的不足,而导致跨境 ETF 的运作风险。

④市场波动风险。海外市场体系发展较为成熟,涉及的金融衍生工具较多,因而市场容易出现牵一发而动全身的情况。由于 ETF 产品存在满仓操作、可控性低的特性,所以在金融市场大幅波动期间,ETF 产品的收益会较主动型投资的基金低,而且受市场波动性风险影响较大。

⑤第三方机构的服务风险。ETF 所持的资产托管于境外托管行,存在境外托管行挪用基金资金与证券的风险。

⑥汇率风险。跨境ETF产品以投资海外市场为主，而在海外市场的金融品种均以外币计价。如果所投市场的货币相对于人民币贬值，将对基金收益造成负面影响，而且外币对人民币的汇率大幅波动也将导致基金净值的波动幅度变大，进而导致投资者收益存在较大的不确定性。

（四）其他特色QDII基金

LOF基金，英文全称是"Listed Open-Ended Fund"，汉语称为"上市型开放式基金"。也就是上市型开放式基金发行结束后，投资者既可以在指定网点申购与赎回基金份额，也可以在交易所买卖该基金。上市开放式基金既可通过证券交易所发行认购和集中交易，也可通过基金管理人、银行及其他代销机构认购、申购和赎回。即是在保持现行开放式基金运作模式不变的基础上，增加交易所发行和交易的渠道。

不过投资者如果是在指定网点申购的基金份额，想要上网抛出，须办理一定的转托管手续；同样，如果是在交易所网上买进的基金份额，想要在指定网点赎回，也要办理一定的转托管手续。

1. LOF基金

（1）加快交易速度。开放式基金场外交易采用未知价交易，T+1日交易确认，申购的份额T+2日才能赎回，赎回的金额T+3日才从基金公司划出，需要经过托管银行、代销商划转，投资者最迟T+7日才能收到赎回款。LOF增加了开放式基金的场内交易，买入的基金份额T+1日可以卖出，卖出的基金款如果参照证券交易结算的方式，当日就可用，T+1日可提现金，与场外交易比较，买入比申购提前1日，卖出比赎回最多提前6日。减少了交易费用和加快了交易速度直接的效果是基金成为资金的缓冲池。

（2）提供套利机会。LOF采用场内交易和场外交易同时进行的交易机制为投资者提供了基金净值和围绕基金净值波动的场内交易价格，由于基金净值是每日交易所收市后按基金资产当日的净值计算，场外的交易以当日的净值为准采用未知价交易，场内的交易以交易价格为准，交易价格以昨日的基金净值作参考，以供求关系实时报价。场内交易价格与基金净值价格不同，投资者就有套利的机会。

2. RQDII

与QDII的区别主要体现在，RQDII以人民币资金投资于境外以人民币计价的产品。央行于 2014 年 11 月发布《中国人民银行关于人民币合格境内机构投资者境外证券投资有关事项的通知》，意在拓宽境内人民币资金双向流动渠道，便利人民币合格境内机构投资者的境外证券投资活动。

3. 合格境内有限合伙人

合格境内有限合伙人（qualified domestic limited partner，QDLP）允许注册于海外，并投资于海外市场的对冲基金，在获批的外汇额度内，向境内的投资者募集人民币资金，并将所募集的人民币资金投资于其海外母基金。QDLP 是上海市政府在国家相关部门支持下推出的投资海外对冲基金机制，试点总额度 50 亿美元。目前发展速度缓慢。

4. 合格境内投资者境外投资

合格境内投资者境外投资（qualified domestic investment enterprise，QDIE）是深圳前海发起的，允许满足条件的深圳市金融机构申请合格境内投资者境外投资试点资格。2015 年年初，南方基金旗下南方资本、招商基金旗下招商财富、长城证券旗下长城富浩基金和中诚信托子公司拿到了首批 QDIE 试点资格，首批试点额度为 10 亿美元，可以投资境外非上市公司股权、债权、对冲基金以及不动产、实物资产，投资范围扩大了许多。

（五）QDII 基金的配置要点

1. QDII 基金可分享全球市场投资机会

QDII 基金可以使投资者在全球证券市场寻找投资机会。全球市场来看，国内市场仍是一个相对较小的市场。数据统计，截至目前，国内股票市场总市值占全球股票市场的比例尚不足 5%。通过 QDII 投资海外，投资者可以通过更为广泛的资产配置，在继续投资国内的同时，分享更多市场的投资机会。同时，境外市场存在大量投资机会。许多境外资本市场估值合理，有的还存在高速成长的潜力。据研究，以美国为主的成熟市场长期以来为投资者带来了持续稳定的回报，比如美国市场 15 年的平均年化收益率为 8% 以上，其间跨越了科技股泡沫破灭带来的大熊市，这对于长期投资者来说是有吸引力的。同时新兴市场也为投资者带来了可观的收益，就单个市场来说，回顾过去 20 年，每年都可以发现一些表现出色的市场。过去几年，A 股市场一直缺乏机会，至 2007 年最高点 6124 后步入 7 年慢慢熊途，相比国内基金，QDII 基金整体较好，13 年 QDII 基金平均上涨 5.20%，其中权益类产品表现抢眼，特别是投向成熟市场和大众区域的QDII，平均收益率都达到10%以上，而相比同期A股主要指数上证指数和沪深300指数则分别下跌6.75%和7.65%；其全球市场资源配置的优势显露无遗，成为分散国内市场风险的亮点。

综上，对于投资者来说，QDII基金不仅可以使得投资者分享全球市场的上涨机会，也可以使投资者分散单一市场投资风险。过去几年，A股市场一直缺乏机会，系统性风险较大，而QDII基金通过全球化投资可分享全球投资机会，可以分散投资A股市场所面临的单个市场风险，提高风险调整后的投资回报水平。根据现代证券组合理论，投资者同时持有多种相关系数较低的证券资产，可以达到分散风险的目的。统计表明，我国股票市场与成熟海外市场的相关性并不高，走势相对独立，有利于分散风险。

2. 投资者在QDII品种中做出选择

（1）关注QDII基金投资的目标市场。QDII基金根据投资市场的不一样，风险收益也不一样，投资者在购买QDII基金时，应了解该基金主要投资哪些市场，这些市场的历史走势规律、经济发展状况、汇率变动情况等。大体上来看，按照证券市场发展程度，境外证券市场主要可以分为成熟市场和新兴市场两类。根据MSCI摩根士丹利资本国际公司的市场分类，成熟市场共包括23个国家或地区，主要代表是美国、欧洲、日本等；新兴市场共包括25个国家或地区，主要代表是韩国、南非、俄罗斯、巴西、印度等。根据QDII投资区域的不同，QDII基金的投资策略也不一样。就全球来看，成熟市场历史悠久，监管规范，股票表现也比较稳定，基金通过主动管理获得超额收益难度较大。而新兴市场历史较短，发展迅速，表现突出，但波动性也很大。

比较2005年1月到2016年1月11年间MSCI新兴市场指数、MSCI成熟市场指数和MSCI全球市场指数的表现，可以看到成熟市场指数与全球市场指数表现基本相同，其波动较小，相对稳定，但成长性较差，过去11年间MSCI成熟市场指数累计收益率为37.35%，远远低于期间MSCI新兴市场指数97.96%的涨幅。从成长性角度来讲新兴市场具有成熟市场无法比拟的巨大的发展潜力和吸引力。但我们不可忽视新兴市场的高增长所伴随的高风险。FTSE新兴市场的11年年化波动率为32.34%，高出MSCI成熟市场年化波动率（16.46%）近16个百分点。由于成熟市场市值在全球市场中占有绝对优势，新兴市场风险往往会被掩盖。结合前面的分析，对于投资者来说，选择成熟市场QDII和新兴市场 QDII 时可以遵循以下的逻辑：

首先，对成熟市场而言，市场已经相当完备，通过主动选股来获取超额收益已经相当困难，以美国本土为例，整体而言共同基金无法战胜指数。而对于我国 QDII 基金而言，由于在信息获取上的局限性以及海外投研能力的缺乏，进行主动投资战胜指数显得更加困难，从目前产品的结构上也可以看出，我国投资于成熟市场的 QDII 基金主要以被动指数型为主，我们也预计未来成熟市场产品指数化将将成为常态，对于成熟市场而言进行指数化投资更为合适，投资者在看好欧美等成熟市场的投资机会时，优先选择 ETF 和被动型指数基金。

其次，对于新兴市场而言，2013 年新兴市场持续下跌，波动性较大，产品管理人在仓位的控制上没有规避相应风险，导致主动管理型产品整体不如大盘指数；但我们长期来看，新兴市场尚未完全成熟，通过挖掘个股能够发掘出很多超额收益的机会，根据我国和印度的经验，长期来看共同基金指数的表现要远优于大盘指数，所以对于新兴市场而言，我们建议进行主动投资，选择择股能力较强的 QDII 基金，预计未来投资于新兴市场的主动管理型产品会逐渐增多。

综上，总体来看，对于主投成熟市场的 QDII 产品，未来可以更多地以资产配置为目的，进行被动化投资。而对于主投新兴市场以及大中华区域的 QDII 产品，长期来看，主动化投资更能控制风险、获取超额收益，建议投资者关注选股能力较强的品种，比如广发亚太精选和富国中国中小盘等。

（2）关注 QDII 基金的产品类型。不同类别的 QDII 基金，其投资方向、配置品种等多方面均存在差异，预期收益水平也不同。根据华泰证基金分类体系 QDII 基金有 5 大类（见表 9-5），分别为普通股票 QDII 基金、股票指数 QDII 基金、混合 QDII 基金、债券 QDII 基金和另类（主题类）QDII 基金。过去几年国内 QDII 基金多为股票基金，但近几年来，QDII 基金产品线逐渐拓宽，除了大家所熟悉的偏股型产品；投资者可以精选品种，充分分享各个领域带来的投资机会。

首先，债券型产品未来空间较大；近年来中国股市震荡走低，较低风险特征的固定收益类投资品种愈发受到欢迎，而境外债券市场规模极大，层次丰富，具有国内市场无法比拟的优势，而 QDII 债券基金为投资者提供间接投资海外债券市场的机会，进一步在全球范围内分散风险，这几年新发行 QDII 债

券型逐渐增多，截至目前已有 28 只 QDII 债券型基金可供投资者选择；但风险在于固定收益资产收益较低，汇率波动带来的损失影响较大。

其次，近年来，我们看到 QDII 基金主题化迅速发展，涵盖范围逐步延伸细化至黄金、房地产、高端消费、油气资源、农业和商品，在目前外汇管制、资本账户未完全开放的情况下，为投资者提供更多的投资工具。目前 QDII 基金的细分主题详见表 9-5。

表 9-5　　　　　　新型 QDII 基金按照主题分类

高端消费主题	
2000 年以来在新兴市场国家财富快速积累、中高收入群体扩大的基础上，全球高端消费销售持续增长，相关全球知名消费品股票，尤其是奢侈品股票利用自身品牌优势，行业壁垒高，定价能力强，竞争优势明显，其盈利水平保持两位数的增长。在通货膨胀的情况下，奢侈品还具有保值增值的特点。高端消费主题类 QDII 基金成分股多是投资者耳熟能详但在 A 股买不到的优秀股票，包括法国路易威登 LVMH 集团（Louis Vuitton Moet Hennessy）、瑞士历峰集团（Richemont）和法国巴黎春天 PPR 集团（Pinault-Printemps-Redoute）全球三大奢侈品生产集团的股票，以及酿酒商、汽车制造商、摩托车制造商、摄影、服饰、鞋业、赌场、酒店、娱乐度假、豪华游轮、特殊消费服务行业的股票。目前我国高端消费主题类 QDII 基金有 2 只，差别在于投资管理方式的不同，一只是主动管理的富国全球顶级消费品股票（QDII），另一只是被动管理的易方达标普全球高端消费品指数增强（QDII）	
房地产主题	黄金主题
房地产信托凭证（REITs）是一种海外成熟的不动产投资工具，以发行收益凭证的方式汇集投资者资金，由专业机构进行房地产投资经营管理，并大比例分配投资收益。REITs 投资范围很广，涉及写字楼、酒店、公寓、零售、仓储、工业设施、林场、综合类，以及医院、养老院、护理中心等医疗保健类。海外很多高质量地产项目都有 REITs，因其具备收入稳定、专业管理、分散投资、高分红、高流动性、高透明度等特征，受到了全球投资者的青睐。由于法律法规受限，我国投资者尚不能直接投资海外 REITs，但房地产主题类 QDII 基金提供了一个配置这种风险可控、收益稳定、高比例分红的避险投资工具。房地产（QDII）和广发美国房地产指数	黄金作为一种特殊的资产类别，集贵金属属性、金融属性和货币属性于一身，具有保值增值抗通胀的特点，在经济周期波动中具有良好的避险功能，同时与传统股票、债券等金融工具形成互补，可以达到进一步分散投资风险的目的。但黄金也存在投资门槛高、不易交割保管、缺乏流动性、难于变现等诸多不便。黄金主题类 QDII 基金主要投资于有实物黄金支持黄金 ETF，以及黄金股票基金（跟踪黄金股票指数的指数基金和 ETF 以及投资黄金采掘公司股票的基金）。其中黄金 ETF 将实物黄金属性和证券属性巧妙结合，是交易便捷、流动性高的黄金投资工具，是近年来国际市场上发展最为迅速的金融创新产品之一

续表

房地产主题	黄金主题
目前我国房地产主题类 QDII 基金有 4 只，分别为鹏华美国房地产（QDII-FOF）、诺安全球收益不动产（QDII-FOF）、嘉实全球。投资者在品种的选择上，主要投资国家所属的经济周期显得较为重要。在经济复苏和繁荣时期，可以选择写字楼、酒店、公寓等周期型 REITs 配置比例较高的房地产主题类 QDII 基金，而在经济下滑和衰退时期，可以选择医疗保健、仓储等弱周期型 REITs 配置比例较高的房地产主题类 QDII 基金，作为防御型避险工具	我国投资者通过直接投资黄金主题类 QDII 商品基金可以达到间接投资黄金、分散组合风险的目的。目前我国黄金主题类 QDII 基金有 4 只，包括诺安全球黄金（QDII-FOF）、易方达黄金主题 QDII-FOF-LOF、嘉实黄金（QDII-FOF-LOF）和汇添富黄金及贵金属（QDII-FOF-LOF）。投资者可以根据各只 QDII 基金黄金资产仓位和其他贵金属配置比例，并结合自身对未来金价预期进行筛选
油气类主题	商品主题类
一般意义上的油气主要是指石油和天然气两大能源产业，目前油气类的 QDII 基金共有 3 只，其中有两只是指数型基金，分别是华安标普全球石油和华宝兴业标普油气，跟踪的标的依次是标普全球石油净总收益指数、标普石油天然气上游股票指数。而诺安油气能源基金是一只 FOF 型的 QDII 基金，比较基准为标普能源行业指数。在具体选择时，投资者可以按照自己的风险承受能力和特点进行选择。如果投资者的风险承受能力较强，可以选择华宝兴业标普油天然气上游指数基金，如果风险承受能力较小，可以选择华安标普全球石油指数基金或是诺安油气能源基金。如果投资者对油价比较了解，择时能力较强，则可以选择指数基金进行操作，如果投资者对油气资产不太了解，那么主动管理型的诺安油气能源基金是一个比较好的选择。应该说，三只基金各有特点，同时推出也给了投资者更多的选择	此类 QDII 基金的投资范围并不受限于单一品种的大宗商品，而是综合投资于包括贵金属、农产品、油气能源等在内的各类大宗商品。目前为止，该类 QDII 基金共有 7 只，分别是招商全球资源股票、银华抗通胀、博时抗通胀、信诚全球商品、上投全球天然资源、国泰大宗商品和交银全球自然资源。但国内大宗商品基金出现较晚，大宗商品 QDII 基金各具特色。目前，市场上投资于农产品类的 QDII 基金只有广发旗下的全球农业指数基金，该基金以有效跟踪标普全球农业指数为目标，该指数选取全球最大的 24 家农业领域的上市公司组成，这些公司是在农业产业链中具有竞争优势的龙头企业，包括垄断资源的化肥企业，农业基因工程公司，受益于消费的品牌食品生产厂商和农业装备的制造商等，是全球农业领域比较有代表性的投资指数

（3）关注 QDII 基金管理人的能力。基金管理人及境外顾问的全球投资和管理水平以及风险控制能力也是决定 QDII 基金投资收益的关键因素。建议投资者选择资产管理规模较大，有较为丰富海外投研经验的基金公司的 QDII 产品，同时基金经理的主动管理能力以及历史业绩也是较为重要的衡量指标。

（4）其他因素。在购买 QDII 基金时，还要比较不同基金产品的认购起点、费率水平、申购赎回规则及相关服务等。

二、境外保险

境外保险因品种和偿付方式越来越多样化，使得境外保险越来越具有理财特性。于是在境内购汇和境外支付限制的约束下，保险反而成为海外资产配置的有效工具。甚至人寿保险，这个曾经令人避之唯恐不及的"晦气"保障，渐渐也成为中国人新的投资和保障手段。近水楼台的香港特区成为首选投保地。内地游客扎堆去香港特区买保险。一家英国保险公司的香港特区代办告诉"beyondbrics"网站，几乎所有客人都来自内地，而保险公司也开始大量招募在香港大学毕业的内地人，希望进一步推动业务发展。

（一）中国香港保险介绍

香港特区的保险公司没有在内地销售人寿保险的资质，因此只能由客户前往香港特区签署保单。随着越来越多的内地人了解到离岸保险的好处，每到内地游客集中赴港的日子，香港银行和保险公司的门口就会像奢侈品商店一样，排起长队。香港特区从2005年开始统计内地游客购买保险的数据，除了2010年受经济危机影响出现过小低谷外，2011~2017年，内地游客对香港保险行业的贡献一直持续增长。

英国《金融时报》引用中国香港保险业监理处数据称，2006年内地访客在港购买了21272张保单，占当年香港新售保单的2%；2016年，内地游客在香港购买人寿保险和各类年金的支出为56亿港元（约合人民币46亿元），在香港全部保单中占37.5%。2016年，香港新售保单212万张，其中内地访客购买了近47万张，占比23.4%；2017年上半年，这一比例急速攀升到25.4%。

（二）境外保险的优势

在美国、日本、英国、澳洲等国家，保险本身就是有效的财富管理工具。保险产品在几百年的发展历程中，功能已经变得相当完善，不再局限于单纯的身故赔偿。凭借保险，可以帮助客户实现不同的人生目标。距离我们最近的香港，其保险业是亚洲地区第二发达的保险市场，仅次于日本，其发达程度及完善的监管体系，令客户可以安心享受优质的服务。

第九章

资产跨境配置工具与运作

境外保险，具备综合性财富管理，多元化财富增值方式，可以通过境外保单贷款，保费融资，灵活融资管理。为了明确境外保险被青睐的原因，我们以中国香港保险为样本，将境外保险与境内保险的优劣势作以对比。如图9-2所示。

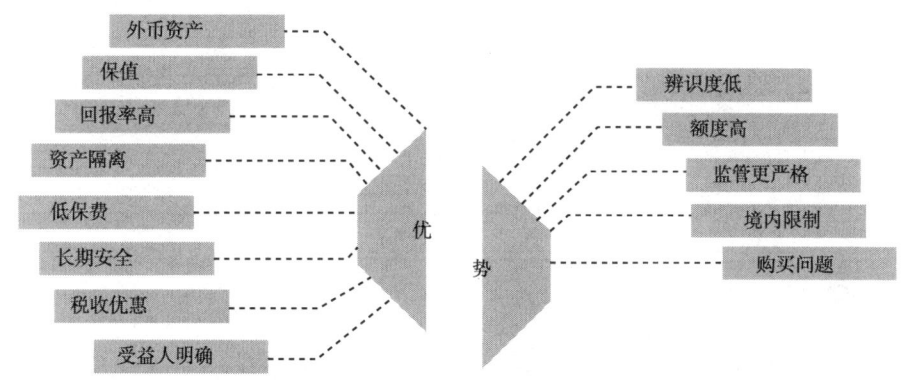

图9-2　境外保险相对境内保险的优劣势

从图9-2可以看出，海外保险相对境内保险有八项优势。

优势1：外币支付。美元支付不仅在保障资金安全，对冲货币贬值风险起作用，在资金限制出境的严厉政策下，这也成为跨境资产配置资金出境运作的方式之一，我们在本章第二节进行讲述。

优势2：保值。中国香港保险行业发展至今已经有160多年的历史，保险体系成熟。香港保险年终分红较高，香港友邦保险公司更是承诺将利润分红给客户。保值乃至增值都是很容易的事情。香港保险在收益计划上完全可以做到返还保费，并且具有资金和经验的保证，可以在未来的受益期间，起到资产保值的效果。

另外，中国香港保险具有不可争辩条款。香港保险由保单生效日记，当受保人在世期间保单已持续生效超过两年后，除非保单是欺诈性所得，否则香港保险公司将不会争议受保人人寿保障的有效性。

优势3：回报率高。由于受到监管限制，内地分红型人寿保险的预期收益率普遍比较低，虽然分红寿险利率市场化现在已经开始，但是内地保险公司目前的投资渠道还很狭窄，收益相对较低。香港保险公司全球性运营，投资项目、地区、资金总额，皆比内地保险公司大，香港保险公司在世界各地投资回报潜力巨大的项目，从而为客户赚取较高的回报。内地的人寿保险预期收益率在2%~5%之间，香港的人寿保险分红利率一般为5%~9%左右，近10年没有低过5%。在香港购买重疾险产品，保额每年会递增，目的是抵御通货膨胀。香港地区运营9家主要的保险公司如图9-3所示。

> 由20国集团（G20）设立的金融稳定委员会（FSB），全球金融规则制定者，世界级保险公司公布了9家系统重要性保险公司（即大到不能倒闭的保险公司）名单：
> 1.美国国际集团（AIG）
> 2.安联保险（Allianz SE）
> 3.友邦保险集团（AIA）
> 4.大都会集团（Metlife）
> 5.法国安盛保险（AXA Group）
> 6.英国保诚集团（Prudential PLC）
> 7.英杰华集团（AVIVA）
> 8.意大利忠利保险（ASSICURAZIONI GENERALI）
> 9.保德信金融集团（Pramerica Financial）

图9-3 中国香港运营的主要的保险公司

优势4：资产隔离、避债的功效。法律规定：保险金不算作遗产，更不被列入偿债资产。所以境外保险基本不受偿债问题的影响，起到资产隔离的效果。

优势5：低保费。①风险保费。粗略数据，香港人平均寿命85岁，内地则为75岁左右，内地人口预期生命比香港短，人口比例相对发病率和死亡率差距较大。内地寿险行业发展时间相对不足，因此在对生命周期表的探索上，准确度有待提升，而香港保险经过100多年的时间，对本地人口生命表的探索将要更准确，因而也就尽可能把保费定在更低同时兼顾盈利的水平。②附加保费。主要是管理费用，内地由于投保率低，营销成本过高，加上道德风险（医疗健康信息不透明，骗保骗赔的现象的存在），以及空气、食品污染严重，保险公司精算时已经在潜在的风险计入成本，所以内地保险价格比香港要高。③储蓄保费。由于内地保险资金投资渠道有限，内地保监会曾经长期限定利率上限为2.5%，近年来虽已有新举措，但短时间内积重难返。香港保险公司的投资产品品种繁多，投资区域全球化。另外，投资经理的专业水平和风险控制能力胜出一筹。因此，上述差别导致内地保险产品的保费比香港高，收益却比香港低。

优势6：财富长期安全。对后代的影响小。对于突然拥有巨额财富的年轻人，是否可以按照我们最初的意愿掌控财富，是否可以安全、长期地持有财富？显然并不容易，但对于保险来说，可由保险公司分期、分批给付受益金，保证财富长期安全。并且，传统继承的时间长，从身故到葬礼，再办继承权公证以及过户，一切顺利至少也要折腾半年。但保险公司理赔很快（受益人、身份证、死亡证明）就可以到保险公司领钱。

优势7：税费成本几乎为零。即使现在遗产税尚未开征，遗产继承过程中各项费用也不低：①请律师拟定遗嘱的律师费用；②公证遗嘱本身的公证费用；③最贵的是继承权公证费（总资产额的2%），1000万元就要必须交20万元。而通过保险进行财富传承，在受益人来领钱的时候无任何费用。

优势8：受益人明确。保证财富分配的确定性。对于保险来说，因为是指定受益人，保险公司须依合同直接履行。这样就避免了财产分配问题而引起的家庭纠纷。

劣势也很多，主要体现在辨识度、额度、监管、境内限制以及购买复杂五个方面，尤其是额度限制。海外保险要求的购买额度都比较大，中国香港保险公司针对内地高净值人士通常的保单在1000万美元（约合人民币6400万元）左右，即使放在世界范围内衡量，也算大额保单了。百万美元级别的保单数额太大，对于可支配资金不多的家族仍然望尘莫及，许多大型保险公司捆绑分摊以便降低风险。此外，在境外购买保险往往不覆盖内地医院，保险公司要求投保人必须接受医疗检查。中国内地的商人少有不亮红灯顺利通过体检的，高胆固醇、高血压等指标让他们通常比中国台湾和新加坡的投保人多支付7%～10%的保费。

从监管来说，不完全算是香港保险的劣势。香港是世界金融中心，其保险监管体制以高效率、高透明和严格闻名于世，而健全的法制也最大程度地保护客户的利益。在隐私保护方面，香港的《个人资料隐私条例》要求所有保险公司对客户的资料绝对保密，所以购买香港人寿保险，隐私问题完全不必担心。香港保险是离岸资产保障的最佳途径。

一个典型的海外保险案例是：购买一笔保费300万港元（约合人民币250万元）的人寿保险。从30岁开始，每年能得到100万港元（约合人民币83万元）的分红。对于富裕的中国人来说，在海外购买一笔巨额的人寿保险已成为终极的安全保障。

在海外购买保险的另一个原因是方便使用杠杆。购买保险的人可以从香港私人银行以2%的利率获得贷款购买保险，而保险的年回报率在4%左右。即使有能力全额支付保单的人，也可以以保单抵押，享受低息贷款并投资于收益率更高的产品。香港银行愿意针对保单低价放贷，因为保单具有现金价值而且比不动产流通性更好。

三、离岸信托

信托是源于英美法下的法律概念。欧陆法系（也称内地法系）国家尽管也有颁布信托法的，但其定义同英美不尽相同。根据适用于中国内地地区的信托法定义，信托是指委托人基于对受托人的信任，将其合法持有的财产或财产权利委托给受托人，由受托人根据委托人意愿，以受托人自己的名义管理和处置该财产或财产权利，从而为委托人和受益人获得利益。

虽然目前海外资产配置还很难成为信托公司的主业，在推进过程中也面临着诸多问题和难点，但这个业务方向符合投资者的需求和国家未来发展的方向，是值得长期关注的课题。我国源于人民币资本项下不可兑换、海外资本市场尚未完全开放，金融机构进行海外投资均需获得相应审批包括资格产品和外汇额度等因素，海外投资需求和海外投资渠道的供需不匹配是海外投资者面临的一个问题。加上在信托公司传统盈利模式面临巨大挑战的大背景下，随着我国金融市场的逐渐成熟和人民币国际化，信托公司自身也有着寻求多元化盈利模式的需求，这些都是信托公司开展综合性金融服务，提供全球资产配置提供了基础条件。因此，部分信托公司也开始逐渐摸索海外资产配置，学习境外金融机构资产配置的经验，创设业务模式，丰富投资品种。

（一）离岸信托的概念和原理

离岸信托通常创建于将资产转移到托管人名下时（成为离岸信托基金），这时托管人成为资产的法律所有者，同时根据信托约定的条款负责管理资产，并将它们分割给离岸信托的受益人（受益人可以包括将资产所有权转移到托管人名下的个人或公司）。财产交付信托后，委托人仍保有信托财产运用的决定权，随时终止信托契约，取回信托财产。投资人可以委托离岸信托公司进行财富托管,制定专属的信托计划,而投资人不用亲临当地,其业务运作可在世界各地的任何地方直接开展。

2015年2月,中信信托全资子公司中信聚信(北京)资本管理有限公司投资设立的云南聚信海荣股权投资管理有限责任公司获得中国人民银行及云南省金融办批准,可以从事人民币境外直接投资、人民币海外贷款业务。中信信托成为国内第一家可从事人民币国际投贷业务的信托公司。

(二)海外信托发展与案例

海外信托是受外国法律监管的信托。而一个信托如何变成外国法律监管的呢?例如库克群岛信托法案是这样说的:"该信托,在各方面都应该受到库克群岛法律的监管。库克群岛法庭对执行、解释和强制该信托的约定或信托约定以及库克群岛相关法律规定影响范围内的任何事务拥有独立的管辖权。"顾名思义,一个库克群岛的信托对于一个美国或中国的客户来说就是一个海外信托、离岸信托或称为外国信托。因为和客户设立的信托相关的一切事务都必须由海外的法院和法律所监管。

当信托签署后,信托协议需要在信托注册处或其他任何主管部门进行登记。这是海外信托所需要全部手续。海外信托并不一定要用当地语言来书写,也不一定要在当地来签署。信托所拥有的财产不一定位于信托司法辖区所在国。事实上,连受托人也不需要是监管信托的那个司法辖区的人,但这样安排可能比较奇怪。正如上文中所说的,一个信托要有三个"玩家":委托人,就是信托的创建者;受托人,法律上信托资产的持有人;还有就是一个或多个受益人。这和几乎所有信托都是一样的。

1. 海外信托发展现状与个人财富管理

信托起源于中世纪的英国,经过800多年的发展,信托在发达国家得到了广泛的应用,一些声名显赫的家族均把财富交给专业的信托机构来管理。随着中国高净值人士的增多,且作为创业富一代的高净值人士开始面临财富传承和保障问题,功能丰富的海外信托日益受到中国富豪的青睐。在受西方文化影响较深的我国香港和台湾地区,信托的使用较为广泛,如曾经的台湾首富王永庆在生前将自己拥有的资产设立了海外信托,避免了无休止的遗产纷争;李嘉诚家族也设有结构复杂的海外信托;邵逸夫设有家族信托和慈善信托。而对于内地富豪而言,海外信托还是一个较新的概念,且由于我国还未开征遗产税,海外信托还处于起步发展阶段（结构图如图9-4所示），我们所熟知的设立海外信托的内地富豪主要有：龙湖地产吴亚军、蔡奎夫妇家族信托，潘石屹、张欣夫妇家族信托，牛根生慈善信托、家族信托等。

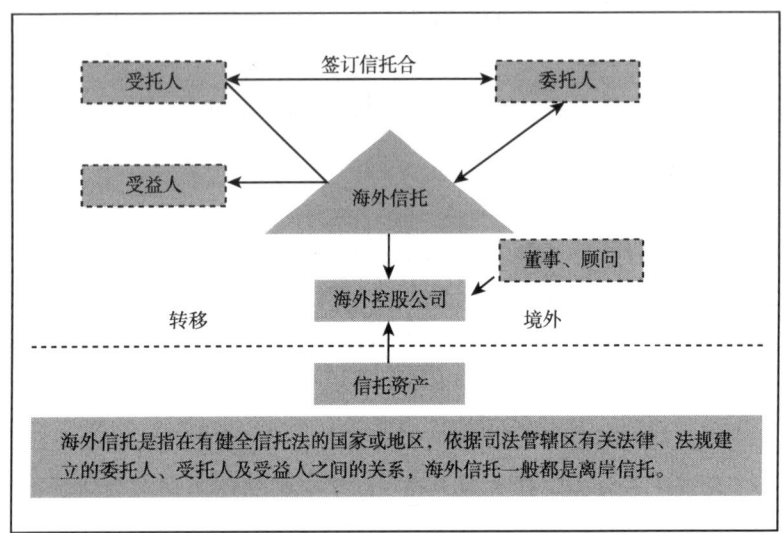

图9-4　一般海外信托简单结构

2. 海外信托行业现状

海外信托一个最重要的特点就是具有极强的保密性，因此我们很难定量地展现海外信托行业在中国的现状，但是从需求和供给的角度定性看，海外信托在中国目前仍然处于起步阶段，具有广阔的发展空间。

首先，从需求的角度而言：一方面是中国高净值人士的日益增加；另一方面是中国的创一代们越来越多地考虑资产国际化问题、海外留学和移民问题、财产规划或继承问题以及慈善问题。中国高净值人士对于功能丰富的国外信托体系的需求日益增加（如图9-5所示），与国内信托作为以获取投资收益为目的的短期投资行为不同，海外信托能够为不同企业家面临的不同问题提供所需要的解决方案。且由于我国开征遗产税的预期，未来海外信托需求尚存增长空间。

其次，从供给的角度而言：国内的信托公司尚不具备开展离岸业务的能力，主要因为无法设立境外分支机构或没有境外投资能力。能够在内地开展海外信托业务的主要是外资银行（如汇丰信托、ubs信托等）或者新加坡、中国香港等独立的信托公司。虽然这些信托机构拥有丰富的经验，但是中国高净值人群数目庞大、地域分布广且与单纯外资机构沟通存在一定障碍，因此外资机构进入中国市场也存在一定困难。近年来，私人银行和高端财富管理机构开始进入这一领域，通过与外资机构合作提供海外信托业务，但供给仍并不十分充裕。

资产国际化	海外留学和移民	财产规划或继承
➤ 搭建国际业务网络、购买海外实体资产。 ➤ 谋求海外上市。 ➤ 海外信托可以提供上述情形下的税务和资产保护。	➤ 越来越多的高净值人数选择将孩子送到海外学校接受教育，母亲或亲戚陪读。 ➤ 考虑海外移民的高净值人士增多。 ➤ 上述两种情形要持有部分海外资产可以带来便利和节税效应。	➤ 创一代年事已高或即将退休，考虑如何将资产传给下一代管理。 ➤ 担心婚姻带来的财产问题。 ➤ 通过海外信托可以实现资产平稳地过渡给下一代或保护资产不因婚姻问题而受到损失。

图 9-5　中国高净值人士对海外信托体系需求日益增加的因素

3. 华人设立海外信托的情况

由于绝大多数离岸司法管辖区内信托并不需要注册，因此很难通过官方披露数据掌握海外信托的具体设立情况。但通过一些经典的案例我们可以发现华人设立海外信托日益增多，设立目的也日趋多样化。据悉，海外信托的客户一般是高资产净值人士或海外上市公司大股东。因为信托有设立费用及后续每年的年费，资产门槛通常在 300 万~500 万美元以上的高净值人士设立信托较适合。

（1）港台华人设立海外信托情况。中国香港和台湾地区，由于受西方文化影响较深，设立海外信托的情况较为普遍，无论是商界大亨抑或是娱乐明星都会设立信托以使得资产得到保护或者更好地传承。梅艳芳生前深知母亲不善理财，担心其会一次将遗产花尽，设立遗嘱信托，将近亿财产委托给专业的机构打理，信托基金每月支付 7 万港元生活费给母亲，一直持续到她去世。台湾前首富王永庆生前设立海外信托，将多数海外资产放入五个海外信托中，从而避免了无休止的豪门争产。香港富豪邵逸夫生前将大部分资产套现注入邵逸夫慈善信托基金，信托基金同时承担家族信托和慈善信托两种功能，既实现了公益目的,也避免了爆发财产纷争,使财富得到传承。与上述海外信托相比,华人首富李嘉诚的家族信托就比较复杂,如图9-6所示,但对于李嘉诚本人,通过家族信托的设立,其4390亿港元的资产却可以由其轻松的调度。

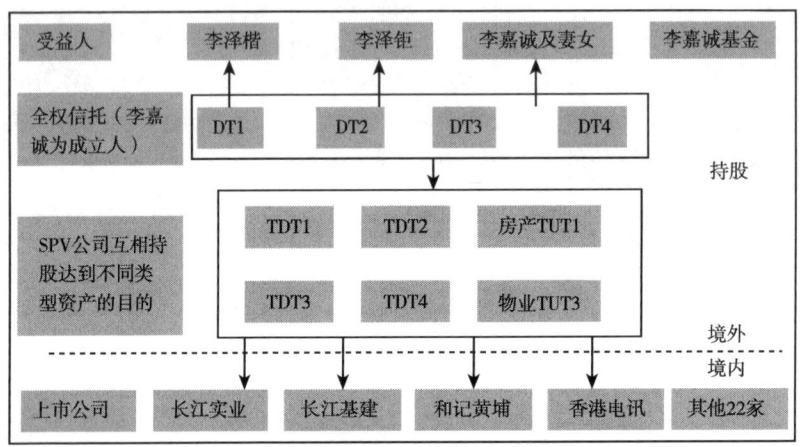

图9-6 李嘉诚家族信托结构简图

(2) 内地华人设立海外信托情况。内地设立海外信托的案例日益增多。2002年Soho中国为了海外上市,实现资产转移目的,搭建了红筹信托构架。2008年龙湖地产上市之前吴亚军、蔡奎夫妇通过汇丰国际信托各自设立家族信托,将即将上市公司的股权转移其中,使得在2012年吴亚军夫妇离婚过程中,龙湖地产的股价并未因离婚案受到太大波动。蒙牛董事长牛根生通过Hengxing信托设立海外信托(如图9-7所示),实现财富分配与投身慈善双赢。

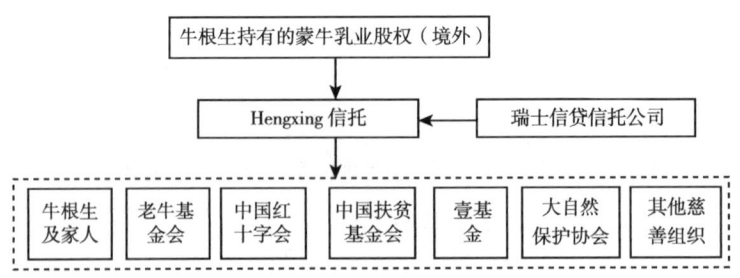

图9-7 牛根生慈善及家族信托

4. 海外信托的作用与功能

海外信托不仅具备了本土信托的用途，并且有特殊的作用与功能，主要表现在以下几个方面：

节税效应：信托是避税的最有效载体之一，通过海外信托，利用离岸司法管辖区的税收优惠，可以节约或减少所得税、赠与税、房产税等税收负担。虽然目前我国免征遗产税，但是未来征收遗产税可能性较大，如果开征遗产税，节税效应将大大增加。

资产安全隔离：现实中很多高净值企业家的个人资产和企业资产并不能清楚区分，而信托财产所有权和收益权严格区分，与委托人、受托人、受益人的其他财产隔离，因此委托人发生债务或者破产清算，都不会影响信托财产的存在，信托财产可以保证安全。资产安全隔离，降低了企业经营风险对家族财富的影响。另外设立婚前财产信托业可以保证婚前财产与婚后财产的隔离。

财富灵活传承：海外信托可以根据实际需求灵活的约定信托期限、收益分配条件和财产分配方式等，一方面可以有效地避免财政纷争；另一方面如果下一代没有资产经营能力或经营意愿，可以转移给信托人并做适当安排，下一代作为受益人依然可以取得良好、稳定的生活保障，使得财富灵活传承。如洛克菲勒家族通过家族信托已经实现了财富的六代传承。

信息严格保密：一方面绝大多数的海外信托的离岸不要求信托登记注册，因此可以很好地保护信托信息；另一方面信托财产的运用和管理都是以受托人的名义进行的，除特殊情况，受托人没有权利向外界披露信托财产的运营情况。因此，海外信托就成为客户保护其隐私的最佳途径。

5. 海外信托设立地点选择和装入资产的考虑

（1）海外信托设立地点的选择。选择一个合适的离岸地对设立海外信托非常重要。不同离岸地在保密性、资产安全、管理费用等方面均有不同（见表9-6）。

离岸地点的选择与海外信托设立的目的相关。由于海外信托设立的目的多为避税、资产保护和转移、遗产规划以及其他特殊目的等，因此通常海外信托离岸地需要具备如下特点：

完善的法律制度。首先，与公司不一样，信托不是实体法人，更恰当地说是一种关系。而这种关系能够得到承认和保护的前提是海外信托的设立地点必须有较为完善的信托法律制度，通过法律明确受托人的责任，保证委托人和受益人的利益。信托最早起源于中世纪的英国，经过几个世纪在英国的发展，关于信托关系的许多情况已经编纂在成文法中，因此适用于英国普通法律的国家和地区都有较为完善的信托法律制度。其次，完善的法律制度能够更好地确保客户商业活动的保密性和完善的隐私权。

表9-6　　　　　　　　　　不同离岸地信托主要特点

设立地	保密性	资产安全	控股公司灵活性	适合何种设立目的	年管理费	设立费	案例
新加坡	审计加交易结算	较高	必须有一个新加坡人当董事	公司交换成高管理计划	年合计5000~15000美元；控股公司若采用新加坡公司还需负担人力成本、运管费、交易费、税费等	不低于6000美元，与交易结构的复杂程度、资产规模、资产分布及配置情况有关	
中国香港	多次审计	较高	委托人限任控股公司董事	资产安排、财富管理、税务规划	年合计5000~15000美元；控股公司若采用香港公司资产交易需缴纳0.2%印花税		梅艳芳遗产信托
BVI	每年一次年审	普通	允许委托人直接管理资产	遗产继承、特殊目的、财富管理、税务规划	年合计5000~15000美元；控股公司若采用BVI公司需要缴纳1000美元全年费		潘石屹、张欣夫妇家族信托

良好的税收环境。由于避税是设立海外信托的主要目的之一，海外信托的内涵从某种意思上讲也是各国税收政策的竞争。因此在海外信托设立地点选择时，税收环境是必须要考虑的因素。目前全球大约有50个国家和地区提供不同形式的离岸业务税收优惠。这些国家和地区都是可供考虑的海外信托设立地点。

稳定的政府环境。设立海外信托委托人最为担心的是资产安全性，选择一个具有稳定政府环境的国家和地区，使信托资产不受到暴力的政治波动或军事政变带来的入侵，可以最大限度地降低风险，减少委托人资产安全性的顾虑。

发达的金融环境。海外信托的设立不可避免地涉及资产的转移，较为宽松的外汇管制和较为发达的金融在海外信托设立地点选择时无疑是需要考虑的因素之一。

综合所述，成立海外信托可供选择的常见国家或地区有：开曼群岛（Cayman）、英属维京群岛（Bvi）、新加坡、泽西岛/格恩西岛、巴哈马、美国、百慕大以及中国香港等。但上述任何一个国家或地区都不是十分完美的，而是在某方面存在比较优势。因此，在最终决定海外信托设立地点时，还需要再次权衡设立信托的主要目的、成本以及对于信托财产的控制意愿，结合不同地点比较优势综合考量。全球信托主要开设地对比表见表9-7。

表9-7 全球信托主要开设地对比表

设立地点	信托设立条件	受托人身份限制	税收环境
百慕大	签署信托文件且财产转移费受托人，不需要注册	没有限制	百慕大受托人管理的信托持有非百慕大货币、房产无税；持有当地货币资产或者房产需交纳印花税
开曼群岛	签署信托文件且财产转移费受托人，不需要注册	没有限制	没有直接税收，受托人、财产授予人和受益人都无须支付所得税、继承税和其他信托收入相关的税
库克群岛	必须进行登记，必须通过库克群岛持牌受托人公司进行外资信托登记的申请	至少一名受托人是库克群岛持牌受托人公司、库克群岛公司或在库克群岛注册的外资公司	只要在库克群岛建立的外资信托继续保持外资信托的注册身份，该信托的任何外国受托人和所有其他各方都不需要交纳任何形式的税收
根西岛	可通过受托人的声明或财产授予人和受托人间协议建立；根西受托人需要注册		若信托全部收入支付给居住在根西岛意外的受益人，受托人的税务责任仅限于来自根西岛的信托收益和银行利息
马恩岛	无登记或者维护的要求；需要的仅是对可辨认财产加以信托条款，只要财产转移给受托人，就可以建立信托	不需持牌或者在马恩岛注册作为信托合法的先决条件，在马恩岛的法律体制下，也没有规则禁止非居民受托人	非马恩岛的居民受托人和马恩岛的居民受托人都不需要就支付给马恩岛受托人的非马恩岛来源的收入承担税务责任，但是他们可能会需要就马恩岛来源的收入进行缴税

续表

设立地点	信托设立条件	受托人身份限制	税收环境
马耳他	可以通过口头或者其他协议进行创建。没有法定限制、没有手续、没有登记的相关要求	两种受托人：金融服务管理局授权专业受托人和私人受托人；后者须与财产授予人有关，或与授予人相熟10年	就信托收益缴税
新西兰	建立信托一般不需要注册，除非该信托拥有土地或者物业资产，在这种情况下，信托必须以书面进行记录	对受托人没有持牌要求，对新西兰信托拥有非居民受托人没有限制，但必须有一名受托人是新西兰的受托人	信托建立到最终分配之间，外资信托的财产授予人必须不是新西兰的居民。外资信托的受托人不需要就信托的海外收入缴税。但国内信托的受托人需就其全球的收入缴税

（2）海外信托装入资产的考虑。一般而言，可以放入信托的财产种类很多，如现金、债券、房产、公司股权（上市/私有）、期权、艺术品、游艇、古董、人寿保险以及其他受托人同意接受的资产，但是具体要看将财产转移给受托人时，财产所在地区相关法律对财产转让与登记条件的限制。与此同时，不同类型资产收费是不同的，金融资产如银行存款、上市公司股份或者金融衍生品等可在金融机构间流动性较强的资产，由于资产性质单一、受托人比较容易管理、风险较小，收费较低。而如非上市公司股票，流动性较差，费用相对较高。

（3）吴亚军、蔡奎夫妇家族信托案例。2012年11月20日，上市公司龙湖地产董事会主席，中国女首富吴亚军离婚案，为中国家族企业利用信托处理同类事件树立了一个样本。764亿港元的市值公司，577亿港元的身家分割，龙湖地产估价并未因这场离婚案受到太大影响。原来早在2008年6月龙湖地产公司上市之前，吴亚军与其丈夫蔡奎便已通过汇丰国际信托，各自设立了一个家族信托，将即将上市的公司股权分别转移其中。具体结构如图9-8所示，吴亚军与蔡奎先在开曼群岛上注册了龙湖地产的空壳公司，龙湖地产的股权由两家注册于英属维尔京群岛的公司持有，分别为Charm Talent和Precious Full。之后，吴亚军与蔡奎在英属维尔京群岛又注册了一个名为Long for investment的公司，该公司股权由龙湖地产100%控股。

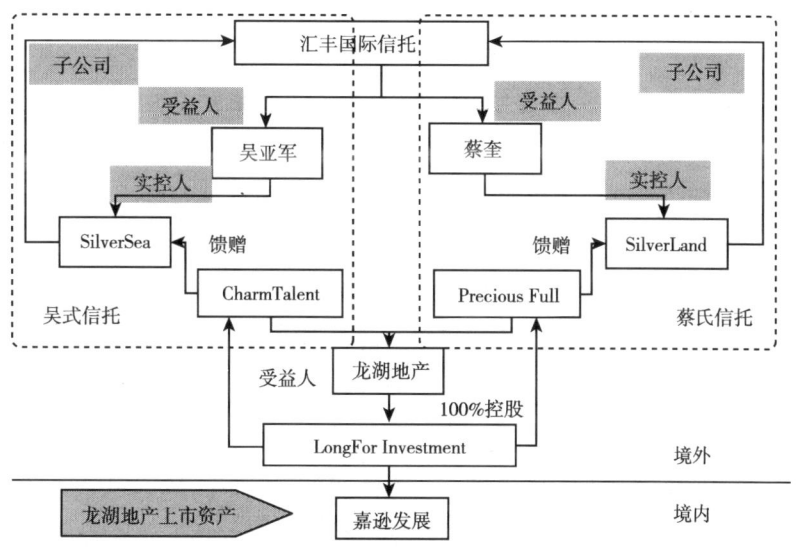

图 9-8　龙湖地产吴亚军蔡奎家族信托

Long for investment 收购了嘉逊发展的全部已发行股本。这一部分正是吴亚军打算拿来上市的资产。Long for investment 收购了嘉逊发展之后，又将股权分别以 19.2 亿港元和 12.8 亿港元的价格转让给 Charm Talent 和 Precious Full。

至此，信托架构已经到了收尾阶段。吴亚军和蔡奎将汇丰国际信托列为受托人之后，开始着手将各自的股权转让给汇丰国际信托的全资子公司。汇丰国际信托的分支机构几乎遍布世界，尤其在泽西、开曼、维尔京群岛等离岸金融中心上。

吴亚军将 Charm Talent 所持有的所有嘉逊发展的股份全部转让给汇丰国际信托在英属维尔京群岛注册的全资子公司 Silver Sea。而蔡奎也将 Precious Full 所持有的全部嘉逊发展股份转让给汇丰国际信托在英属维尔京群岛注册的全资子公司 Silver land。这两次转让以零代价的馈赠方式进行。信托成立之后，吴亚军和蔡奎都不再直接控制龙湖集团的股权。

（三）国内信托公司的创新路径

就海外资产配置现状而言，国内投资者面临着供需不匹配的现状，海外配置需求旺盛，产品、区域等供给较少，金融机构主动管理能力有待提升。就信托公司而言，更多是私募投行业务，资产配置能力正在逐步受重视。为了应对投资者日益增加的海外资产配置需求，我们应该不断提升自身的主动管理能力，丰富投资品种，创设业务模式，扩大投资区域。

一是丰富投资品种。国内基础金融产品种类有限，信托公司基于客户需求，丰富产品链条，为客户提供海外金融产品，有效的管理风险，并实现投资收益。并进一步开发有效的交易结构，虽然我们现已经有货币基金、分级基金、FoF、MoM等多种形式，但受单边市场的影响，收益性产品有缺失。因此，信托公司的海外资产配置业务可以联合境外金融机构共同开发对冲基金或其他绝对收益产品。不过，目前信托公司的主动管理能力和全球化资产配置能力均处于起步阶段，在产品交易结构涉及能力上相对较弱，因此，信托公司应依托投资产品的丰富，逐步地加强资产配置能力建设。

二是创新业务模式。为了适应投资者多元资产配置需求，可以寻找适合信托公司的业务发展模式，其中收益互换型的跨境资产管理产品可能是一种可行方式（如图9-9所示）。

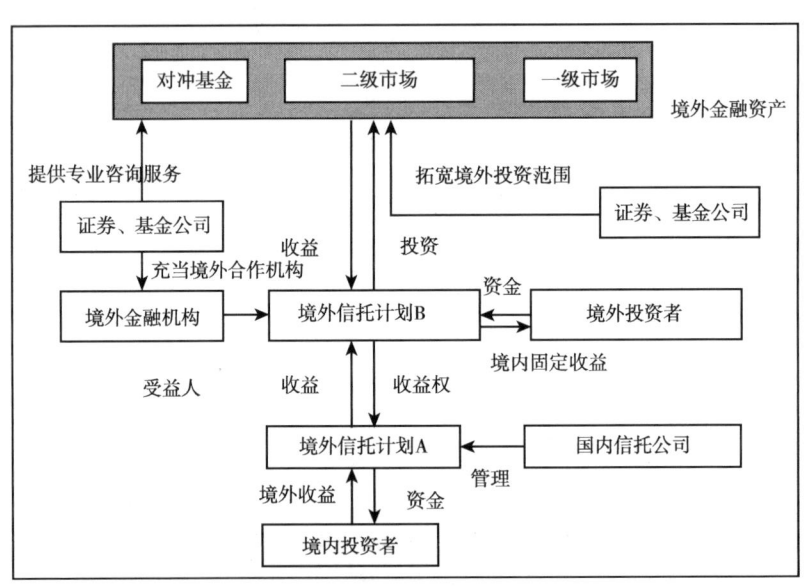

图9-9　收益互换产品结构

产品结构：设立境内信托计划A，向境内投资者募集资金；以境内信托计划A的收益权为基础资产，信托公司在境外发起设立信托计划B，并向境外投资者募集资金，并投资于境外金融市场。

投资范围：对冲基金、一级市场、二级市场股票、基金产品等。

收益分配：境外信托计划 B 采用固定收益分配方式，收益略高于境外一年期存款利率（2%~3%）的固定收益。境内信托计划 A 的收益分配＝境外金融资产浮动收益－支付给境外投资者的固定收益－管理费－激励费用等费用。

三是扩大投资区域。目前，信托公司的国际业务主要有三种模式：一是通过 QDII、QDIE、QDLP 和人民币借贷等业务资质开展境外投资；二是通过 QFII、RQFII 和 QFLP 海外募资进行境内投资；三是借助境外子公司开展全球资产配置业务。其中以第一种模式为主要投资手段。我们以 QDII 为例。QDII 是国内投资者投资海外市场的最主要通道，但是这种间接投资方式多集中在香港，而且从整个金融行业看，信托行业使用额度为 77.5 亿美元，占总额度的 8%，远远低于保险 308.53 亿美元、银行 138.4 亿美元基金和券商 375.5 亿美元，这在某种程度上阻碍了信托公司海外配置业务的发展。在现有条件下，信托公司可依据自身优势，或和其他金融机构合作，借助合理的产品设计，为投资者提供多元的投资区域，享受全球经济发展的投资机会。如是否借助美股稳步上升的态势，发行投资美股的 QDII 产品，分享全球资本市场的投资机会。

四是寻找境外合作伙伴。目前我国信托公司境外设立分支机构的数量也相对有限，我们前面提到的收益互换业务模式，拥有这样资格的信托公司数量也极其有限。因而，信托公司还可通过和其他金融机构合作，来实现投资者的海外资产配置需求。如选择有充分海外经验的证券公司和基金公司。在选择上，我们应该有几个基本标准，一是有较强的主动管理能力和投资管理能力；二是拥有境外投资平台，金融产品丰富，产品投资领域广阔；三是具有创设跨境金融产品的能力和资格。

四、私募股权

私募股权基金（private equity，PE），是一个非常广泛的概念。广义的私募股权基金泛指所有通过非公开形式募集资金，对包含一级二级市场以及另类投资（alternative investment）在内的投资商品进行各种投资的投资行为，投资范围涵盖首次公开发行前各阶段甚至到上市后的投资；狭义的定义是指对任何一种不能在股票市场自由交易的股权资产的投资。私募股权基金的投资可以分成杠杆收购、成长资本、风险投资、天使投资、夹层融资等多种形式。其中，天使投资和风险投资针对初期或者早期企业，而成长资本、夹层融资及杠杆收购主要针对成长期、成熟期甚至已经上市的企业。

从投资者的角度来看，针对非上市公司的股权投资，属于流动性较差的长期投资（通常为3~5年），预期收益一般高于公开市场；而从被投企业角度看，私募股权基金不仅有投资期长、增加资本金等优点，还可以给企业带来管理、技术、市场等方面的资源，相对于波动大、难以预测的公开市场而言，私募股权基金是更为稳定的融资来源。私募股权基金通常以基金方式作为资金募集的载体，由专业的基金管理公司进行运作，像凯雷集团（The Carlyle Group）、贝恩资本（Bain Capital）、黑石集团（The Blackstone Group）和红杉资本（Sequoia Capital）等世界知名投资机构就是私募股权基金的管理公司，旗下都运营着多只私募股权基金。资金募集过程中，私募基金主要通过非公开方式面向少数机构投资者或个人募集，它的募集和赎回都是基金管理者私下与投资者协商进行的。在投资方式上也是以非公开方式进行，绝少涉及公开市场的操作，一般无须披露交易细节；而在组织形式上，私募股权基金多采用有限合伙制，这有利于提高投资管理效率，并避免了双重征税的弊端。

（一）国际私募股权基金的现状

自20世纪90年代以来，并购风潮随着各种高杠杆工具及低利率环境而大行其道，私募股权基金快速发展成为国际金融市场的一大热点，也成为近30年金融产业发展的主要推动力之一。根据国际货币基金组织在2011年9月发布的报告，到2020年，全球金融资产的总额将有望达到900万亿美元，较2010年的600万亿美元水平，增幅达到50%，金融资产的市场前景被普遍看好。而具体到私募股权基金投资领域。在2008年金融危机后，2009~2014年，国际私募股权基金所募集的资本量以年均9.4%的速度增长，其中2014年募集资本总量达到近5000亿美元，虽因受到全球经济增长放缓的影响，比前一年有近5%的小幅下降，但行业整体仍保持健康增长的态势。

（二）境外投资模式简介

2002年之前，中国的国际投资政策是以鼓励吸引外资、限制对外投资为主要特征的。因此在当时，企业的境外投资并没有得到普遍性的政策支持，其可投资的途径和方式也相对有限。2002年之后，对外投资政策不断放开，尤其近几年随着中国经济实力不断增强，外汇储备增加，企业"走出去"的步伐也愈发强劲。继中国成为资本净输出国后，2016年前10个月，对外直接投资趋势依旧向好。据中国商务部统计，2016年1~10月，我国境内投资者对全球共152个国家和地区的5553家境外企业进行了非金融类直接投资，累计投资金额达人民币5892亿元（约890亿美元），特别是在"一带一路"、亚投行及丝路基金的推动下，中国境外直接投资进一步活跃。

近年来中国投资者对外投资的模式也在发生着改变，如企业内部建立海外直投部门，再如企业引入私募股权作为投资合作伙伴等。艾意凯研究发现私募股权基金在企业跨境投资的资本支持、管理输出、人才引进等多个层面发挥着越来越重要的作用。

1. 企业直接境外投资

企业直接境外投资的资金主要由企业方收集，且通常需要成立境外直投部门，并由专业的团队负责投资决策。该模式下，企业注重投资与其产业产生的协同效应并单独承担相应风险。企业作为主体直接向境外投资是目前诸多境外投资模式中的一种，如锦江国际集团收购法国卢浮酒店集团（Louvre Hotels Group）、光明食品收购以色列特鲁瓦股份（Tnuva）等。

2. 私募股权直接境外投资

在私募股权直接进行境外投资的模式中，资金由私募股权基金募集，并有专业的境外投资团队分析海外投资机会；相比企业直接境外投资私募股权境外直投更注重财务回报，对行业的要求相对较低。私募股权投资行业在中国市场至今已有20余年的发展历史，截至2014年年底，私募股权投资市场上活跃的投资机构超过8000家，管理资金量超过4万亿元人民币。2015年的前11个月，私募机构新募集基金1975支，募集金额达869亿美元，是2014全年募集数的4.4倍、募集金额的1.4倍。中国境外投资发展情况如表9-8所示。

表9-8　　　　　　　　　　中国境外投资发展情况

方式	企业直接境外投资	私募股权直接境外投资	企业和私募股权合作投资
资金需求	投资资金主要由企业方面募集	投资资金主要由私募股权募集	双方出资，按协议及职责各异
投资经验	企业通常需要成立境外直投部门，由专业的团队（商业、法务、税务等领域）负责海外市场的分析并实施投资	私募股权通常需要成立专业的境外投资团队，负责海外市场的分析研究并实施投资（其他合作方协助）	企业和私募股权按照合作协议，可以组成投资委员会或工作组，由双方的人员共同参与完成较为全面的分析研究

续表

方式	企业直接境外投资	私募股权直接境外投资	企业和私募股权合作投资
产投协同	更注重"产业"和"投资"结合,一是基于企业对行业的了解深入,二是产生协同	私募股权的投资更注重财务回报达到预期,对标的所在行业的偏好度比企业低	企业和私募股权合作,企业更多输入"产业"知识,私募股权则更多输入"投资"的经验
风险承担	国内外市场、文化和商业模式的差异需要企业去探索解决方案并承担风险	国内外市场、文化和商业模式的差异需要私募股权去探索解决方案并承担风险	企业和私募股权共同承担相应的风险,也可以成立联合委员会商讨解决方案
投资周期	长期	5~7年	企业方长期,基金5~7年
实例	复星集团、绿地集团	弘毅投资、青云创投	赛领资本与宏图三胞等

随着中国企业跨国并购的蓬勃发展,国内私募股权基金纷纷瞄准境外投资。据已披露交易的不完全统计,2016年私募股权对外直接投资金额达到142亿美元,其中美国是中国私募股权境外投资的首选地,而印度、中国香港及加拿大等地区也吸引了较多的私募股权投资。

此外,随着欧债危机的褪去及欧洲经济复苏,欧洲一些国家,如英国,也成为中国私募股权境外投资的热点地区。与此同时,以色列以其卓越的创新能力吸引了越来越多的中国私募股权投资,未来一段时间也会持续升温,推动私募股权境外投资的快速发展。

作为境外投资模式的一种,私募股权也作为投资主体,直接投资或并购海外标的。我们观察到越来越多境内私募股权投资组合中出现了境外投资,其中不乏一些有影响力的案例,如弘毅全资收购英国餐饮品牌马上诺(Pizza Express)等(具体见表9-9)。

表9-9　　2016年中国私募股权直接境外投资项目(部分)　　单位:万美元

主要PE/VC投资者*	投资标的	投资标的行业	目的地	交易额
清芯华创投	仙童半导体	科技、媒体和通信	美国	260000
金石投资和中信资本	豪威科技	科技、媒体和通信	美国	190000
高瓴资本	优步(Uber)	科技、媒体和通信	美国	100000
软银中国创业投资	SoFi	科技、媒体和通信	美国	100000
武岳峰创投	芯成半导体(ISSI)	科技、媒体和通信	美国	63900
老虎基金、软银中国	Ola	科技、媒体和通信	印度	50000
弘毅投资	桑托斯(STO)	能源	澳大利亚	35301

续表

主要 PE/VC 投资者*	投资标的	投资标的行业	目的地	交易额
中投	GrabTaxi	科技、媒体和通信	新加坡	35000
厚朴投资和元明资本	Mevion	医疗生物	美国	20000
维港投资和凯鹏华盈	Slack	科技、媒体和通信	美国	16000
维港投资和高盛	奥斯卡（Oscar）	科技、媒体和通信	美国	14500
纳兰德投资	OMG	科技、媒体和通信	新加坡	13358
高通创投和恩颐投资	CloudFlare	科技、媒体和通信	美国	11000
经纬中国	Practo	科技、媒体和通信	印度	9000
凯辉私募和奥博资本	爱科森（Echosens）	医疗生物	法国	8982
光速创投和真格基金	EverString	科技、媒体和通信	美国	6500
富达亚洲投资	Moda Operandi	科技、媒体和通信	美国	6000
经纬中国和红杉中国	富途证券	金融保险业	中国香港	6000
中国软银创业投资	Cybereason	科技、媒体和通信	以色列	5000
宽带资本和通环创投	Scanadu	医疗生物	美国	3500

随着"走出去"战略的稳步推进，私募股权基金境外投资的方式将受到越来越多国内投资者的认可与青睐，政府也将对私募股权境外投资提供更便捷、更高效的路径与融资渠道。已完成的成功案例也必然会吸引更多的基金关注海外投资。

3. 和私募股权合作投资境外资产

企业和私募股权合作进行境外投资则兼具上面两种模式的特点，资金由企业和私募股权基金共同提供。投资研究时按照协议共组团队各司其职，企业提供全面的行业知识，私募股权基金则提供投资的经验支持。中国与海外的市场、文化和商业模式存在较大差异，这些差异就成为中国企业境外投资并购中需要解决的关键问题，对投资的成功与否至关重要。此时私募股权基金的介入就显得尤为关键。一方面，私募股权基金能为合作企业提供财务支持，帮助合作企业分担融资压力及投资风险；另一方面，私募股权基金具有比较丰富的并购经验，对投资标的有充分调研，了解标的企业所在地区相关法律文化知识，可以参与投资并购方案的设计等工作，这样就能很大程度减少合作企业在境外投资并购过程中可能遇到的问题，提高境外投资并购的成功概率。

目前市场上已出现较多企业与私募股权基金合作开展境外投资并购的案例，比较典型的如中联重科联合弘毅投资收购意大利 CIFA 公司、三一重工联

合中信产业基金收购德国普茨迈斯特（Putzmeister）以及三胞集团联合赛领资本收购美国公司博斯通（Brookstone）。这些成功案例无疑会吸引更多跃跃欲试的中国企业及私募股权基金顺利"走出去"，而企业与私募股权基金合作开展境外投资并购也将成为一种趋势。其中企业成为私募股权的有限合伙人以及企业和私募股权共同出资投资标的是最常见的两种合作模式。

五、直接购买境外资产

对于外币、不动产以及艺术品等境外资产，只能采用直接购买的方式。然而随着资金出境限制越来越严格，直接购买方式也需要专业团队提供法律和技术上的支持，甚至是资金也需要进行运作。下一节，我们介绍跨境资产配置运作的其他内容。

第二节　身份规划与资金出境

上节我们介绍了跨境资产配置的主要工具。除了运用跨境配置工具意外，跨境资产配置最直接有效的方式莫过于直接投资。然而直接投资需要在全球法律的限定范围内进行运作。于是在本节我们主要介绍跨境资产配置运作的两大内容：身份规划与资金出境。

一、身份规划

（一）避税天堂

避税港，即"避税天堂"，避税港一词源于英文 Tax haven，haven 解作港口或避难所。部分传媒将 haven 误作 heaven，因而误译为"避税天堂"。避税天堂是指税率很低、甚至是完全免征税款的国家或地区，但可能只有个别税种较低，适用于特定分类的个人或商业机构。个人要受益于避税港的其中一个方法，就是迁徙到该地区，使法律上只需缴交税项给免税港政府。另外，个人或商业机构也可以在避税港成立附属机构或独立的法律实体（即公司或普通法法制里的基金），资产移动到新公司后便可在套现获利，从而缴较低或者免除税款。不过，利用这种方法到底算是避税还是逃税，难以一概而论。这视乎相关国家或地区，还有相关的个人或机构的个别情况。

避税天堂大多是较小的沿海国家和内陆国，甚至是很小的岛屿或"飞地"。它们自然资源稀缺、人口数量较少、经济基础薄弱。但由于它具有某些"优越性"，因此吸引了大量国外公司来此注册。除列支敦士登外，还有安道尔、摩纳哥、海峡群岛、马恩岛等欧洲国家或地区，以及开曼群岛、百慕大、巴哈马、荷属安的列斯、英属维尔京群岛、巴哈马等加勒比地区都属避税天堂。

（二）全球逃税与全球追税

跨国逃税，是指一些企业为了获取税收上的好处，常会转移一些利润到低税收国家，以便支付很少甚至不用支付税费。据统计，2008年金融危机爆发后，55%的国际贸易和35%的资金流动从"避税天堂"过境，"避税天堂"涉及约10万亿美元的金融资产。避税令多国政府遭受损失。研究与倡议团体租税正义联盟最近发布的报告显示，非洲因逃税问题损失总医保预算的98%。玻利维亚的逃税金额是这个产油国健保支出的逾4倍。俄罗斯则是3倍多。而希腊与意大利，每4欧元产值就有逾1欧元隐藏在地下经济。更糟糕的是，包括谷歌、亚马逊、苹果和星巴克等大公司也参与避税计划，引发全球关注。

在2013年G20峰会上，一项重要议题就是税收透明化，二十国集团领导人一致同意在2015年年底前开始执行国际税收交换新标准——自动情报交换。英国首相卡梅伦在峰会后对记者说，不仅是发达国家会采取新的税务条例，更重要的是"发展中国家必须参与分享税务条规"。"自动情报交换"标准从目前的根据某成员国要求交换信息过渡到自动交换纳税人在世界范围内的所有信息，因此各国政府能够了解纳税人在海外的资产状况（开设的账户、汇款、创建离岸公司等）。表9-10反映了国际反避税进展。

表9-10　　　　　　　　　　国际反避税进展

2009年4月	二十国集团伦敦峰会呼吁采取行动打击国际逃避税
2010年5月	经合组织对1988年制订的《多边税收征管互助公约》进行修订
2011年6月1日	经议定书修订后的《多边税收征管互助公约》生效
2013年7月	二十国集团财长和央行行长会议支持将《多边税收征管互助公约》框架内的税收情报自动交换作为全球税收情报交换的新标准

续表

2013年9月6日	二十国集团领导人在圣彼得堡通过了《二十国集团圣彼得堡峰会领导人宣言》,同意在2015年底前开始执行国际税收情报交换新标准
2017年7月1日	中国也开始正式执行"中国版CRS"——《非居民金融账户涉税信息尽职调查管理办法》。2018年将与其他国家(地区)互换信息

2017年12月5日,欧盟宣布了一份避税天堂黑名单,分别是美属萨摩亚、巴林、巴巴多斯、格林纳达、关岛、韩国、中国澳门、马绍尔群岛、蒙古、纳米比亚、帕劳、巴拿马、圣卢西亚、萨摩亚、特立尼达和多巴哥、突尼斯和阿拉伯联合酋长国。

这份黑名单并未得到国际广泛认同,尤其是黑名单中涉及的国家和地区。各国和地区的政治经济文化差异太大,纳税主体在不同区域间进行资产安排,这本身符合自然规律,并且合法。对跨境运作的干预,一定程度上可以遏制逃税,自然也会限制资本的活性,更会影响到资源的配资效率,对低税率、免税经济体来说则是不公平的。于是必然会有很多国家和地区仍然拒绝了多边征管框架。

(三) 身份规划

家族跨境资产配置的最重要手段就是就是身份规划。身份规划不仅是避税考虑,更是投资便利和资产安全的考虑。在资金管制和全球追税的背景下,避税越来越难,直接跨境投资也困难重重,我国至2018年年初已经明确限制投资境外房产、物业、酒店等项。以单一的身份进行全球资产配置存在很多弊端,包括政治上和税务等方面。而取得海外身份,将能够在更多的海外市场中,选择更丰富、合理的投资工具进行资产配置。所以,目前看来唯一可以拓宽投资自由度的方法就是拥有一本功能强大的护照。所以说,拥有海外身份是全球资产配置必不可少的条件。下面我们来分区介绍身份规划。

1. 低、免税区域

避税天堂一般有三种模式,第一种是采用建立银行吸引外国存款的模式,如欧洲的安道尔吸纳不少法国储蓄,列支敦士登则是德国富豪的存款圣地;第二种是以便捷的公司注册手续和免税的吸引力,吸引全球公司在当地注册,并赚取管理费和服务费的模式,如英属的维尔京、萨摩亚等;第三种是以吸引各国富有的文体明星定居而生利的模式,这种避税形式比较特殊,如摩纳哥等。

第九章

资产跨境配置工具与运作

世界上著名的"避税天堂"有以下国家和地区：

开曼群岛位于牙买加西北的加勒比海中，为英国海外属地。由大开曼、小开曼和开曼布拉克3个岛屿组成。它是世界上第五大金融中心和离岸金融中心。这里风景秀丽，气候宜人，是世界著名的潜水和旅游度假胜地。全球有几十家银行在此设有分支机构，有9万家各类公司在此注册。开曼群岛对个人、公司、信托行业都不征个人所得税、公司所得税、不动产税、遗产税等直接税，岛内只有进口税、印花税、工商登记税等几个简单的税种，有避税天堂的美称。

英属维尔京群岛位于大西洋和加勒比海之间，为英国海外属地。维尔京群岛，分属英、美两国管辖，英属部分位于东部、北部，由托土拉等4大岛和32个小岛组成。其财政收入的近50%直接来自离岸公司的牌照费，还有信托业员工直接或间接缴纳的薪工税等。英属维尔京群岛没有外汇管制和货币流通限制，在全世界所有能自由进行公司注册的避税港中，英属维尔京群岛的注册要求最低，监管力度最小，并享有高度的隐秘性，注册公司达70多万家，这些公司在全球所赚取的利润均无须向英属维尔京群岛政府缴税。

百慕大群岛位于北美洲，地处北大西洋西部，是英国历史最悠久的自治海外领地。由7个主岛及150余个小岛组成。百慕大群岛有严格的金融保密法，没有外汇管制，使之成为世界上最大的境外金融和商业中心。关税、公司税、印花税和土地税是其财政收入的主要来源。百慕大群岛注册公司大部分为保险公司，约占世界意外险种再投保量的1/3，世界排名前35位的保险公司中，有16家安置在此。它与开曼群岛、英属维尔京群岛并称为三大离岸避税天堂。

英属泽西岛又名玳瑁洲，是英国三大皇家属地之一。地处英国群岛与欧洲内地的环抱之中，面积116.2平方公里，是英国人度假观光胜地。因其宽松的法律制度吸引了众多的欧洲金融机构，隶属的诺曼底群岛为225家银行和820家投资基金提供了庇护，是英国人的避税天堂。

巴哈马位于大西洋西岸，由700多个岛屿及2000多个珊瑚礁组成，是世界上红鹤最多的国家，有"红鹤之乡"的赞誉。巴哈马风光旖旎，是著名旅游胜地。巴哈马境内无直接税，有严格的银行保密法，无外汇管制，是全球重要的离岸金融中心，有38个国家的356家银行、600多家保险公司、10万家国际商业公司在此注册，其财政收入的70%来自关税和印花税等。

家族资产配置
JIAZUZICHANPEIZHI

塞舌尔坐落在东部非洲印度洋上的群岛国家，由115个大小岛屿组成，全境50%地区为自然保护区，享有"旅游者天堂"的美誉。塞舌尔无外汇管制，实行进口许可证加配额管理制度，注册的国际商业公司已达2万多家。

圣基茨与尼维斯联邦位于东加勒比海背风群岛北部，由圣基茨、尼维斯及桑布雷罗等岛屿组成，面积267平方公里，是世界面积最小的国家之一，也是世界上著名的旅游胜地。圣基茨和尼维斯没有个人所得税、企业所得税是净利润的35%，企业享有完全豁免企业利润税或授予税收优惠，期限不超过15年。圣基茨是著名的离岸公司聚集地，投资人可以设立BVI公司，合理避税。而以圣基茨身份购置的房产也不属于海外金融资产的范畴，按当前的中国及全球经济形势分析，作为资产配置与资产分散的角度来看，持有一定比例的美元资产是更安全稳健的决定。

列支敦士登坐落于欧洲阿尔卑斯山地的莱茵河谷，自然风光绮丽，是欧洲中部的内陆袖珍小国，面积仅160平方公里。其邮票享誉世界，也是财政收入的重要来源之一，约占财政收入的10%左右。列支敦士登实行银行保密法和低税收政策，有15家银行年盈余多达434亿瑞士克朗，占全国总收入的30%以上，使之成为著名的避税天堂。

瑙鲁位于南太平洋中西部的密克罗尼西亚群岛中，有"天堂岛"之称。瑙鲁为一个椭圆形珊瑚岛，面积21平方公里，是世界上最小的岛国，以盛产磷酸盐闻名于世，财政收入主要来自磷酸盐矿的巨额收入。瑙鲁实行银行保密制度，兑换活动不受监管，管理宽松，只需2.5万美元就可在当地开一家银行，使之成为世界的避税天堂和洗钱中心。

巴拿马位于中美洲最南部，坐拥世界知名的航运要道巴拿马运河。巴拿马是一个著名的离岸注册地和离岸注册中心，拥有数百家银行和数千家注册公司。在巴拿马注册一家公司，拥有众多的法律优惠政策，能免去企业主对其行为不符合国际法规的担心。

卢森堡位于欧洲西北部，是一个内陆小国，有"袖珍王国""千堡之国"的称号。卢森堡金融业发达，银行林立，是欧元区内最重要的私人银行中心及全球第二大投资信托中心，有银行为142家，银行业资产总规模为其国内生产总值的23倍，是世界上著名的避税天堂。

除以上国家和地区外，世界上著名的"避税天堂"还有安道尔、塞浦路斯、摩纳哥、荷属安的列斯、美属萨摩亚、文莱、纽埃等。

第九章
资产跨境配置工具与运作

2. 财富隐匿区域

瑞士的资产管理业务全球领先，占全球市场份额的28%，预计管理着6.5万亿美元的财富，其中一半以上来自海外。这里的低税率和一流的银行体系吸引着全球各地的富人。瑞士也是全球避税天堂的"祖师爷"，跨国资产管理领域的全球领导者。虽然瑞士将与一些发达国家交换税务信息，但对于一些发展中国家的公民来说，将继续提供避税的机会。

美国也在争夺"税收天堂"的称号，这是5年来美国排名第三次上升。2013年则排在第6位，2015年美国上升至第3位，而2018年已经占据了第二的位置。从2015年到2018年，美国在全球离岸金融服务市场的份额从19.6%上升到22.3%。其中，特拉华州、内华达州和怀俄明州是美国著名的避税天堂。美国现在拥有全球最大的离岸金融市场份额，仅有伦敦金融城能与之抗衡，外国精英正利用美国作为"掠夺财富的避风港"。

中国香港。虽然中国香港是一个较新的"避税天堂"，但排名已经上升到第四。截至2015年年底，中国香港管理着大约2.1万亿美元的资产，同时还有4700亿美元的私人银行资产。在超高净值人群的人数上，香港每10万户家庭中，就有15.3户是高净值人群，在全球都处于领先地位。在香港注册的公司，只需要对发生在香港的利润交税。虽然目前当地的税率为16.5%，但很多公司很可能完全不用支付税款。

新加坡。新加坡是亚洲数一数二的金融中心和最受欢迎的离岸金融中心，甚至许多方面超过中国香港。这里吸引了来自中国内地和众多东北亚高净值人群。截至2017年年底，新加坡管理着1.8万亿美元的资产，其中80%来自国外。

卢森堡。卢森堡位于法国、德国和比利时之间，是人口不到50万的一个欧盟小国，但却是全球极其重要的金融中心，在避税方面也拥有相当多的手段。

虽然卢森堡是个小国，但它却控制了全球离岸金融服务市场份额的12%。当地143家银行掌管的资产规模约为8000亿美元。

德国。虽然德国是全球第四大经济体，其给人们带来的严谨态度，也不会让人把"避税天堂"和德国联系起来，德国也没有刻意发展离岸金融服务来帮助富人避税。不过，德国的税收漏洞和宽松的执法，使得德国在FSI榜单上排名第七。在离岸金融业务中，德国占据了全球5%的市场份额。

中国台湾。由于这里游离于国际主要的金融组织之外（如IMF），几乎没有人能完全掌握台湾的离岸资金流向。

迪拜-阿拉伯联合酋长国。迪拜深处中东腹地，自然吸引了一大批中东石油富豪的财富，为他们提供资产管理服务。迪拜的离岸金融基础设施极其复杂，当地也给富人提供了低税收环境和宽松的执法。最近，迪拜也被欧盟列入避税天堂黑名单。

根西岛。许多人甚至是第一次听说这个地名，但自从2015年开始，作为英国的属地，这个位于英吉利海峡中的小岛已经在避税天堂排名中上升了7个名次，当地占全球离岸金融服务份额的0.5%。与根西岛类似的，还有其附近的泽西岛。

3. 护照获取举例

家族在身份规划过程中，除了会考虑避税、资金安全、政治稳定和保密情况之外，也会受到风光、距离、文化、情感、民族等因素影响。具有吸引力的区域多达40多个，我们仅选取部分地区为例，来说明护照取得的条件。

（1）安道尔护照。安道尔公国（Principat d"Andorra），位于西欧中心的免税国家，与法国和西班牙接壤，并使用统一货币欧元。所以有很多的欧洲人都来此创业和投资。安道尔的旅游业相当发达，是购物天堂，也是滑雪胜地，凡是来过安道尔旅游的朋友都了解，无论是城市环境，空气质量，还是社会治安，安道尔都是排在欧洲前列的，这也就是为什么安道尔是全世界国民预期寿命第四长的国家。

在安道尔开办公司以后，第一年拿到1年的商业居留，第二年换为2年的居留，再更换是5年，然后是10年。持有安道尔的商业居留可以在欧盟国家自由出入。拿到安道尔居留10年之后可以申请入籍。拿几乎全球免签的安道尔护照。另外创办人一个人拿到商业居留以后，还可以为家人办理亲属居留，更换周期和商业居留是一样的。

安道尔地区不仅税率少而低，而且有点很多。公司管理成本低、公司创办程序简单、银行服务好（优质服务、低廉收费）、保密（安道尔是现在欧洲唯一的，还保有银行保密机制的国家）、商业居留风险低、一卡走遍欧洲、生活成本低、欧洲通用驾照、自由度高（公司成立后，创办人可以不在安道尔居住，在法国、西班牙或葡萄牙居住都可以）。

（2）圣基茨护照。圣基茨护照是全球首例被写入宪法的投资获取护照项

第九章

资产跨境配置工具与运作

目,自1984年法案实施以来,34年政策稳定,护照使用便捷有效,被全球高资产人士奉为"黄金护照",为他们的出行、资产管理、公司上市提供各种便利。其办理流程极其简单,最快28天即可获批,对申请人也只有"年满18周岁""无犯罪记录"两个条件。圣基茨护照可享受的便利可谓包罗万象,常用功能主要有以下三个方面:资产保险箱、税务打折卡、世界通行证。

圣基茨护照办理方式主要有两种:向圣基茨政府指定的基金捐款15万美元,或购买符合条件的当地房产。侨外出国目前是圣基茨护照项目的国内最大代理机构,成功案例数量遥遥领先。凭借高品质的服务水准、专业的服务流程,侨外圣基茨团队受到圣基茨移民局高度认可,圣基茨移民局长多次在各种场合表彰侨外集团为圣基茨海外投资做出的贡献,亦对双方良好的合作状态表示高兴。作为移民行业领军品牌,侨外出国为国内高净值人士提供全面、专业的圣基茨护照办理服务。

(3)马耳他护照。马耳他是全球唯一一个申根国、欧盟国、欧元国和英联邦成员国"四位一体"的国家,这使马耳他成为欧洲和地中海的"外交中间人",让投资者能够方便地投资欧洲以及进行全球资产布局。此外,马耳他不实行双重征税的规则,对于在这里创业的人来说,利好的税收政策可达到税收减免的目的;对于受CRS影响的高资产人士来说,投资马耳他也是明智之选。

马耳他采用债券移民的方式,具有下列特点:

①低投资:只需投资25万欧元,即可一步到位获欧洲申根国居留身份;

②申请周期短:递交后3个月即获欧洲申根国永久居民身份;

③四代移民:一人申请,全家四代7个家庭同时移民;

④无移民监:原则性批准后登陆一次录指纹,永居期间无移民监;

⑤无风险:投资国家A级债券,债券在投资人名下,由国家直接管理,稳定无风险;

⑥畅游欧洲:全球唯一四位一体国,即欧盟成员国、申根国、欧元国、英联邦国家;

移民投资要求,选择以下投资方式之一:

①全款投资:投资符合政府要求的25万欧元以上的国家A级债券,5年投资期满后保底偿还;

②融资投资:通过指定融资机构办理,投资10万欧元,融资成本无返还;

③购房:马耳他地区32万欧元,戈佐岛/马耳他南部27万欧元的房产;

④租房：马耳他地区1.2万欧元/年，戈佐岛/马耳他南部1万欧元/年。

（4）安提瓜和巴布达护照。安提瓜和巴布达，位于北美洲加勒比海上的明珠，英联邦国家之一，推出移民法案公布：外国申请者可通过投资方式合法取得该国国籍及护照，尊享英联邦公民身份，护照即可免签131个国家，通行世界。

25周岁以下子女、65周岁以上父母、祖父母可一同申请，主申请人年满18周岁，体检证明及收入证明，无犯罪记录证明，满足政府要求的投资条件：

①向国家发展基金会捐赠10万美元起（限时优惠至2018年9月30日止）。

②申请人可出资150万美元创建公司。

③两个以上的申请人可合作创建合资企业，其中每人最少出资40万美元，总投资额需达到500万美元。

④购买40万美元起经由政府批准的房产（除房产购买价格外，还需缴纳房产登记费、业务办理费及房产税。）

还有很多国家护照具有相同的避税效应和管理成本，比如摩纳哥、列支敦士登、开曼群岛、英属维尔京群岛等，其中全球避税地中只有摩纳哥、列支敦士登、安道尔三个国家仍在情报交换方面进展缓慢，被经合组织列为不合作避税地。合理的身份规划，是未来跨境资产配置的必要前提，重要性不言而喻。

二、资金运作出境

（一）"蚂蚁搬家"、朋友互转等方式

目前，我国允许个人每年兑换等额5万美元的外汇，用作旅游、购物或者教育。相比于海外购房的大额资金需求，5万美元完全不能满足该要求。对此，为了实现海外配置资产的目的，投资人通过其亲友，先将人民币换成外汇，然后让投资人亲友分别购买不超过5万美元的外汇，将购买的外汇从其各自在中国境内的银行账户汇入开发商的境外银行账户或购房人的境外账户，以交付购房款。

此等方式涉及分拆结售汇问题，"对于部分个人通过分拆方式，利用他人的年度用汇额度进行资金的违规跨境流动。对涉及此种违规行为的个人，外汇局会将其列入"关注名单"，取消其之后两年内的便利化购汇额度，情节严重

的还将移交外汇检查部门进行立案处罚"。

投资人本人在国外有朋友，其国外朋友在国内也有生意，其朋友在境外向投资人支付外币，投资人在境内通过多个账户或拆分金额多次支付的方式，在境内向其朋友支付款项。大额资金划转可能会被认定为大额交易或可疑交易而被纳入"关注名单"。

（二）利用境内外双身份证

对于存在内地、香港两套身份证和护照的投资人而言，其可通过内地身份投资，并通过香港账户支付款项。

1. 信用卡直接刷卡消费

信用卡可使用的金额为信用卡授信额度与信用卡中存入的金额总和。投资人预先在多张信用卡中存入一定量的资金，并直接在境外刷卡。

另外，目前境外保险大多使用此等方式进行保费的支付，即通过在境外刷卡支付首期保费后，向保险公司贷款或者以该保单作为质押向其他机构申请贷款，其后定期在境外刷卡偿还贷款。值得注意的是，2016年4月中国保监会发布《中国保监会关于内地居民赴港购买保险的风险提示》，对在香港购买保险的相关风险作出提示。银联国际亦下发《境外保险类商户受理境内银联卡合规指引》，要求保证境内银联卡在境外的合规使用。

2. 先买后退

使用银联信用卡或借记卡在海外某个商店使用比原价更高的价格"购买"商品，比如豪华手表、金条等，并迅速折价转让给该商店换取现金（"回购"服务）。此等交易的服务费通常在5%~10%之间。

（三）保险融资

如上文所述，个人到境外购买保险，可向保险机构申请贷款或以该保单办理质押贷款获得资金。特别提示：在CRS政策及香港修订《2016税务修订第3号条例》的背景下，未来历史上已经购买的保单都要披露给内地税务部门，此等方式融资亦存在一定风险。

（四）融资租赁/跨国公司资金池调拨

利用融资租赁公司的境内外控股架构资金往来便利实现资金出境，或借助跨国公司资金池调拨便利实现资金出境。但非真实交易或非真实项目投资容易引起合规风险，另外目前跨境人民币双向资金池亦受到严格监管。

人民币双向资金池业务是集团企业唯一较为自由的人民币跨境流动渠道，没有明确的额度限制，基本原理是跨国公司在境内外都有股权关联公司或子公司，可以选择一家关联公司在境内银行开立人民币专用账户用于人民币资金的归集，所有关联企业资金流向该专用账户称之为"上存"，所有从该资金池借款被称为"下划"；可以实现境外人民币合法合规地流向境内，或者反向。前提条件是境外子公司资金来源必须是其经营现金流，不可以是从海外银行借入的人民币。

跨境人民币双向资金池结构大致有两种。

第一种：不开设境外资金池总归集账户，境外成员企业的资金直接归集到境内资金池主账户中。根据《跨境双向人民币资金池政策解读和营销指引》中引用关系图如图9-10所示。

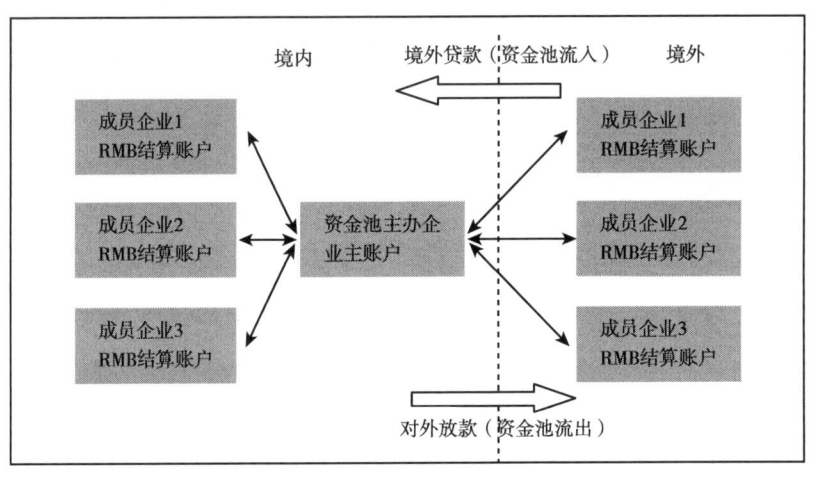

图9-10 不开设境外总账户的跨境资金调拨方式

第二种：境内外均有一个资金池，然后进行跨境的资金划拨。

跨境双向人民币资金池业务发源于上海自贸区，即2014年2月，人行上海总部印发《关于支持中国（上海）自由贸易试验区扩大人民币跨境使用的通知》。2014年6月，将其进一步拓展至全国。但由于缺乏实施细则，跨国企业实际开户操作并不多，直到2014年11月，央行发布《关于跨国企业集团开展跨境人民币资金集中运营业务有关事宜的通知》（银发［2014］324号）正式出台实施细则,才解决了法规层面的障碍。此后,2015年9月,央行为进一步便利跨国企业集团开展跨境双向人民币资金池业务印发279号文。境内外资金池双向划拨方式如图9-11所示。

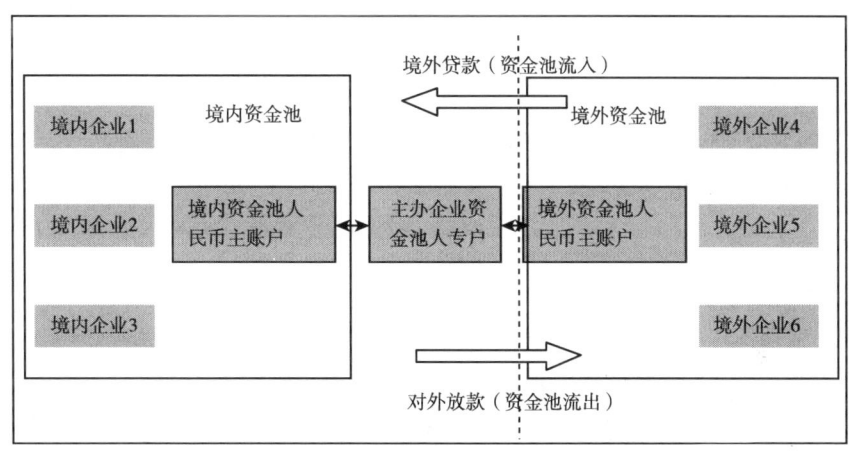

图9-11 境内外资金池双向划拨方式

2016年4月,广东、福建等地的自贸区也各自出台了关于《自由贸易试验区扩大人民币跨境使用的通知》,同样提出了资金池的概念。广东等地的资金池与全国版相比的主要区别有:一是资金池主办企业必须在区内注册成立并实际经营或投资;二是参加资金归集的境内成员企业上年度营业收入合计金额不低于5亿元人民币,境外成员企业上年度营业收入合计金额不低于1亿元人民币,且境内外成员企业经营时间在1年以上;三是区内跨境双向人民币资金池业务实行双向上限管理,跨境资金净流入(出)额上限=境内成员企业应计所有者权益×宏观审慎政策系数(该系数暂定为1)。除此之外,区内跨境双向人民币资金池业务涉及的其他事项,仍适用《中国人民银行关于进一步便利跨国企业集团开展跨境双向人民币资金池业务的通知》相关规定。

(五)境外放款

境外放款系指境内企业(金融机构除外)在核准额度内,以合同约定的金额、利率和期限,并以自有外汇资金、人民币购汇资金或经外汇局核准的外币资金池资金,通过结算银行,将人民币资金或经企业集团财务公司以委托贷款的方式通过结算银行,将人民币资金借贷给其在境外合法设立的全资附属企业或参股企业。

根据《国家外汇管理局关于境内企业境外放款外汇管理有关问题的通知》规定，境内企业可在上一年度经审计的所有者权益30%额度内向境外全资附属企业或者参股企业放款，放款额度两年内有效，一般大部分企业的所有者权益额度不大，因此境外放款的额度也受到限制，并且需占用企业外债额度。

另外，根据《国家外汇管理局关于进一步改进和调整资本项目外汇管理政策的通知》的规定，对于融资租赁类公司开展对外融资租赁业务的，不受现行境内企业境外放款额度限制。

（六）内保外贷（如图9-12所示）

1. 担保人将现金直接存在境内分行后（或提供其他担保物），境内分行向境外分行提供保函或者备用信用证，境外分行向借款人提供借款

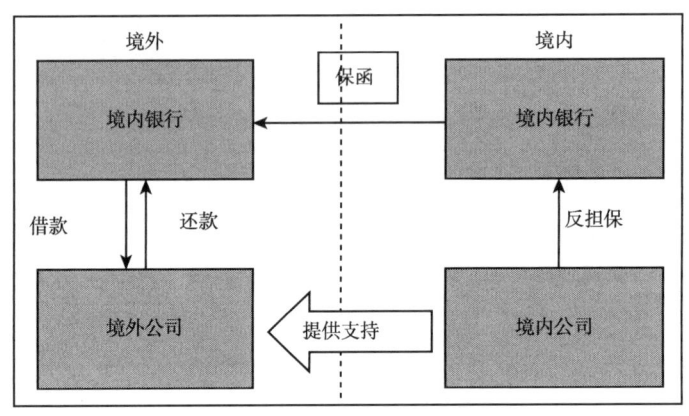

图9-12 内保外贷流程图

2. 担保人和借款人需具备关联关系，最好是100%控股

但是，目前事实上有些操作是不存在关联关系，通过签订代持协议的方式来产生表面的关联关系。

3. 汇率风险规避：远期锁汇（远期结售汇）

在汇率波动频繁的情况下，银行为企业办理锁定汇率的操作。银行通过与客户签订远期结售汇协议的方式，约定未来结汇或售汇的外汇币种、金额、期限及汇率，到期时按照该协议订明的币种、金额、汇率办理的结售汇业务。在结汇当天不是按照当天的外汇牌价，而是按照之前确定的汇率进行结汇，以规避汇率风险。

4. 成本说明

（1）境外利息：240bp + 3 个月 libor = 2.4% + 约 0.6% = 3%；

（2）保函费用：低的 1‰（如厦门银行），高的 2‰（如工行）；

（3）服务费：有的银行无，有的银行 1‰ ~ 2‰；

（4）资金入境费用（通道费）：1% ~ 5%；

（5）汇差及锁汇：汇差按离岸人民币汇率计算，远期购汇成本 3% 左右。

5. 资金用途

对于内保外贷的资金用途，根据《跨境担保外汇管理规定》第十一条：内保外贷项下资金用途应当符合以下规定：（一）内保外贷项下资金仅用于债务人正常经营范围内的相关支出，不得用于支持债务人从事正常业务范围以外的相关交易，不得虚构贸易背景进行套利，或进行其他形式的投机性交易。因而，通过虚构贸易背景等方式进行投机套利等行为实现资金出境的，存在合规性风险。

6. 局限性分析

（1）国家外汇管理局对境内银行提供融资性对外担保实行余额管理，在境内银行提供融资性担保的情形下，内保外贷占用银行的余额指标。内保外贷业务银行对外担保的融资额度不能超过银行本身净资产的 50%。中小股份制银行内保外贷额度常常处于用满状态，大型国有银行也经常十分紧张。

（2）内保外贷资金大多用于流动性补充，周期较短（如一年期），因此还款引起的各类问题无法避免，还款与否直接影响到银行的坏账率。

（七）内存外贷、内存离岸贷

内存外贷指在境内公司（境内出质人）在境内银行存进款项，作为人民币保证金，存款期限为 2 ~ 3 年，该行的境外银行向该公司的海外子公司或特殊目的公司贷款，境外贷款到期可借旧还新。如果不能归还境外贷款，境内公司则将预存于境内银行的存款作为企业利润，从集团层面实现盈利；境外银行则将该笔境外贷款作为坏账处理，境内银行可以拍卖、变卖等方式处理其担保物，将所得收入作为利润。此种操作在外资银行较为常见。

内存离岸贷指境内公司（境内出质人，该境内企业的注册地址也需满足一定的要求）在境内银行存入款项，作为人民币保证金，存款期限为 2 ~ 3 年，该境内银行直接向境外借款人发放离岸美元或港币贷款。作为境内出质人的境内公司需为存在境外投资行为的企业,已获取 ODI 证书,境内或境外主体至少有一方为实际经营实体,需提供报表、交税单、银行流水等以证实存在可核实的经营收入。

内存外贷及内存离岸贷均无需开立保函或备证,在一定程度上不受上文提及的内保外贷规模的限制。此等业务被视为银行的"当铺业务",该业务处于灰色地带,目前仅有部分银行开设相关业务,但是,随着资金出境监管的加大,部分银行的该等业务亦有可能会被严格监管。

(八)经常性项目项下资金出境

以"进口"为基调,借助供应链等贸易渠道实现对外支付。通道企业资金量大的(或有资金池的),可能采用国内收人民币、国外直接放外币形式,两边对冲。实力较小的贸易企业通过贸易形式完成对外支付,一是可能采用境外高卖形式对外支付,二是可能采用纯票据形式流转(虚假贸易)。

以供应链与跨境电商合作为例,目前跨境电商等企业有大量资金留存在境外,可以借助供应链公司进行提现,境外利润转现金流程图如图 9-13 所示。

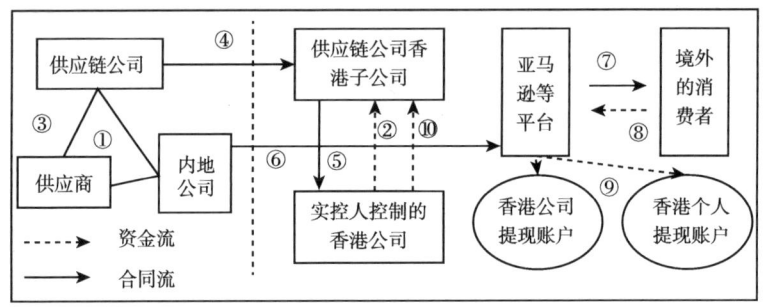

图 9-13 境外利润转现金流程图

①内地公司、供应链公司以及供应商签订三方协议,约定内地供应链公司的香港子公司在收到内地公司的香港关联公司 20% 的定金后,内地的供应链公司为内地公司向供应商垫款采购商品;

②内地公司实际控制人控制的香港公司向供应链公司香港子公司支付 20% 的定金;

③内地供应链公司向供应商支付全部采购款项,为内地公司垫款采购;

④供应链公司以自己的名义报关、销售给其香港子公司;

⑤供应链香港子公司将货物销售给内地公司实际控制人控制的香港公司;

⑥⑦内地公司在亚马逊、Ebay 等电商平台向消费者销售产品；

⑧消费者通过第三方支付机构付款；

⑨将销售货款提现至香港关联公司提现账户或在香港开设的个人账户（跨境电商公司通常会指定境外个人账户作为最终的收款账户，因此，跨境电商公司有大量的资金存留于境外）；

⑩内地公司实际控制人控制的香港公司向供应链公司香港子公司支付剩余 80% 的货款。

因目前诸如跨境电商等公司有大量的资金留存于境外，因此，资金出境需求方可与内地跨境电商公司、供应链公司签订协议，约定由资金出境需求方向供应商履行代垫款项之义务，而跨境电商境外关联方利用留存于境外的资金，向资金出境需求方境外账户支付相应款项。由此，不但满足某些需要利用杠杆并进行轻资产运作的跨境电商的融资需求，亦满足资金出境需求方境外用款的需求。

（九）衍生品模式

境内银行可与境外银行直接签署衍生品交易合同，无须基础交易。实体企业有基础债权或者交易就能够签署衍生品协议。境内投资者可以通过一些特别的安排，间接参与银行的跨境衍生品交易而"风险参与"境外基础资产，获得相应的跨境资产管理收益，实际达到资金出境的目的。

第三节 全球 10 大家族基金运作案例

以史为鉴，可以知兴替。我们来看看历史上的 10 大家族基金在配置资产和财富积累上的规律，以供参考。

一、摩根家族

摩根同盟与摩根家族被总称为摩根联盟。摩根联盟中，以摩根公司为轴进行董事部连锁领导，与大金融资本以下、超过 20 万的主力金融机构互相联结，这样就构成了结构庞大、组织严密的"摩根体系"。这一金融集团占有全美金融资本的 33%，总值近 200 亿美元！另外还有 125 亿美元的保险资产，占全美保险业的65%。生产事业方面，全美35家主力企业中有摩根公司的47名董事，包括美国钢铁、通用汽车公司、肯尼格特制铜公司、德州海湾硫磺公司、大陆石油公司、通用电气公司等。

图9-14　J·P·摩根

摩根公司在铁路业上的渗入是尽人皆知的了，同时，通讯业方向它还拥有ITT（国际电话电报公司）、全美电缆、邮政电缆、AT&T（美国电话电报公司）等。摩根同盟的手下有510亿美元的总资产，属下有亚那科达铜山、西屋电气、联合金属炭化物等主要托拉斯企业。上述所有相加，合计所有总资产，扣掉重复部分，大恐慌前的摩根体系拥有740亿美元的总资本，相当于当年全美所有企业资本的1/4。167名董事，从摩根公司走出来，控制着整个摩根体系，执行着由华尔街的摩根发出的指令，这是怎样的一个霸业！

摩根家族在1838年成立了美国的第一个家族基金（也称为家族办公室）。摩根家族的背景大家都很了解，目前大家熟知的摩根大通，摩根史丹利都是摩根家族几百年传承下来的，虽然他们现在已经不是这些公司的实际控制人，但仍是沿用摩根家族的品牌。

二、洛克菲勒家族

洛克菲勒家族也在19世纪末把资产分为延续家族的洛克菲勒家族基金和为公益慈善做贡献的洛克菲勒大学和洛克菲勒捐赠基金几个部分。洛克菲勒家族现在已经传到了第六代，现在的实际控制人斯蒂文洛克菲勒是家族的第五代。洛克菲勒家族在19世纪由石油业起家，到19世纪末时，已经开始进行家族的资产配置。

其资产配置的主要方向之一，就是现在的洛克菲勒捐赠基金，用于在全球经营慈善事业，以人文、医疗、教育为主，基金风格非常低调，但是每年在全球范围内都会花费至少几亿美元。包括中国的协和医院，最初也是由洛克菲勒捐赠基金资助兴建。

第二个配置方向是洛克菲勒大学。这个大学在中国知名度不高，因为它的发展重点在于研究而不是教育，因此并不招收本科生，但在美国医疗研究领域享有与哈佛大学并列的盛名，并已获得多个诺贝尔奖。

第三个方向是洛克菲勒家族基金，该基金最早只管理洛克菲勒本家族的资产，但是经过几代人的传演，本家族的资产逐渐稀释。目前已经变成一个开放式的家族办公室，借助洛克菲勒的品牌与资产管理经验，为多家富豪家族共同管理资产。

这也反映了美国家族基金逐步专业化的发展趋势。最初，大多数家族基金由家族成员管理投资，但随着金融市场的发展，投资管理的复杂程度超出了家族成员的能力范畴，回报率波动越来越剧烈，最终在全球经济危机承受了巨大的损失。至今，大约75%的家族基金都使用第三方专业投资机构进行投资管理。

三、李嘉诚家族

以华人首富李嘉诚为例，李氏家族近一段时间逐渐将投资重点由内地转向欧美，并开始从房地产主业退出。包括第二代的李泽楷购买 AIG 的全球资产管理部门，主要是为家族进一步向金融业转移铺路，并吸取全球资产管理的经验。

中国内地的家族基金其实也已经有了很多年的探索。如拥有恒隆地产的陈氏家族从 1986 年开始管理独立的家族基金，并投资于私募股权基金和对冲基金等另类资产。陈氏家族基金从两年前开始雇佣专业投资人进行管理。

但是，中国的第一代富豪家族大多数还处于财富积累的阶段，家族资产还主要在企业当中。但已经有家族进行多元化投资的尝试。比如马云投资了对冲基金 Libra Capital，还主导了云峰基金。吴亚军成立了吴氏家族基金；王健林成立了由第二代管理的 PE 基金；陈天桥成立了盛大资本。

四、Jorge Lemann 家族基金

巴西首富 Lemann 家族是做投行起家，于 1971 年成立了巴西目前最大最知

名的投资银行 Banco Garantia，号称巴西的高盛。

Lemann 家族从收购巴西的啤酒公司开始，逐渐控制巴西的啤酒产业，然后控制南美、欧洲，最后在 2008 年，以 520 亿美元并购了美国最大的啤酒公司 Anheuser-Busch，控制了全球最大的啤酒公司 ABInbev，拥有百威的品牌。

2004 年，Lemann 家族成立了 3G Capital，进行全球范围内的消费品牌并购，其中最知名的项目包括 2010 年 38 亿美元并购了汉堡王（Burger King），以及 2013 年与巴菲特合作 280 亿美元并购了全球番茄酱的第一品牌亨氏。

Lemann 家族的掌门人 Jorge Lemann 曾经是巴西 5 届全国网球冠军，参加过温布尔登网球公开赛，为人非常低调，从不接受公开采访。他通过直接投资、收购全球最知名的消费品牌的方式，建立了庞大的全球消费品帝国，拥有资产超过 220 亿美元。

Lemann 家族拥有丰富的投行、并购经验，并且对全球市场非常熟悉，因此常常在最合适的时机，一次性出手做高达几百亿美元的项目。这样的成功主要来源于经验和信心以及强大的资源整合能力。

Lemann 家族是典型的全球直接投资的案例，目前国内也有一些家族在模仿。但这种投资方式并不只有成功案例，失败的案例也有很多，包括海投接触过的一些欧洲的家族，通过在北美的传统行业，包括化妆品、消费品行业的并购来进行投资，不是很成功，因为跨境并购还是难度比较大的。虽然我们已经看到了一些企业并购的成功案例，比如联想和双汇的海外并购，但是家族个人进行并购的并不多，SOHO 张欣在美国的房地产投资并不算直接投资，没有控股，只是作为一个财务投资者参与。

五、比尔·盖茨家族基金

比尔·盖茨个人和基金会的全部资产都由其家族基金管理。微软上市时，比尔·盖茨拥有微软 45% 的股份。此后比尔·盖茨每个季度定期减持 2 千万股微软股票，现在拥有微软大约 5% 的股份，价值 100 多亿美元，这在他的总资产中占不到 20%。其他的部分在比尔·盖茨向盖茨慈善基金会捐赠了 280 亿美元以后，还有超过 600 多亿美元的资产，这其中绝大部分在自己的家族基金 Cascade Investment 中。

比尔·盖茨在 20 世纪 90 年代初成立家族基金的时候，90% 以上的资产是微软的股票，由一个朋友帮助打理。他的个人资产慢慢转移到家族基金以后，他雇用了一个职业投资团队为他管理家族基金和慈善基金的资产,并且从最初的 90% 的微软股票和 10% 的债券基金逐渐演变成目前比较平衡的分散配置。

按照美国的法律和税务规定并核算通货膨胀率,家族基金要保障财产不缩水,投资回报率就要保持在 8% 以上。而比尔·盖茨的家族基金几年来的平均投资回报率保持在 10% 左右,主要得益于由专业投资团队进行的分散投资。

除了微软股票以外,盖茨家族基金采取巴菲特的价值投资方式直接长期持有美国公司的股票,包括全美最大的垃圾回收公司之一和汽车护理服务公司之一,以及蓝筹公司的债券。家族基金的一部分股票和债券等传统投资是通过投资其他基金完成的。盖茨家族基金还通过其他对冲基金和私募股权基金等进行另类投资。

六、陈氏家族基金

香港的陈氏家族于 20 世纪 60 年代在香港创立恒隆集团,于房地产行业起家。在 80 年代,陈氏家族分成两个部分:长子陈启宗掌管的家族企业恒隆地产继续在中国建设商业地产帝国和次子陈乐宗管理的家族基金晨兴资本在全球进行投资。

晨兴创投于 1992 年由陈乐宗创立,致力于在美国进行医疗健康为主的投资以及在中国进行高科技行业的风险投资。其中国团队由刘芹和石建明领导,于 2008 年开始独立运作,并作为早期投资人投资了搜狐、携程、小米等领先的高科技公司。

陈氏家族基金还在香港成立了专业团队,对包括对冲基金、风险投资基金等全球领先的另类投资基金进行间接投资,分散投资风险。

2014 年,陈氏家族的晨兴基金会为哈佛大学公共学院捐赠 3.5 亿美元,并以其父陈曾熙之名冠名哈佛公共卫生学院。由此也可以看出家族基金发展的另一个重要模式,就是由主业出发,逐渐发展直接投资、间接投资,当投资进行到一定规模时,就开始发展慈善事业。富豪家族通过发展慈善事业回馈社会,这将是未来一个重要的发展趋势。

七、保罗·艾伦家族基金

保罗·艾伦是微软的联合创始人。10 年前,他位列美国第三富豪,仅次于比尔·盖茨和巴菲特。由于多次投资失败,他的身家已经缩水到 150 亿美元,排名下滑到二十几位。

艾伦的主要资产都通过他的家族基金 Vulcan Capital 管理，主要以进行私募股权投资为主，主要投资方向包括私募股权、风险投资和房地产为主。Vulcan 的很多投资都损失惨重，包括投资 70 亿美元的 Charter 电信公司已经破产。唯一的投资亮点是 Vulcan 在西雅图附近新建的商业中心随着亚马逊等高科技公司的迅速发展，获得了不错的投资回报。艾伦名下的资产还包括波特兰开拓者等三支职业球队。

2006 年，由于连年的投资不利，艾伦的资产持续缩水，最终在 2006 年，他决定把 15 亿美元的资产交给前斯坦福大学基金团队成立 Makena Capital 管理，并拥有 10% 的股份。事实证明，这是个明智的决定，Makena 取得了良好的收益，目前管理资产已经超过 200 亿美元。

更广泛的选择：多家族基金

除了少数财富排行榜首的富豪家族之外，绝大多数的家族基金是通过几个家族基金的共同联合，形成了多家族基金的形式。这种形式的出现，也使得大学基金的资产配置方式更广泛地应用于家族基金中。

八、Makena Capital

Makena Capital 于 2006 年由斯坦福大学基金的团队组建，为美国的富豪家族和慈善机构通过大学基金模式管理资产。微软的联合创始人保罗·埃伦承诺投资 15 亿美元，是 Makena 的基石投资者，并换取了 10% 左右的股权。同时为 Makena 提供初创资金的投资者还有 SutterHill Ventures 和 Golden GateCapital，两家美国最优秀的风险投资基金和私募股权基金。

目前 Makena 为 11 个家族和机构客户管理着 200 亿美元的资产。客户的最低投资额度是 5 亿美元。该基金采用 OCIO 模式，只为客户提供资产管理服务并分享收益，不提供管家服务等其他的增值服务。

Makena 是早期最典型的案例，其他类似的由大学基金团队转型管理的独立投资公司还包括：原杜克大学基金团队组建的 Global Endowment Management，原弗吉尼亚大学基金团队组建的 Investure 以及原哈佛大学基金团队组建的 Summit Rock。

九、Iconiq Capital

原高盛和摩根士丹利私人银行的高科技公司团队于 2006 年年底就开始为刚成立不久的 Facebook 的创始人提供理财和税务等服务，与创始人建立了良好的合作关系。这个私人银行团队于 2011 年底正式独立成立了 Iconiq Capital，为包括 Facebook CEO，COO 和总裁等高管提供财富管理服务。

通过 Facebook 创始人的社交网络，Iconiq 的服务范围逐渐扩大到其他高科技公司的高管中间，为包括游戏公司 Zynga 创始人 MarkPincus 等高科技富豪管理财富。目前，Iconiq 通过一个基于大学基金模式的家族基金为机构科技富豪管理超过 100 亿美元的财富，还利用家族资源通过一个直投基金投资其他未上市的高科技公司。

除投资外，Iconiq 还为客户提供全方位的增值服务，他们为 Mark Zuckerberg 一个人提供的增值服务就包括把他住宅附近的全部房子都买下来再租给原房主来保证自己的隐私，监督 Zuckerberg 捐赠给新泽西公立学校的 1 亿美元的使用情况，以及提供合法避税建议等。

值得注意的是：高科技富豪新贵们的财富的波动非常大，另外由私人银行服务模式向大学基金投资模式的转变也是一个艰难的过程。因此纵观 Iconiq 的发展过程，在获得新的客户的同时，也在不断流失原有的客户。也有一些富豪在资产进一步扩大之后，建立了独立的家族基金。

十、Veritable LP

Veritable LP 于 1986 年在美国费城成立，是美国最大的独立的多家族基金之一，目前为 100 多个家族管理 130 亿美元的资产。它最大的特点就是完全独立，不依附于任何投行或私人银行。这种方式运营成本很高，维护客户的难度也更大，保持行业的领先全部依仗团队的高度专业性，值得尊敬。

Veritable LP 的服务只限于资产管理，没有其他增值服务，并且门槛高，投资额度 5000 万美元起。其最特殊的条款是，要求客户将 90% 以上的流动性资产全部委托管理，不能同时委托多家基金做资产管理。这样的要求是避免由同业竞争造成的急功近利，同时也更好的保障投资的长期收益。

Veritable LP 注重维护与客户的长期稳定关系，客户流失率非常低。在过去几十年中，Veritable 管理的都是美国东部地区的传统富豪家族的资产，最近几年他们开始向中西部和西部扩张,并在旧金山开始了第一个费城以外的办公室,也开始为高科技富豪家族服务。目前,Veritable 将目光投到了亚洲,正在如何运用过去 30 年的管理经验的资产管理服务为亚洲,尤其是中国的家族提供服务。

家族基金案例主要逻辑

1. 家族基金的主要管理模式

(1)管家模式:由家族成员自行管理,主要提供家族延续、管家服务。这种模式一般在家族资产积累的初期,具有成本低、管理方便等优点,但不能提供关键的资产管理等服务。

(2)公司模式:由独立的家族管理公司进行管理,包括创始人 CEO、CFO、CIO 等完整的团队,为家族提供全面的服务。公司模式成本最高,而且对投资团队的奖励机制才能吸引和留住投资人才。要求家族的资产规模较大,一般超过 10 亿美元才能满足成本要求。

(3)合作模式:与第三方机构合作,包括资产管理公司,律师事务所,会计师事务所等合作,主要提供金融法律,资产管理和财富传承等服务。合作模式是目前最符合中国家族初级阶段的模式。

在美国除了比尔盖茨等超级富豪采用了公司模式通过独立的家族基金来管理家族资产以外,大多数家族采用了合作模式通过第三方家族基金来管理资产。

2. 家族基金的投资方式

(1)直接投资:许多家族在自己熟悉的或者相关领域进行直接投资,比如保罗艾伦直接投资电信高科技公司,张欣潘石屹家族在纽约投资商业地产。也有家族雇佣职业投资团队进行全面直接投资,比如麦克戴尔雇用了高盛的合伙人成立家族基金 MSD Capital 直接投资股票和 PE 项目。

(2)间接投资:大多数家族基金都采用间接投资的方式投资其他基金。优势是能够通过较低的成本获得风险分散的收益。劣势是不能够直接控制投资项目。比如利乐包装的创始人家族雇佣耶鲁大学基金的投资主管成立了家族基金 Alta Advisors 进行全球基金投资。

(3)混合投资:有一部分家族基金同时进行直接投资和间接投资。比如索罗斯解散了自己的基金以后成立了家族基金,在运营他原有的全球宏观对冲基金的同时,他成立了一个新的团队进行全球分散的基金投资,投资私募股权、风险投资等其他资产类别。

3. 家族基金管理的趋势与展望

家族基金发展由以家族主业为主向均衡性、多行业发展。以家族主业为主的投资虽然对投资人来说更加驾轻就熟，但是多次的经济周期已经证实了这样的投资方式脆弱的抗打击性。许多家族在全球经济危机中受到很大冲击以后才开始成立家族基金，比如两个希腊船王家族在家族造船企业损失惨重的情况下，出资几十亿美元在纽约成立家族基金，保证家族资产的传承和流动性。在主业之外的投资方式以保障流动性为主，包括股票、债券的投资。

新趋势与展望。发达的经济、稳健的市场与自由的环境，催生了前沿的应用与稳健的收益，优秀的基金管理人才不断在向美国聚集。而新兴市场风险相对高，包括外汇变动的风险以及国内政治的风险。家族基金作为旨在财富传承的投资基金，希望把资产放在成熟的、法律法规完善的市场，这样才能更好地保护自己的资产，导致新兴市场的家族投资在向美国聚集。比如南美的一些富豪家族，以及刚才提到的希腊的船王家族，都在把资产转移到美国，在美国成立家族基金。美国目前大约有3000个家族办公室管理着1.5万亿美元的资产，平均管理5亿美元资产。其中大部分是多家族共享家族办公室，一小部分是独立的家族办公室。独立家族办公室的门槛较高，一般至少要求具有5亿美元的资产。我国有识之士应该积极去发现其机理，借鉴其宝贵经验，为我国家族财富管理市场的发展献计献策。

第十章　家族跨境资产配置路径优化

前文介绍了家族跨境资产配置的关键因素和配置工具以及法律限制下的资本运作，本章对跨境资产配置优化进行分析和探讨。本章主要内容包括大类资产的全球表现、跨境资产配置路径的税收优化以及基于汇率风险和税负差异的优化设计。

第一节　全球主要区域大类资产表现

根据第九章的分析，跨境资产配置的关键因素主要包括收益、风险、税负和汇率。家族在跨境配置资产路径的选择中，最先考虑的就是收益因素，收益主要取决于配置资产的类别和区域。于是笔者选择世界家族基金中最长配置的大类资产，选取全球主要经济体，并结合区域经济来分析大类资产的表现。

一、全球经济周期发展规律

首先我们提出未来可能出现的周期形态，为跨境资产配置提供宏观背景依据。

1. 我们所处的周期

我们所处的周期全球缺需求，宽松周期接近极致，全球两大增长引擎放缓，低增长或将持续，全球化驱动时代接近落幕。15世纪以来，不断有新的国家加入全球化分工，一方面提高了全球整体的供给能力；另一方面新加入的这些国家和地区随着经济的不断发展又反过来提高了全球的总需求，刺激了全球整体经济的高增长。20世纪以来，60年代的德国和日本、90年代亚洲四小龙以及2001年加入WTO的中国，不断地有比以前人口规模更大的国家加入到全球化分工的链条之中。但当中国也已经完全加入全球化链条，人均 GDP 从 1000 美元上升到 7000 美元，我们短期内恐怕再也难以找到比中国市场更大的国家加入这个系统，这意味着全球化的进程可能接近谢幕。全球化的进程类似于一国的城镇化过程，即资本快速积累的过程。而现在全球化的放缓即意味着资本对于全球潜在增速的贡献下降。世界各国历史 GDP 增速如表 10-1 所示。

表 10-1　　　　　　　　世界各国历史 GDP 增速

	1980 年	1985 年	1990 年	1995 年	1999 年	2002 年	2007 年	2010 年	2015 年
澳大利亚	3.3564	4.1002	-0.3753	3.9488	3.8679	3.0683	3.6981	2.3728	2.7658
加拿大	2.1626	4.7341	0.1543	2.6777	5.1632	3.01	2.0627	3.0835	0.9417
德国	1.4088	2.3279	5.255	1.7376	1.9871	0	3.2605	4.0799	1.7207
意大利	3.43	2.7981	1.9858	2.8868	1.5598	0.2485	1.4739	1.6865	0.7317
日本	2.8176	6.3334	5.5724	1.9423	-0.1993	0.2895	2.1922	4.7114	0.5708
韩国	-1.7013	7.7496	9.8112	9.5706	11.3086	7.4324	5.4634	6.4968	2.6119
葡萄牙	4.5893	2.8074	3.9505	4.2828	3.8882	0.7688	2.492	1.8987	1.5956
西班牙	2.2087	2.3214	3.7814	2.7575	4.4849	2.8798	3.7689	0.0138	3.2047
英国	-2.0412	4.1873	0.7169	2.5064	3.2833	2.3973	2.5558	1.9152	2.1942
美国	-0.2446	4.2387	1.9194	2.719	4.6852	1.7861	1.7786	2.5319	2.5962
中国	7.8341	13.4307	3.9202	10.954	7.6616	9.1336	14.2309	10.6359	6.9157

全球人口正在步入老龄化，这将对未来全球的宏观经济层面产生巨大的影响。

由于全球老龄化，全球劳动力的增速正在经历快速下降的过程（世界劳动人口增长率走势见图 10-1），在未来 20 年里劳动力增速可能仅 0.5% 附近，而在 2000~2007 年的周期里，劳动力增速平均仍有 1.2%。换句话说，单单考虑劳动力的因素，全球潜在增速已下滑 0.7 个百分点。全球主要劳动人口贡献如图 10-2 所示。

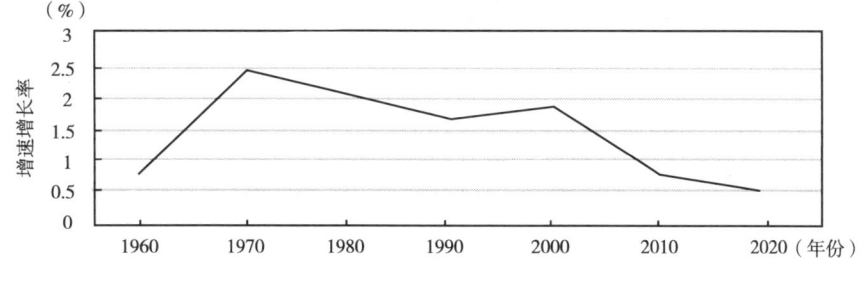

图 10-1　世界劳动人口增长率走势

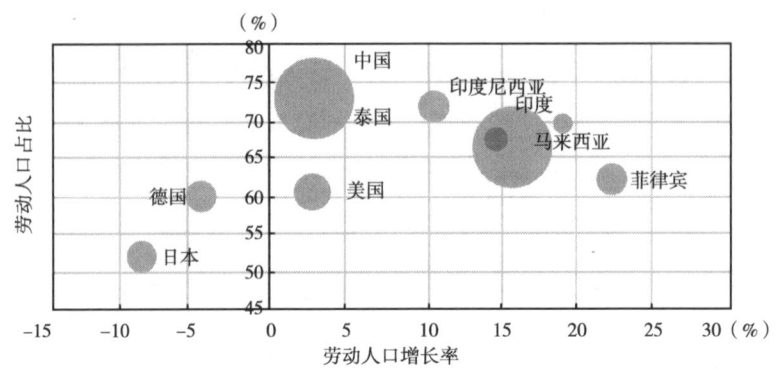

图 10－2　全球主要劳动人口贡献

在经济驱动放缓前提下，大类资产的表现主要依赖于货币政策。然而四十年来的利率宽松周期可能接近极致，这导致全球资金量大规模扩张。全球主要经济体的利率自 20 世纪 80 年代左右开始进入下行通道。一方面，美国的贫富差距在布雷顿森林体系崩溃之后一直处在上升趋势，目前已超过 1929 年大萧条前的水平，而贫富差距过大已开始成为影响美联储货币政策的政治因素；另一方面，对欧洲和日本而言，负利率已经开始损害其金融机构存在的根基。从这个角度来看，可能这轮长达数十年的货币宽松大周期都在走向极致，在流动性可能转紧的背景下，未来大类资产估值或将承压，同时资产的波动可能放大。

2. 全球经济发展的判断

当前全球经济正处于周期的拐点上，展望未来十年，可能出现两种情形。

（1）全球找到新的增长主题。

经济周期将类似于 20 世纪 90 年代或 21 世纪前十年。基于以上我们对于当前周期的分析，在这种情形下，资产组合可以参考 20 世纪 90 年代或 21 世纪前十年。

高收益/风险的资产：可能来自于上述三个方面的国别或相关部门资产。同时，如果出现第一个增长主题，那么商品价格在这一轮周期中也将受到新经济的驱动。

低收益/风险的资产：已跨过成长期的经济体的固定收益资产。当前来看，一些正由成长期走向成熟期的新兴市场国家的固定收益产品可能将是这一时期提供低收益/风险最佳的资产。发达经济体的债券也能够提供稳定的票息回报，但刚刚进入成熟期的经济体其债券还将受益于经济增速的下滑而出现资本利得。

（2）全球依然未找到增长点，维持低增长。

经济周期类似于20世纪70年代至80年代初期。如果出现这种情形，那么全球增速依然维持低速，全球缺乏能够提供高回报率的资产。同时，由于过去发达经济体央行投放的大量货币，使得全球流动性过剩，这与1973年布雷顿森林体系崩溃后全球货币供给失去锚的限制是类似的。在这样缺需求环境下，黑天鹅冲击可能增加。

3. 跨境资产配置策略：防御为重，投资策略比资产选择更重要

资产轮动加快，资产波动率上升且黑天鹅概率上升。在资本过剩而投资机会不足的情况下，资产价格不再具备自动走向均衡的机制（即"资产价格被低估—资产价格上涨—资产失去吸引力—达到均衡"），而过剩的流动性成为主导资产价格最重要的因素，资产价格定价模式变成发散的过程（即"资金涌入资产—资产价格上涨—更多资金涌入……"）。在这种新模式下，实际上全球金融资产的定价的稳定性是下降的。全球的资产泡沫启动—泡沫破灭的频率将加速。

投资策略上"分散投资"或"持现金等坑"。因而，在这种情况下，资产配置的策略上应区别于情形一中"买入并持有"的策略，而更多地应采取：（1）分散投资：由于没有明确的主题，也就是没有明显的成长型经济体，拉长周期来看大类资产的收益率差距不大（同样的，在1970~1989年也是如此，这一时期资产收益之间的差距明显小于其他时期），但期间的波动可能较大。因而，可以采取分散投资的方式获得平均收益；（2）持现金等坑：由于资产波动及波幅变大，资产上涨和下降的幅度可能都是超调的，因而可以采取类似于Hedge Fund中的Distressed Investing的策略。可以增加一定比例的现金持仓，在资产超调时买入并持有较短一段时间来获益。

（二）大类资产历史表现与规律

世界经济规律有助于我们把握跨境资产配置战略，而具体配置则是具体战术范畴，选择什么样的资产进行配置，是最难把握也是最关键的内容。下面我们来复盘主要的大类资产历史表现，寻找长期视角的资产价值波动规律，预判价值走势，寻求合理的跨境资产配置战术。

1. 德国 VS 澳大利亚的启示：战争（尤其是战败）的代价

过去100年的资产表现来看（见图10-3），有一个很有意思的现象，德国股市是过去100年内最差的资产,年均收益-20.5%,远远低于其他类型资产,这意味着长期来看,规避最差的风险资产是大类配置的首要任务。相对而言,澳大利亚股市是表现最好的资产之一。从当前的经济实力、经济前景来看,德国似乎更胜一筹。然而,长周期资产表现却大相径庭。显然,战争是导致德国资产长周期收益为负的最主要原因,1910~1929年,德国股市年均下跌20%,随后在1940~1949年再度出现年均29%的下跌。尽管战争结束后德国股市稳定上涨,但仍无法填补战争时的下跌。然而,对比澳大利亚,依靠政局及经济的稳定,在每一轮新兴经济体启动时均作为资源供应者而受益。

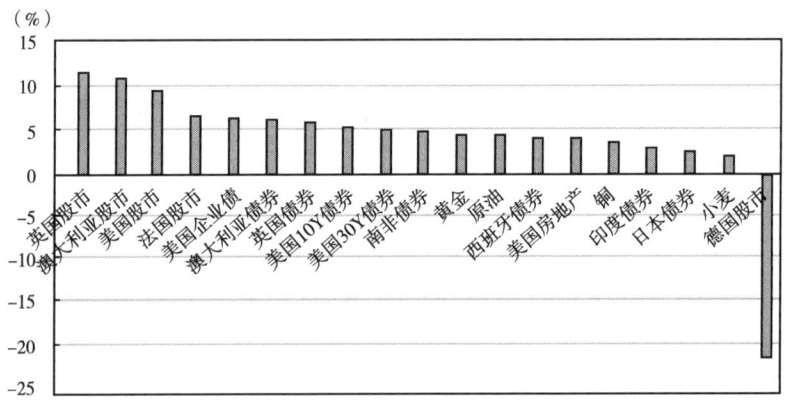

图10-3　1917~2016年全球主要大类资产年均回报率排名

与战争有类似杀伤力的:汇率崩盘。二战结束后,全球已无大规模的战争。然而,我们发现在布雷顿森林体系崩溃之后,随着汇率开始浮动,汇率崩溃成为全球进入和平年代后的资产收益的隐形杀手。部分新兴经济体的汇率贬值幅度是惊人的。在这种幅度的汇率贬值背景下,其任何资产都无法获得较好的收益。而出现汇率巨幅贬值的经济体也大多为政局动荡较多的国家。

2. 长周期角度:什么是最好的资产?

股市>债市>商品、地产。从过去100年的长周期角度来看,大类资产的收益有以下的大致排序:股市>债市>商品、地产。由于数据可得性的问题,长周期数据主要限于在过去的一百年中较为"成功"的发达国家。对于这些国家而言,商品仅是投入品,债券仅是获得了经济发展中的无风险收益,而股市享受到经济发展过程中创造附加值带来的超额收益。

长周期累计收益不仅取决于经济发展的高度,也取决于发展的时间长度。

如果从当前的经济实力来看，美国无疑是当前经济实力最强的经济体。然而，以100年的时间尺度来看，其累计收益不及澳大利亚、英国。但如果回顾各经济体的发展历史，澳大利亚、新西兰、英国的发展历史均早于美国。在我们考察的起点（1914年）（如表10-2所示），新西兰是人均GDP排名第一的国家，其次是澳大利亚、英国，美国仅居第四位。尽管在以后的经济周期中，美国经济实力强于新西兰、澳大利亚，但这两个大洋洲经济体凭借其经济起步早、发展稳的优势在长周期资产的累计收益中占据前列。

表10-2　　各阶段股市最好的收益与发展主题密切相关

阶段	1910~1949	1950~1969	1970~1989	1990~1999	2000~2009	2010~2017
关键词	战争萧条	战后重建	产业升级	IT革命	全球化	大国博弈
美国	5.6%	10.9%	10%	18.2%	-1.0%	12.2%
德国	2.5%	13.2%	10.3%	10.5%	2.7%	8.5%
英国	4.9%	10.1%	11.4%	14.9%	1.6%	9.8%
日本		16.7%	15.0%	-0.9%	-4.1%	6.8%
澳大利亚	6.1%	10.9%	9.3%	9.0%	12.4%	5.4%
西班牙		9.7%	10.8%	13.9%	8.0%	2.1%
瑞士		9.5%	15.6%	5.6%	11.4%	
韩国			18.2%	-0.7%	9.6%	8.4%
马来西亚				2.1%	8.9%	12.0%
印度				10.2%	14.5%	4.4%
墨西哥				9.8%	11.5%	8.8%
南非			9.9%	4.2%	12.6%	7.8%

（三）大类资产历史规律的启示

1. 长周期选股票

某一个阶段表现最好的股市与这一阶段全球经济主题紧密相关。如果将目光局限在股票资产中，观察过去一百年股市的表现，会发现每个阶段最优的股票资产与这一时期的经济主线有明显的正相关性。

1950~1969：战后繁荣期、日本开始工业追赶。这一时期最好的股市资产是日本，其次是处于战后恢复期的德国。

1970~1989：日本产业升级（最后的全盛时代），汽车及电子产业开始赶超美国。韩国开始接受日本产业转移而崛起。这一时期最好的资产是韩国，其次是日本，且明显超过美国。

1990~1999：美国IT革命，再次成为全球科技及经济的领头羊。这一时期最好的资产是美国以及相关链条上的墨西哥。

2000~2009：全球化浪潮。这一时期最好的资产是全球化最受益的加入全球分工的中国等新兴市场。

从全球股市的轮动来看，基本上沿着美国→日本→韩国→中国的顺序，这与经济崛起的顺序是一致的。

成长期是投资某个国家股市的最佳时期。对比同一经济体不同阶段的涨幅也可以发现，股市表现最好的时间是该经济体刚刚崛起的时期。如日本的战后至20世纪70年代、韩国的70年代至80年代、中国的21世纪前10年。

事实上，如果把国家看作公司，投资国家的股市与投资一个公司的逻辑是相似的。区别只是在于单一公司从成长期到成熟期的时间较短，而某个国家的时间则较长，且中途可能会遭遇经济周期的波动。投资于某个公司的最优时间也是该公司正处于成长期的时期（崛起）或者有新产品推出时（技术革命）。而进入成熟期后，其公司估值提升空间下降，股价仅受益于盈利的稳定增长。

2. 成熟期选资产

就某个经济体而言，我们发现似乎有这样的规律，在经济体处于成长期时：其债券与房地产收益率较低，而股市的收益相对较高，尽管波动较大；当经济体进入成熟期时：其债券与房地产收益率上升，与股市收益率之间的差距缩小（具体见图10-4、图10-5、图10-6）。

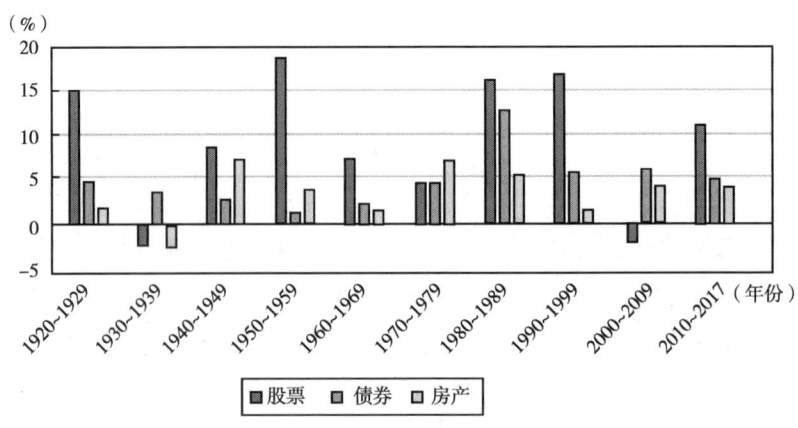

图10-4　美国大类资产收益百年回顾

第十章
家族跨境资产配置路径优化

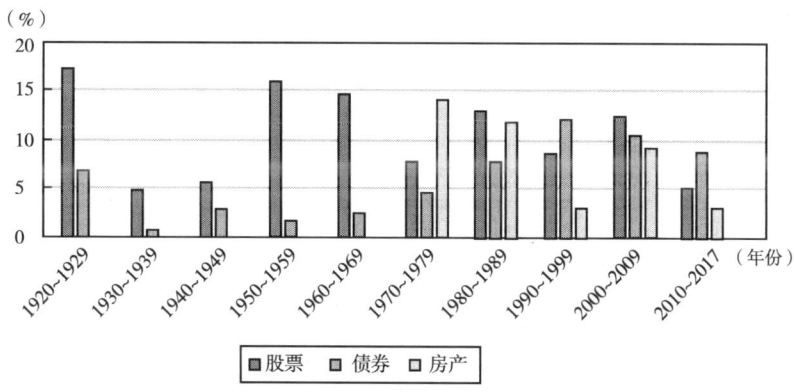

图 10-5 澳大利亚大类资产收益百年回顾

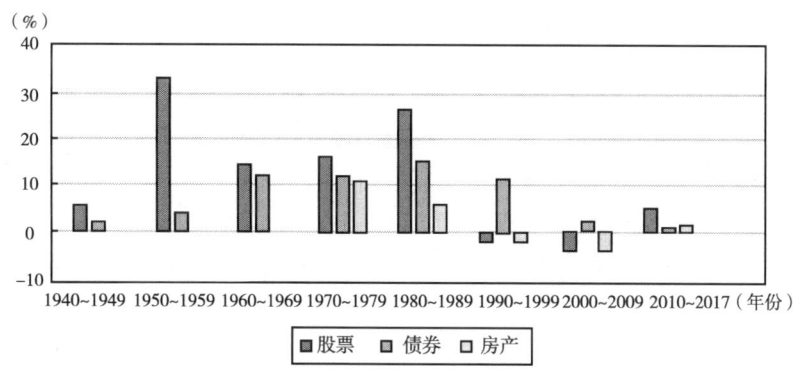

图 10-6 日本大类资产收益百年回顾

3. 看事件选大宗商品

商品更像是事件驱动型的资产。从长周期的角度来看,商品的走势更像是事件驱动型的资产,其上涨更多呈现"平稳(下跌)—快速、大幅上涨"的特点,其持续时间通常不超过 10 年。从长周期的角度来看,其整体收益不及其他大类资产。下面是不同商品的驱动事件:

原油:供给冲击。如 20 世纪 70 年代中东战争、21 世纪前 10 年的 OPEC 产能遇到瓶颈;

黄金:(1)大宗商品上涨带来的通胀风险,如 20 世纪 70 年代、21 世纪前 10 年;(2)避险,如 2007~2008 年的全球性金融危机。

工业金属:新兴市场崛起,导致其对基础设施的投入大幅上升。

4. 债券的时代一去不返

债券的收益从走势来看(见图 10-7),收益已经难以再现往日的光辉。反应迅速的基金目前均减低了国债类固定资产的配置比例,转向新的资产方向,如耶鲁基金会38%的资金配置了私募股权,收益远远超出其他资产管理公司,而32%配置了股票,19%配置了房产,配置固定收益债券的比例缩减到了8%左右。

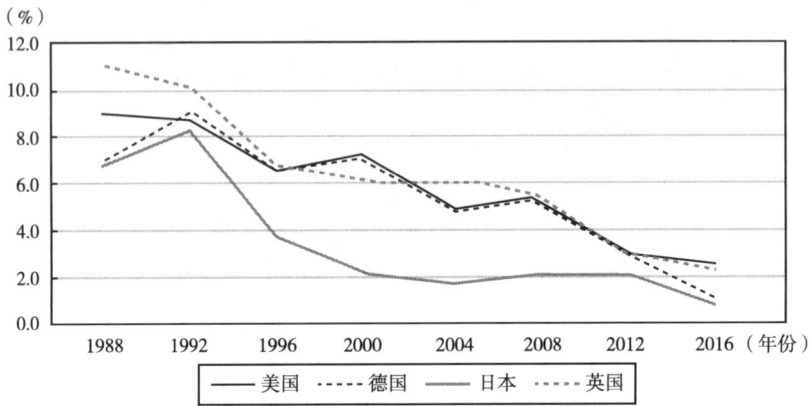

图10-7 世界主要国家债券历史收益回顾

第二节 全球风险与汇率历史表现与规律

本部分,我们主要介绍在跨境资产配置过程中需要关注的风险,并且简要分析国际货币的发展及汇率趋势。

一、家族跨境资产配置的主要风险

在跨境资产配置过程中,必须关注大类资产所面临的全球风险。根据世界经济论坛发布的《2017年全球风险报告》,未来10年对全球发展具有深刻影响的三大趋势分别为经济不平等、社会两极分化以及环境风险日益加剧。不断扩大的收入差距和日益加剧的社会分化等趋势诱发了2016年的政局变化,如果不采取紧急措施,这些趋势可能会进一步加剧全球风险。

世界经济论坛就30项全球性风险对大约750名专家作了调查,结果倾向于三个方面:第一,政治风险,结构性高失业率或就业不足与激烈社会动荡导致民众对政治的不满引起政治动荡愈演愈烈;第二,科技颠覆,其中人工智能和机器人技术发展空间最大,其潜在的颠覆能力也最大;第三,货币格局,在美

第十章
家族跨境资产配置路径优化

元与各国货币博弈过程中,给全球汇率带来前巨大的风险。除此之外,环境问题也被提及,其中极端气候事件被认为是所有环境风险中最突出的全球风险。

(一) 政治风险

政治风险咨询公司 Eurasia Group 认为,2018 年十大全球风险之中,最大风险不是科技业冷战、不是贸易保护主义 2.0,而是中美角色的一种变化。Eurasia Group 认为,2018 年全球面临的政治风险之高堪比十年前金融危机时期,最大的风险来自中国和美国角色的变化。在其列举的 2018 年十大地缘政治风险之中,中美国际政治地位变化排在第一位:特朗普放弃了美国领导多边主义的承诺,让美国未来在亚洲的角色出现很大不确定性。意外事件可能导致冲突排在政治风险第二位。由于朝鲜半岛对峙持续、极端恐怖组织伊斯兰国(ISIS)威胁增加、美俄紧张关系升级,可能发生安全冲突。古巴导弹危机以来,还没有出现过国家政府制造的任何地缘政治危机,但目前很多地方的当权者一旦出现误判或者决策失误,就可能触发严重的国际冲突。

表 10-3   Eurasia Group 列举 2018 年全球政治风险简表

主要风险	风险细节及影响
中美国际政治地位变化	特朗普放弃了美国领导多边主义的承诺,让美国未来在亚洲的角色出现很大不确定性。美国的政治模式被削弱,中国的政治模式被视为比以往都要强大,在贸易与投资、科技、政治价值观这三方面,中国设定国际标准的阻力比以往都要小
意外事件可能导致冲突排	由于朝鲜半岛对峙持续、极端恐怖组织伊斯兰国(ISIS)威胁增加、美俄紧张关系升级,可能发生安全冲突。古巴导弹危机以来,还没有出现过国家政府制造的任何地缘政治危机,但目前很多地方的当权者一旦出现误判或者决策失误,就可能触发严重的国际冲突
全球科技业冷战	获得对新兴技术的主导是经济大国最重要的战争。预计 2018 年中美两国将进行人工智能等突破性技术方面的竞赛,其他国家地区将必须决定接受谁的产品和技术标准
美国与伊朗关系成为风险源	2018 年,伊朗核协议有可能继续存在,但也有较大可能不复存在。特朗普会支持沙特,双方联手在叙利亚、伊拉克和也门遏制伊朗。若核协议被撕毁,伊朗会加快速度开展核试验,美国与以色列打击伊朗的风险会重燃,推升国际油价
贸易保护升级为 2.0	贸易保护主义 2.0 意味着,保护壁垒将会扩大到数字经济和创新密集型产业。新的壁垒更趋于无形:并非进口关税和配额制,而是国家救助、补贴、购买本地产品的要求等
英国退欧	如果退欧谈判上失利,英国首相特蕾莎·梅可能因管理退欧过程的问题失去首相职位,会伤害退欧谈判和英国国内经济政策。英国与欧盟未能达成退欧协议,英镑汇率下跌

续表

主要风险	风险细节及影响
南亚身份政治崛起	伊斯兰主义、反华和反其他少数民族情绪、印度日益激化的民族主义。伊斯兰主义在部分南亚地区助长了民粹主义,在印尼和马来西亚最为突出
非洲恐怖主义威胁	南苏丹、索马里等非洲边缘地区将产生负面溢出,影响尼日利亚、埃塞俄比亚等非洲核心国家。一些成为战火和恐怖主义打击目标的国家比往年更脆弱

(二) 科技颠覆

社会发展落后于技术变革。全球城市竞争力报告中分析了12项新兴技术,其中人工智能和机器人技术的潜在效益最大,但潜在的负面影响也最大,因此需要更完善的治理体系。报告分析了"第四次工业革命"加剧全球风险的可能性。在对12项新兴技术作出分析的基础上,调查发现人工智能和机器人技术最有可能带来负面影响。虽然这两项技术有可能推动经济增长并助力解决复杂的挑战,但在12项新兴技术中,这两项技术是扩大经济、技术和地缘政治风险的首要因素。

科技创新在近10年世界经济发展中起了重要的内在驱动作用。这个趋势也在美国公司估值排名上得到验证(见表10-4)。苹果、谷歌、亚马逊、Facebook等一大批互联网和高科技公司取代了埃克森美孚、通用电气、花旗银行、美国银行等传统能源和金融巨无霸企业的地位。特别是苹果、谷歌、亚马逊、Facebook这几家公司,分别是智能手机、网络检索、电子商务、网络社交等新技术和新行业的翘楚,也代表着美国和世界经济发展的新趋势,而这一趋势也和中国估值公司排名趋势相重叠。

表10-4　　2007年与2017年全球估值前十公司对比表

排名	2017	排名	2007
1	苹果公司	1	埃克森美孚公司
2	谷歌公司	2	美国通用电气公司
3	微软	3	微软
4	亚马逊	4	中国工商银行
5	Facebook	5	美国花旗银行
6	伯克希尔·哈撒韦公司	6	美国电话电报公司
7	腾讯	7	荷兰皇家壳牌

续表

排名	2017	排名	2007
8	阿里巴巴	8	美国银行
9	美国强生公司	9	中国石油
10	摩根大通	10	中国移动

在全球范围内，10年间科技公司的高速发展和快速崛起，背后有很多因素，但一个不容忽视的因素就是风险投资对于科技创新发展巨大的推动力。最早在美国硅谷，风险投资帮助斯坦福大学周边一大批小科技公司成长起来。而苹果、谷歌、亚马逊、Facebook等科技巨头背后都有风险投资的身影。中国的腾讯、阿里巴巴也是如此，在他们最早接受国外风险投资成长起来后，国内各界终于认识到了风险投资对于高科技行业的巨大作用，也促成了中国风险投资行业的快速发展，成为中国创新创业不可或缺的重要力量之一。

企业排名只是表象，伴随着科技的不断更新，很多昔日辉煌的公司可能在朝夕之间破产，这种风险在未来跨境资产配置中，尤其是偏好配置股权资产需求高额回报的企业，需要更加关注。

（三）货币格局

布雷顿森林体系解体以来，世界各国普遍实行浮动汇率制，美元、日元、马克、英镑等主要货币之间的比价时刻都处在剧烈的上下起浮变动之中，致使国际间债权债务的决算由于汇率的变动而事先难以掌握，从而产生了汇率风险。我国也处在一个实行浮动汇率制的国际货币体系之中，汇率风险仍然严重地影响着我国的国际收支平衡和企业的经济收益，特别是在改革开放的今天，在我国对外迅速发展的今天，这种影响尤为突出。

美元的地位长久以来都不可撼动，但是随着欧元的产生和人民币国际化战略的不断推进，也在逐步地改变着国际货币的格局，全球主要国家的货币汇率都在不断地发生着变化，相应的货币指数以及衍生金融工具不断在创新，汇率风险在货币博弈中不断增加。在跨境资产配置过程中，汇率风险更是不能忽视的问题。我们在下一节深入分析货币竞争力和汇率风险。

（四）环境恶化

跨境配置资产，还需要关注全球环境问题。极端气象事件、自然灾害、人为环境灾害、水危机以及未能调整和减缓气候变化等五大环境风险，首次在调查中被同时列为发生概率高、影响力大的风险，其中极端气象事件被认为是所有环境风险中最突出的全球风险。尽管2016年世界各国在气候变化领域取得了长足进步，包括美国和中国在内的多个国家批准了《巴黎协定》，但是欧洲和北美政局的变化使得在气候变化问题上取得的进展面临风险。这也说明，在应对迫在眉睫的经济与社会风险方面，领导者要想在国际层面达成一致行动将面临重重困难。

当今世界正经历着各种错综复杂的转型，因此既要为未来的低碳发展和前所未有的技术变革做好准备，又要调整适应新的全球经济与地缘政治格局。关注跨境资产配置中的主要风险，积极应对，有备无患。

二、货币历史与人民币国际竞争力

在家族跨境资产配置的过程中，货币与汇率也是至关重要的因素，我们主要从货币兑SDR以及货币兑美元和主要货币指数来进行分析。从布雷顿森林体系解体至今，国际主要货币的汇率表现分化严重，政治动荡以及经济落后的地区的货币发生了大幅的贬值，见表10-5。

表10-5　布雷顿森林体系解体以来各国货币兑SDR贬值幅度

序号	国家	贬值率	序号	国家	贬值率
1	日本	-50.3%	11	菲律宾	737.3%
2	新加坡	-34.3%	12	印度	904.5%
3	美国	27.4%	13	印度尼西亚	3543.1%
4	马来西亚	70.7%	14	哥伦比亚	10691.2%
5	委内瑞拉	86.0%	15	巴西	129879.7%
6	英国	89.7%	16	墨西哥	135400.9%
7	澳大利亚	100.9%	17	智利	1014319.2%
8	泰国	102.0%	18	阿根廷	1042747.3%
9	韩国	236.8%	19	越南	2694631.3%
10	中国	293.5%	20	秘鲁	8625259900%

（一）全球主要货币形式分析与走势

2017年以来，美元地位不断受到挑战，从全球主要货币指数数据来看，美元指数出现了一定程度的下跌，欧元区货币表现较好，日元也一改低迷，开始呈现复苏迹象；澳元在经历近 5 年的下跌之后，有了一定程度的反弹，如图 10-7 所示。

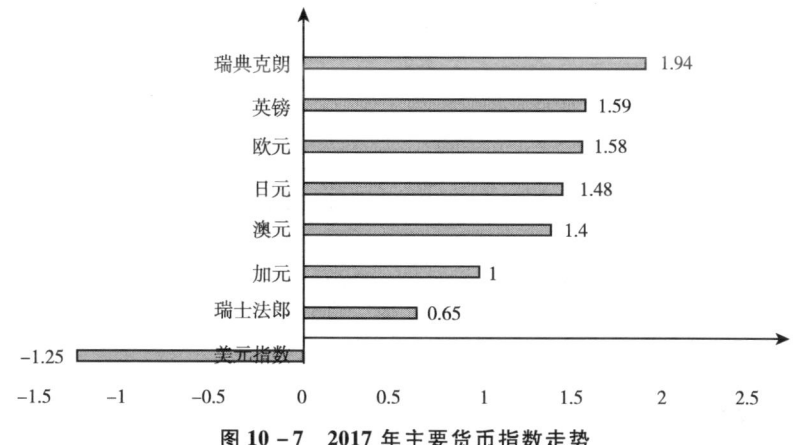

图 10-7 2017 年主要货币指数走势

2017 年，全球新兴经济体货币兑美元汇率表现虽有分化，但多数也有走强趋势（见图 10-8）。

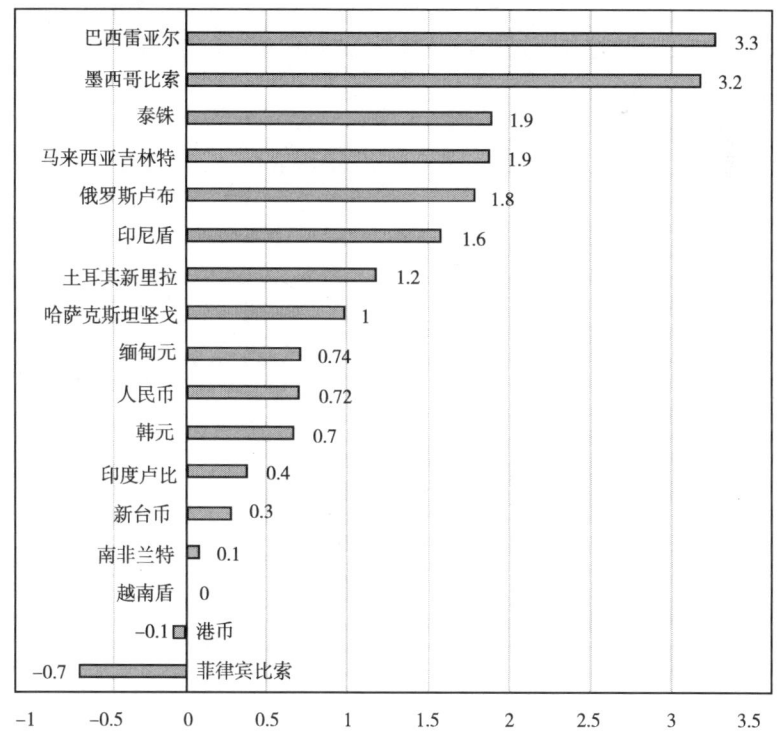

图 10-8 新兴经济体兑美元汇率走势

（二）人民币国际竞争力发展趋势

人民币国际化是近10年来中国议题金融经济领域的关键议题，随着人民币国际竞争力的提升，国际货币体系也在发生着重大的变化，时刻影响着全球货币的汇率。

1. 人民币加入SDR

从人民币2016年10月1日加入SDR（特别提款权）。距离上一轮评估历时整整五年，IMF终于批准人民币进入SDR。人民币纳入SDR将被解读为IMF对人民币作为自由可使用货币的官方背书，同时也标志着中国在国际金融市场中日益凸显的重要性得到了国际认可，这还将进一步推动中国国内金融改革以及资本项目开放进程。根据IMF总裁拉加德回答记者提问时的标书，人民币权重为10.92%。此外，在人民币纳入SDR后，美元权重下降到41.73%，欧元下降到30.93%，日元为8.33%，剩下的是英镑的份额。

2. 货币互换协议

至2017年年初，已经有32个国家和地区与中国签订了货币互换协议（见表10-6），代表着这些国家已经进一步认可人民币的价值和地位，为人民币的国际汇率稳定增加了重要的筹码，也为全球货币对抗美元提供了工具。

表10-6　　　　　　中国货币互换国家和地区列表

序号	签署日期	国家/地区	规模（亿元RMB）	有效期
1	2009年3月11日	白俄罗斯	200	3年
2	2009年3月23日	印度尼西亚	1000	3年
3	2009年4月2日	阿根廷	700	3年
4	2010年6月9日	冰岛	35	3年
5	2011年4月18日	新西兰	250	3年
6	2011年4月19日	乌兹别克斯坦	7	3年
7	2011年6月13日	哈萨克斯坦	70	3年
8	2011年10月26日	韩国	3600	3年
9	2011年11月22日	中国香港	4000	3年
10	2011年12月22日	泰国	700	3年
11	2011年12月23日	巴基斯坦	100	3年
12	2012年1月17日	阿拉伯联合酋长国	350	3年
13	2012年2月8日	马来西亚	1800	3年

续表

序号	签署日期	国家/地区	规模（亿元 RMB）	有效期
14	2012年2月21日	土耳其	100	3年
15	2012年3月20日	蒙古国	100	3年
16	2012年3月22日	澳大利亚	2000	3年
17	2012年6月26日	乌克兰	150	3年
18	2013年3月7日	新加坡	3000	3年
19	2013年3月26日	巴西	1900	3年
20	2013年6月22日	英国	2000	3年
21	2013年9月9日	匈牙利	100	3年
22	2013年9月12日	阿尔巴尼亚	20	3年
23	2013年10月10日	欧洲央行	3500	3年
24	2014年7月21日	瑞士	1500	3年
25	2014年9月16日	斯里兰卡	100	3年
26	2014年10月13日	俄罗斯	1500	3年
27	2014年11月8日	加拿大	2000	3年
28	2015年3月18日	苏里南共和国	10	3年
29	2015年3月25日	亚美尼亚	10	3年
30	2015年4月10日	南非	300	3年
31	2015年4月25日	法国	250	3年
32	2015年11月3日	卡塔尔	350	3年

货币互换的优势在于：

（1）能够促进双方贸易发展。中国与俄罗斯签署货币兑换协议，双方确定互换金额及到期日。对俄罗斯来说，相当于中国借给该国人民币使用。该国央行就拥有了一定金额的人民币。于是，俄罗斯的进口商从中国进口商品时，他们就可以用这些人民币来支付给中国的出口商。而中国的进口商想到从俄罗斯采购石油等物资时，也可以直接付给他们卢布，提高了贸易结算的便利，减少了对美元的依赖。

（2）能够规避汇率风险。两种货币之间直接兑换，就意味着它们抛开了美元进行交易。美元的涨跌，对这两种货币的影响降到了最低。试想一下，如果没有卢布和人民币互换，俄罗斯进口商从中国进口商品时，要把卢布换成美元，支付美元给中国；而中国的出口商收到美元以后，要做什么呢，他们需要把美元转换成人民币。这样的话，不仅过程繁琐，而且两种货币受到美元影响,会产生汇率风险。

3. 境外人民币结算

为了进一步拓展人民币在全球的影响力,提高人民币持有者的兑换效率,我国在全球经济发达区域开设了境外清算银行(见表10-7)。

表10-7　　　　　　　部分年份境外人民币清算行开设列表

国家和地区	时间	清算行
中国香港	2003年12月	中国银行(香港)有限公司
中国澳门	2004年09月	中国银行澳门分行
中国台湾	2012年12月	中国银行台北分行
新加坡	2013年02月	中国工商银行新加坡分行
英国	2014年06月	中国建设银行(伦敦)有限公司
德国	2014年06月	中国银行法兰克福分行
韩国	2014年07月	交通银行首尔分行
法国	2014年09月	中国银行巴黎分行
卢森堡	2014年09月	中国工商银行卢森堡分行
卡塔尔	2014年11月	中国工商银行多哈分行
加拿大	2014年11月	中国工商银行(加拿大)有限公司
澳大利亚	2014年11月	中国银行悉尼分行
马来西亚	2015年01月	中国银行(马来西亚)有限公司
泰国	2015年01月	中国工商银行(泰国)有限公司
智利	2015年05月	中国建设银行智利分行

境外人民币清算银行的开设,极大地便利了人民币的兑换效率,为跨境资产配置提供了一定的汇兑保证。

(三)家族跨境资产配置与汇率风险的考虑

基于本节的分析,货币汇率历史上呈现了较大的波动,汇率的风险是时刻存在的,影响也不可忽视,所以选择跨境资产配置过程中要关注汇率的风险。在跨境资产配置运作过程中,可以参照本节的国际货币发展趋势,并考虑区域政治、经济发展以及配置资产的流动性等因素,综合评价和选择配置区域及资产。建议优先配置人民币接纳度、互换额度、结算硬件条件高的区域资产,提高变现的便利性,降低跨境资产配置中的汇率风险,保护资产的货币价值,避免汇兑损失。

第三节　主要配置区域的税负与安全评价

在 G20 的推动下，以税基侵蚀与利润转移（BEPS）15 行动计划为代表，国际税收新规则已经初步建立，发展中国家与发达国家在税收源上的争夺与新规则运用上的矛盾将愈加显现。在反避税方面，我国已经发布了 CRS（common reporting standard, CRS），即"共同申报准则"，目前全球已经有 100 多个国家签署了协议，开展金融账户交换行动，这使得私人资本无所遁形。在避免重复征税方面，我国目前已经与多数国家开展了税收协定。

然而家族跨境资产配置面临的税收风险不仅来源于避税与征税，东道国的税收制度、征税规范性，甚至政治、经济的稳定性也同样影响着配置的结果。于是进行跨境资产配置东道国税收安全评估是当今市场经济发展的客观要求，也是跨境投资税收征管改革深入进行的必然结果。本节以税收协定及共同信息交换准则（CRS）发展为背景，采用定量分析与定性评价相结合，对样本国家的投资税收安全进行评价，以识别跨境投资的安全区域及风险区域以寻求税收协定庇护下的税收安全，为我国家族在跨境投资决策中提供参考依据。

一、税收安全的概念

当开展跨境资产配置时，面临着两个或两个以上国家政府对纳税人行使各自的征税权力中形成的税收分配关系问题，更面临着税收遵从不确定性及税收征管变动造成损失的风险。跨境股权投资的税收安全的主要影响来源于税收的稳定性、税负的高低、税收协定的保护性三个方面。

税收的稳定性则主要来源于东道国的政治法律环境、经济环境平稳性，东道国政府政治目标、经济目标、社会目标的不一致性和内部环境的复杂性往往导致境外投资存在较大的税收稳定性风险。税负的高低主要由东道国税制与税率构成，而跨境投资主要涉税税种为企业所得税、股息税、利息税；税负的高低往往要综合考虑税制结构与总体税负的大小。税收协定的保护力则主要由母国与东道国的协调能力与协定内容两方面构成。另外，东道国的征税规范性、

征管机构的完善性以及税收协定的保护力都会受到影响。

所以，我们将跨境投资税收安全定义为东道国税负合理、税收稳定且母国可以享有税收协定保护的跨境投资税收条件。

二、税收安全的影响因素

从影响跨境投资税收安全的三个方面来分析，首先是税收稳定性。税收稳定性包括政治、法律、经济以及环境等方面不存在变动风险。基于数据的可取得性，我们选择政治稳定性、经济增速以及极端环境三个指标来评价税收稳定性。

第一，从历史发展规律来看，一个国家的政治经济大环境往往决定其税收规模和结构。跨境投资战略中需考虑的发展中国家较多。经济发展状况良好的国家，政治局势稳定，税制结构相对更合理、税负程度适中、税收规模与环境更稳定，税收风险发生的概率也较低；而极端天气情况也会影响到投资效果，如果不加考虑，投资中的争端也较多，也会影响到税收稳定。

第二，税负因素，目前最主要的是增值税、企业所得税和个人所得税、遗产税以及印花税。除了企业所得税和个人所得税是各国的主要税种以外，增值税作为一种以增值额征收的流转税，其征收范围广泛，在跨境投资税收风险管理决策中占比较大。最终我们考虑到多数国家的税制区别，选择增值税、企业所得税、个人所得税作为评价税负压力的指标。

第三，协定保护。其中税收协定、征税规范、税收优惠都是我们选择的因素，国家间往往以税收协定来避免双重征税，减少企业额外的税收负担，所以我们将税收协定作为评价指标。在其他投资条件相同或相似的情况下，税收优惠自然成为选择经营地点的重要因素。

单纯只考虑税收优惠而忽略东道国内的征税机构结构是否完整、征税的规范性与否，会给企业境外投资税收风险决策带来较大失误。由于东道国的征管不规范，可导致企业不能按时申报纳税、少报甚至不能及时享受免税、退税优惠，加重了税收成本。另外，个别东道国，尤其是发展中国家，境外投资企业因其税收征管体系的不完善、税法机关执法不规范，遭受东道国税务机关不规范、不透明执法的侵害，所以我们将征税规范性作为协定保护的指标；另外考虑到谈判的筹码，我们将贸易依赖也作为协定保护的考量指标之一。

三、税收安全评价体系构建

根据前述的影响因素,设置跨境资产配置税收安全评价体系,见表10-8。

表10-8　　　　　　　　　跨境税收安全评价指标体系

目标层	准则层(一级指标)	方案层(二级指标指标)	计算方法
企业对外投资税收风险评估指标体系	税收稳定性A1	政治稳定性X_1	根据投资指南评分
		经济增速X_2	采用GDP增值率
		极端气候占比X_3	极端天数/365
	税负压力A2	增值税X_4	平均税率
		企业所得税X_5	平均税率
		个人所得税X_6	平均税率
	协定保护A3	税收协定X_7	有为1,没有为0
		贸易依赖X_8	根据投资指南评分
		征税规范性X_9	根据投资指南评分
		税收优惠力度X_{10}	根据投资指南评分

本书采用线性回归的方法来构建模型和检验各指标的影响是否显著,并对显著的指标采用相关系数作为权重,为后续评价提供依据。构建模型如下:

$$y = a_1 X_1 + a_2 X_2 + \cdots a_{10} X_{10} \qquad (10-1)$$

其中y采用2016年中国对东道国的投资流量,$X_1, \cdots, X_{10}$的意义及计算方式见表10-9,我们共选择10个指标,据此进行线性回归分析。

采用SPSS20.0进行线性回归,结果如表10-9所示。

表10-9　　　　　　　　　各指标与投资流量回归结果

模型	非标准化系数		标准系数	t	Sig.
	B	标准误差	试用版		
(常量)	-803803.144	593688.462		-1.354	0.184
增值税	-582654.946	588348.107	-0.107	-0.990	0.329
企业所得税	65698.958	582801.559	0.013	0.113	0.911
个人所得税	-1767423.311	1536422.398	-0.254	-1.150	0.003
税收协定	-766954.114	786864.690	0.171	-0.975	0.004
征税规范性	1613209.949	448727.045	0.349	3.595	0.001

续表

模型	非标准化系数		标准系数	t	Sig.
	B	标准误差	试用版		
税收优惠力度	-4796910.700	1025813.160	-1.035	-4.676	0.000
经济增速	639864.538	550147.530	0.133	1.163	0.253
贸易依赖	12448989.485	1648829.727	1.747	7.550	0.000
政治稳定性	723398.315	1079597.292	0.118	0.670	0.003
极端气候占比	-959098.560	1130141.864	-0.076	-0.849	0.402

从结果来看，个人所得税、税收协定、征税规范性、税收优惠力度、贸易依赖、政治稳定性的显著性低于0.05，通过检验，说明这些指标对投资流量有显著影响。贸易依赖性通过检验，说明国家贸易收入结构越合理，国家贸易依赖绩效越良好则对税收安全越有利；税收优惠力度通过检验，说明税收优惠力度可以增长国家投资流量从而降低税收安全风险；征税规范性通过检验，说明征税规范减轻了税收的不确定性，对税收安全程度有较为直接的影响；个人所得税以及税收协定也通过了检验，可以有效避免重复征税以及纳税争端，为我国境外投资者提供法律保障；政治稳定性也通过了检验，政府以及政党的稳定性一定程度上决定了国家税收、法律政策以及接受投资的制度等，所以政治稳定性对跨境资产配置也有显著影响，也是我国境外投资者首要考虑的因素。

企业所得税、增值税以及经济增速等指标没有通过检验，对跨境资产配置没有显著影响，主要是由于各国的税制不同，难以准确刻画，我们舍弃这些指标。

我们采用各指标的标准化系数作为评价指标的权重进行计算，获得权重如表10-10所示。第一是贸易依赖性的权重最大，说明我国在贸易中可以形成倾轧，从而增强争端解决能力，减低税收风险；第二是税收优惠力度，权重为28.17%，税收优惠是减轻税负的关键因素；第三是征税规范性位列，权重为9.50%，征税规范性决定了税负的稳定；第四是个人所得税，对国家投资流量影响权重占比为6.19%，主要是因为部分国家税制以个人所得税为主；第五是税收协定权重为4.65%，税收协定也有显著影响，但是税收协定已经比较普遍，所以权重较低；第六是政治稳定性权重3.21%，主要是因为政治稳定性测度可能不准确，虽然通过了检验，但是权重更低。

表 10-10　　　　　　　　　　指标权重计算

项目	标准化系数	标准化绝对值	权重（%）
个人所得税	-0.254	0.254	6.19
税收协定	0.171	0.171	4.65
征税规范性	0.349	0.349	9.50
税收优惠力度	1.035	1.035	28.17
贸易依赖	1.747	1.747	47.55
政治稳定性	0.118	0.118	3.211

四、税收安全评价

根据我国商务部发布的投资指南，对170个国家和地区的6项指标进行了计算，并进行无量纲化，最后根据表10-11的权重进行加权计算，获得了170个国家的投资税收安全评价指数。在此仅列出前50名，全部排名见附录。

表 10-11　　　　　2017年全球税收安全指数排名前50

排名	国家和地区	指数	排名	国家和地区	指数
1	比利时	0.8859	19	加拿大	0.6199
2	中国香港	0.8663	20	塞尔维亚	0.6156
3	捷克	0.8629	21	拉脱维亚	0.6148
4	匈牙利	0.8616	22	吉布提	0.6129
5	斯洛伐克	0.8565	23	西班牙	0.6045
6	立陶宛	0.7857	24	德国	0.6033
7	爱沙尼亚	0.7629	25	摩尔多瓦	0.5991
8	斯洛文尼亚	0.749	26	波黑	0.5979
9	约旦	0.7307	27	密克罗尼西亚	0.597
10	马耳他	0.7268	28	巴林	0.5967
11	保加利亚	0.7205	29	克罗地亚	0.5928
12	摩洛哥	0.6825	30	奥地利	0.5859
13	卢森堡	0.6765	31	爱尔兰	0.5853
14	巴拉圭	0.674	32	巴布亚新几内亚	0.5844
15	马拉维	0.6738	33	葡萄牙	0.5767
16	马其顿	0.6553	34	美国	0.5767
17	博茨瓦纳	0.6433	35	塞内加尔	0.5764
18	利比里亚	0.6333	36	波兰	0.5724

续表

排名	国家和地区	指数	排名	国家和地区	指数
37	津巴布韦	0.5711	44	多哥	0.548
38	英国	0.5695	45	毛里求斯	0.5479
39	塞舌尔	0.5693	46	吉尔吉斯斯坦	0.5461
40	越南	0.5593	47	格鲁吉亚	0.5438
41	丹麦	0.5588	48	阿曼	0.5369
42	安提瓜和巴布达	0.5552	49	蒙古国	0.536
43	毛里塔尼亚	0.5494	50	莫桑比克	0.5335

从评价的结果来看，排名前10的国家和地区中有7个位于欧洲；所有的国家和地区中，有26个位于欧洲，占52%；其次是非洲，占到26%。而美洲和澳洲地区的税收安全区域主要集中在澳大利亚、加拿大、美国等少数发达地区。建议在进行跨境资产配置的过程中，充分考虑跨境资产配置东道国的税收安全指数，规避跨境投资面临的税收风险。

第四节　跨境资产配置路径优化设计与建议

跨境资产配置过程中，不仅涉及收益和风险问题，同时还会涉及税负差异和汇率风险，于是传统的投资组合理论在配置优化方面无法满足需要。本部分探讨跨境资产配置在收益、风险、税负、汇率四个维度上的优化设计。

一、优化算法介绍

蚁群算法是20世纪90年代意大利学者Dorigo和Maneizz等人提出来的，在越来越多的领域里得到广泛应用。蚁群算法，是一种模拟生物活动的智能算法，蚁群算法的运作机理来源于现实世界中蚂蚁的真实行为，该算法是由Marco Dorigo首先提出并进行相关研究的，蚂蚁这种小生物，个体能力非常有限，但实际的活动中却可以搬动比自己大几十倍的物体，其有序的合作能力可以与人类的集体完成浩大的工程非常相似，它们之前可以进行信息的交流，各自负责自己的任务，整个运作过程统一有序，在一只蚂蚁找食物的过程中，在自己走过的足迹上洒下某种物质，以传达信息给伙伴，吸引同伴向自己走过的路径上靠拢，当有一只蚂蚁找到食物后，它还可以沿着自己走过的路径返回，这样一来找到食物的蚂蚁在走过的路径上信息传递物质的量就比较大，更多的蚂蚁就可能以更大的概率来选择这条路径，越来越多的蚂蚁都集中在这条路径上，蚂蚁就会成群结队在蚁窝与食物间的路径上工作。当然，信息传递物质会随着时间的推移而消失掉一部分，留下一部分，其含量是处于动态变化之中，起初，在没有蚂蚁找到食物的时候，其实所有从蚁窝出发的蚂蚁是保持一种随机的运动状态而进行食物搜索的，因此，这时，各蚂蚁间信息传递物质的参考其实是没有价值的，当有一只蚂蚁找到食物后，该蚂蚁一般就会向着出发地返回，这样，该蚂蚁来回一趟在自己的路径上留下的信息传递物质就相对较多，蚂蚁向着信息传递物质比较高的路径上运动，更多的蚂蚁就会选择找到食物的路径，而蚂蚁有时不一定向着信息传递物质量高的路径走，可能搜索其他的路径。这样如果搜索到更短的路径后，蚂蚁又会往更短的路径上靠拢，最终多数蚂蚁在最短路径上工作。

（一）蚁群算法思路

（1）根据具体问题设置多只蚂蚁，分头并行搜索。

（2）每只蚂蚁完成一次周游后，在行进的路上释放信息素，信息素量与解的质量成正比。

（3）蚂蚁路径的选择根据信息素强度大小（初始信息素量设为相等），同时考虑两点之间的距离，采用随机的局部搜索策略。这使得距离较短的边，其上的信息素量较大，后来的蚂蚁选择该边的概率也较大。

（4）每只蚂蚁只能走合法路线（经过每个城市1次且仅1次），为此设置禁忌表来控制。

（5）所有蚂蚁都搜索完一次就是迭代一次，每迭代一次就对所有的边做一次信息素更新，原来的蚂蚁死掉，新的蚂蚁进行新一轮搜索。

（6）更新信息素包括原有信息素的蒸发和经过的路径上信息素的增加。

（7）达到预定的迭代步数，或出现停滞现象（所有蚂蚁都选择同样的路径，且不再变化），则算法结束，以当前最优解作为问题的最优解。

二、蚁群算法过程设计思路

（一）蚁群算法的参数及公式设计

具体模型及相关参数设置如下：

变量设置主要有：bi(t) 为 t 时刻某资产上第 i 笔资金，τij(t) 为 t 时刻资产间的收益差异；n 表示需要配置的资产数；$m = \sum_{i=1}^{n} b_i(t)$ 表示资金在某资产上配置的总数；$L = \{\tau_{ij}(t) \mid c_i, c_j \subset C\}$ 为 t 时刻路径 I_{ij} 上信息量的集合。

资金下一步选择哪一区域由区域间的收益、风险以及税负和汇率综合构成，其选择资产的概率 P 表示为公式 10 - 2。

$$p_{ij}^k(t) = \begin{cases} \dfrac{[\tau_{ij}(t)]^\alpha [\eta_{ij}(t)]^\beta}{\sum_{s \subset allowed_k} [\tau_{is}(t)]^\alpha [\eta_{is}(t)]^\beta} & \text{if} \quad j \in allowed_k \\ 0 & \text{else} \end{cases} \quad (10-2)$$

信息启发因子 α 表示信息轨迹的重要性，α 越大，该资金选择过的这项资产就越受其他资金欢迎，容易被其他资金选择；期望启发因子 β 代表了启发信息在路径选择时的重要性；启发函数 $\eta_{ij}(t)$ 表示为：

$$\eta_{ij}(t) = \frac{1}{d_{ij}} \quad (10-3)$$

其中，d_{ij} 为资产间的税负与汇率风险导致的成本增量。

为了优化资金配置路线，需要设置禁忌表 tabuk（k = 1，2，…，m），禁忌表中的元素都是资金 k 已经配置过且不能再次选择的资产，本书采用信息素浓度的方式作出禁忌取舍，当运行若干次后，信息素浓度稳定减少的情况下，该项资产进入禁忌表，资金不再配置在此项资产。经过若干次迭代运算，将舍弃部分一定的区域资产，获得相对的优化结果。

（二）蚁群算法的实现步骤

<1> 初始化。

<2> 设置参数初始值。

<3> 置每只蚂蚁到初始资产。

<4> 按公式一计算每只蚂蚁下一步要转移的资产。

<5> 按公式一执行局部更新规则。

<6> 循环执行步骤，直到每只蚂蚁都已完成，然后执行下一步。

<7> 若每只蚂蚁都已遍历所有资产，则执行下一步，否则转至 <3>。

<8> 按公式 10 - 1 执行全局更新规则。

<9> 循环执行步骤一,直到重复执行的次数超过规定的次数,或所求解无明显改进。

<10> 参数循环是否结束,否,更新参数转至 <3>;是,继续下一步。

三、数据处理与实证实现

本书选取 7 个区域的 28 项主流大类资产进行优化运算,输入不同类资产的期望收益与风险,以及区域间的税负与汇率成本,经过 matlab 编程运算,取得优化结果。大类资产配置表见表 10 – 12。

表 10 – 12　　　　　　　跨境资产配置资产代码

	美国	加拿大	英国	德国	澳洲	日本	中国香港
债券	X11	X12	X13	X14	X15	X16	X17
股票	X21	X22	X23	X24	X25	X26	X27
房产	X31	X32	X33	X34	X35	X36	X37
股权	X41	X42	X43	X44	X45	X46	X47

经过 20 次迭代运算(见图 10 – 9、图 10 – 10),取得的配置路径没有优化效果,保留了 28 个不同区域的资产。

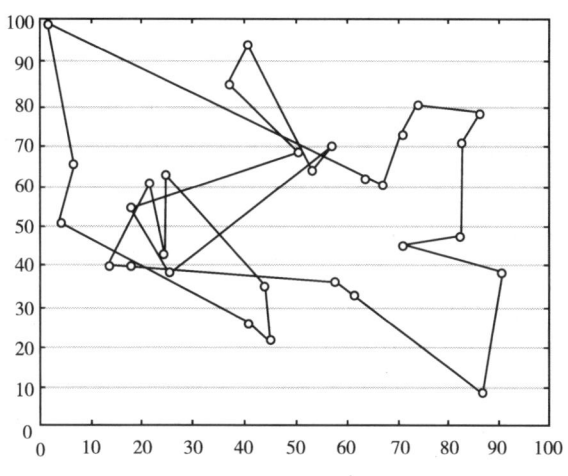

图 10 – 9　迭代 20 次最优配置

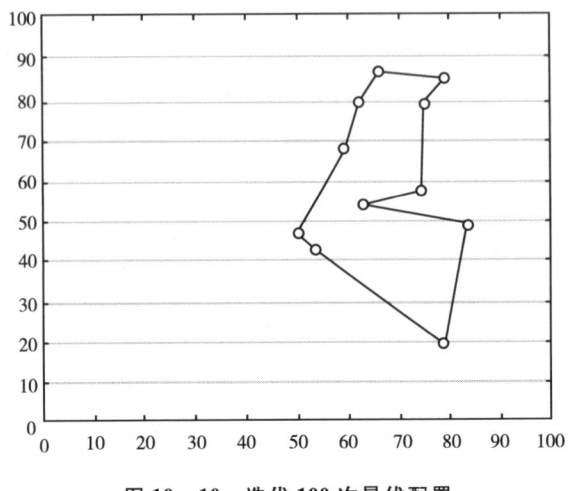

图 10-10 迭代 100 次最优配置

继续增加运算次数,迭代 100 次时,已经舍弃了信息素浓度较低的区域资产。输出结果见表 10-13。

表 10-13　　　　　　　　输出结果表

	美国	加拿大	英国	德国	澳洲	日本	中国香港
债券	X11	X12					
股票	X21					X26	X27
房产	X31		X33		X35		
股权	X41			X44	X45		

四、结论与分析

输入样本区域的主要大类资产的期望收益以及风险数据以后,经过迭代运算,最终收敛之后,蚁群算法舍弃了不同区域的 17 类资产,最终留下 7 个区域的 11 类资产。从表 10-13 可以看出,在 4 类主要资产配置方面,配置区域会有不同。

首先债券配置的区域为美国、加拿大,固定收益类资产配置更侧重安全性和汇率稳定性以及对通胀的对冲能力,配置在美国和加拿大更具有资产保值能力;其次股票配置区域为美国、日本和香港,股票资产主要关注资本市场的发达程度,美国和香港股市是较好的选择,不仅发展成熟,具有较好的流动性,美国股市和香港股市具有更理性的估值;而日本股市则长期低迷近年有复苏迹象，而且日本证券市场具有更好的法律保护；再次房产配置区域为美国、英国和澳洲，具有较好的收益，并且有华人逐渐形成聚居的趋势；股权配置主要在美国、德国和澳洲，有更多的独角兽企业诞生在这些地区，尤其是德国，不仅在高新技术企业上产出不断，而且已经与中国建立了良好的政治关系，目前已经形成了良好的股权投资基础，并且完成了很多成功的投资案例。

不足之处：本节从探讨的层次尝试了跨境资产配置路径优化的方法创新，在条件设定、因素考量以及数据支持上做了大量的简化。首先在区域上仅选择了6个区域，其次在资产上选择了4类资产，再次在算法上没有设置完备的限定条件，只能属于初步应用。另外，跨境资产配置还会涉及纷繁复杂的因素影响，本书只用市场风险 β 来进行代替，也许不能完全覆盖各类资产的风险。在各方面仍有待进一步深入研究。

附 录

附录1　　全球主要国家和地区流转税列表

国家和地区	企业所得税率	个人所得税率	增值税率
阿根廷	35.00%	9%～35%	21.00%
澳大利亚	30.00%	17%～45%	10%消费税
奥地利	25.00%	21%～50%	20.00%
比利时	33.99%	25%～50%	21.00%
巴西	34.00%	7.5%～27.5%	17%～25%
保加利亚	10.00%	10.00%	20.00%
英属维尔京群岛	—	—	—
加拿大	19.5%	15%～29%	5%（消费税）
中国	25.00%	5%～45%	17.00%
克罗地亚	20.00%	15%～45%	23.00%
塞浦路斯	10.00%	20%～30%	15.00%
捷克共和国	20.00%	15.00%	19.00%
丹麦	25.00%	38%～59%	25.00%
埃及	20.00%	10%～20%	10%消费税
爱沙尼亚	21.00%	20.00%	20.00%
芬兰	26.00%	7.0%～30.5%	22.00%
法国	33.33%	5.5%～40%	19.60%
德国	30%～33%	14%～45%	19.00%
直布罗陀	27.00%	0～40%	—
希腊	25.00%	0～40%	19.00%
中国香港	16.50%	2%～17%	—
匈牙利	16.00%	18%和36%	25.00%
印度	30%～40%	10%～30%	12.50%
印度尼西亚	28.00%	5%～30%	10.00%
爱尔兰	12.50%	20%～41%	21.50%
以色列	26.00%	10%～46%	16.50%
意大利	31.40%	23%～43%	20.00%
日本	30.00%	5%～50%	5%
拉脱维亚	15.00%	23.00%	21.00%

续表

国家和地区	企业所得税率	个人所得税率	增值税率
立陶宛	20.00%	15%~20%	19.00%
卢森堡	21.00%	0~38%	15.00%
马耳他	35.00%	15%~35%	18.00%
墨西哥	28.00%	0~28%	15.00%
摩纳哥	33.33%	0.00%	19.60%
摩洛哥	35.00%	0~41.5%	20.00%
黑山共和国	9.00%	12.00%	17.00%
荷兰	20%~25.5%	0~52%	19.00%
新西兰	30.00%	0~39%	12.5%消费税
挪威	28.00%	28%~49%	25.00%
巴基斯坦	35.00%	0~25%	15.00%
菲律宾	30.00%	5%~32%	12.00%
波兰	19.00%	18%/32%	22.00%
葡萄牙	12.5%~25%	0~42%	20.00%
罗马尼亚	16.00%	16.00%	19.00%
俄罗斯	20.00%	13.00%	18.00%
沙特阿拉伯	20.00%	20.00%	—
塞尔维亚	10.00%	10%~20%	18.00%
新加坡	18.00%	3.5%~20%	7%（消费税）
斯洛伐克	19.00%	19.00%	19.00%
斯洛文尼亚	21.00%	16%~41%	20.00%
南非	28.00%	0~40%	14.00%
西班牙	30.00%	24%~43%	16.00%
瑞典	26.30%	0~57%	25.00%
中国台湾	25.00%	6%~40%	5.00%
泰国	30.00%	5%~37%	7.00%
突尼斯	30.00%	15%~35%	18.00%
土耳其	20.00%	15%~35%	18.00%
英国	28.00%	0~40%	15.00%
乌克兰	25.00%	15.00%	20.00%
美国	15%~35%	15%~35%	—
越南	25.00%	5%~35%	10.00%
赞比亚	35.00%	0~35%	16.00%

附录 2　　　　　全球主要国家和地区财产税情况表

国家和地区	人口（百万）	遗产税赠与税规定	免税起点	备注
美国	300	18%~55%，遗产税与赠与税统一：<$1万，18%；<$2万，20%；<$250万，49%；>$250万，50%个人所得税：10%~33%，<$5万，15%；<$7.5万，25%；以投资为目的的房租收入纳税30%，固定收入的房租另外算	$100万	1916年开征，房产税各地不同。纽约：10%~12%
加拿大	32.2	无遗产税；但房产赠与税0.5%~2%，购房人另外纳税4%~11%（各州不同）。个人所得税（月收入）：$1500，14.5%；$6000，11.3%；$12000；8%，为吸引人，比例反常递减。非自住房房租收入纳税15%~29%（累进）	夫妻分别交税	房产税0.84%~2.56%（各州不同）
英国	60.1	赠与税>28.3万英镑，40%，月房租收入纳税9.2%~12%，<1500英镑免税	40万英镑	1694年开征。房产税：不管出租还是自住，都要缴纳。一半固定交，另一半根据住的人数决定
		死亡前7年内财产转移（累计32.5万英镑以上）都有交税40%；配偶间免税，但是一方为非英国人，免税额为5.5万英镑。特例：结婚时父母给的5000英镑，爷爷给的2500英镑，其他给的1000英镑免税。遗留房产，配偶可获12.5万英镑和余的一半，剩下的一半给子女。结婚不表示财产自动共有		
		英国对有2套房人，必须区分哪个是主要住房，主要住房有免税优惠，如果2套住房平均住，则对低价房免税优惠		
法国	60.18	子女与父母的遗产税，超过限额7699欧元交5%，11548欧元10%；15195欧元15%；526760欧元20%；861050欧元30%；1722100欧元35%；超过1722100欧元40%，即最高遗产税税率为40%。兄弟姐妹的遗产税超过限额23299欧元之内交35%；之外交45%；远亲最多交60%。遗孀所交遗产税只对财产的另外一半征税。赠与税每6年可以免税接受一次，免税额30390欧元；即使18岁以上的孙子接受爷爷（小于65岁）的财物也要缴纳赠与税	配偶子女15.2万欧元/人，残疾人倍增；兄弟1.52万欧元，残疾人增1520欧元	1703年开征。房产税分2种（1）房东缴纳（2）租房人缴纳

续表

国家和地区	人口（百万）	遗产税赠与税规定				免税起点	备注
德国	82.4	配偶		遗产税率7%~30%配偶有优先继承权		50万欧元	1906年。房产税：房价的0.35%为基本税，再附加地税1.9%，如房出卖可抵扣此税
		子女				40万欧元	
		孙子女				20万欧元	
		父母，爷爷，重孙				10万欧元	
		姐弟岳父母侄子		15%~43%		20万欧元	
		其他人		30%~50%		20万欧元	
荷兰	17	20%直系亲属，40%非直系亲属				60万欧元成人；1.9万欧元对孩子	1598年开征。房产税：房价的0.1%~0.3%，房东与租房人共同付
挪威	4.73	8%~30%				20万挪威币	房产税：房价的0.4%（<8.7万挪威币）；单身0.7%（>8.7万挪威币）已婚>17万挪威币增加0.2%~0.7%
丹麦	5.38	分三类：国家，政府，基金35%；社会团体与公共机构0；赠与税与遗产税税率相等					房产税：对房产征0.7%财产税，农用房屋免征
卢森堡	0.47	遗产税：2%（子女）；5%（配偶）；6%（兄弟）；9%（叔婶），10%（侄孙）；15%（其余亲属）。注：按照财产大小在此基础上再增加百分比：2万欧元以下0.1%；3万欧元以下0.2%；4万欧元以下0.3%，175万欧元以上2%。赠与税与遗产税差别很小				1250欧元以下免遗产税。注：亲属直接也有赠与税（含房产）	房产税：估价的0.7%~1%（低于市场价）与房面积，位置，与年代有关
芬兰	5.35	子女配偶父母	兄妹祖父母孙子女	其他	累进计算	2万欧元遗产税免征；4000欧元赠与税免征	税收占GDP的1/3。房产税：房价的0.5%~1%，某些自住楼房0.22%~0.5%
		免交	免交	免	<2万欧元		
		10%	20%	30%	<4万欧元		
		13%	26%	39%	<6万欧元		
		16%	32%	48%	>6万欧元		

续表

国家和地区	人口（百万）	遗产税赠与税规定	免税起点	备注
罗马尼亚	21.5	遗产税：0.5%～2%，累进计算。赠与税，对外国人接受土地等赠与有严格限制。财产转移收税1%～3%		房产税：房价的0.25%～1.5%；另一种，付土地税，按面积算
西班牙	40.3	遗产税与赠与税率采用累进计算：对残疾人有优惠 7.65%：7993欧元以下；8.5%：15981欧元；9.35%：23968欧元…29.75%：797555欧元以下；797555欧元以上最高34%	47859欧元：21岁以下子女；15957欧元；配偶与21岁以上子女；7993欧元：兄弟姊妹	房产税：城市0.4%，农村0.3%，另外有财富税0.2%～2.5%
波兰	39	遗产税与赠与税：5%～75%	7.5万～30万兹罗提	房产税：0.39%～0.65%居民房，20%：商业房
瑞典	8.9	遗产税赠与税按继承人和被继承人、赠与人和受赠人的亲密关系分三种，一等税率为5%至75%；二等税率为8%至72%（兄弟姐妹）；三等税率8%至30%	3万克朗（配偶，子女，父母）；其他1.5万克朗	税收占GDP的1/2。房产税0.4%～0.75%
保加利亚	7.6	遗产税0.7%（配偶，子孙），5%（其余人）；保加利亚遗产税算很低的，不过政府对兄弟姐妹子女外甥等遗产的分割有非常详细的规定（无遗嘱情况下）	12.8万欧元以下免征	房产税0.02%～0.5%
爱尔兰	4	遗产税与赠与税2%。月房租收入1500～6000爱镑的税率10%；6000～12000爱镑税率11%，高于12000爱镑的税率13.9%。房产增值税率22%	10820爱镑	无房产税
格鲁吉亚	5	遗产税与个人所得税同时缴纳。个人所得税按照20%计征；财产出租按照租金的5%计征	10820爱镑	年收入低于40000拉里的免征；40000～100000拉里税率为0.2%；超过100000拉里，税率为0.8%～2%
希腊	10.7	遗产税的财产与房产按人分别计算。分三种情况：1.配偶，子女，父母，孙子女；2.兄妹，祖父母，侄子，岳父母…；3.其他人缴纳赠与税如下（2008年）：6000欧元以下免交；7.2万欧元以下20%；26.7万欧元以下30%；以上40%（最高）		房产税：0.1%（<1欧元/平方米），200平方米以下（<30万欧元）自住房免税。另交地税0.025%～0.035%

续表

国家和地区	人口（百万）	遗产税赠与税规定	免税起点	备 注
奥地利	8.2	虽然没遗产税，但是对于财产转移征税，其实是变相的遗产税：对直系亲属征2%，对其他人征3%~5%（包括房产，礼物及其他物品）	直系5万欧元，其他1.5万欧元	房产税0.2%
冰岛	0.31	遗产税每人5%，配偶免交。房租收入纳税10%	6385欧元	城市有房产税，各地不同
比利时	10.3	直系遗产税与个人所得税一起交：3%<5万欧元，8%<10万欧元；18%<25万欧元；30%>50万欧元；兄弟姐妹的遗产税率：20%（<1.25万欧元）~65%（>25万欧元）	配偶子孙女15000欧元；21岁以下17500欧元	房产税1.25%~2.5%各地不同
瑞士	7.4	遗产税由各区自定，按照继承人获得的遗产征税。外国死者转移给瑞士人的房产也征税。采用累进计算税率。配偶的遗产税为0~6%，其他人遗产税一般为0~40%，个别的更高（按照市场价格定价）；赠与税：20%~40% 苏黎世的遗产税率比首都伯恩高 瑞士首都伯恩的遗产税率如下： 65290万欧元　　　1% 130581欧元　　　1.25% 195871欧元　　　1.50%	6529欧元（个别地方对于配偶子女的规定）	房产税0.05%~0.3%各地不同
葡萄牙	10.1	虽无遗产税，但规定：国籍不同者按不同国家的遗产税率征税，如果夫妻不是同一国籍，按照他们常住地征税，如果无常住地，按照他们与子女最密切的地方或者财产所在地征税；有赠与税。只要是财产转移至非亲属必须交赠与税10%		房产税0.4%~0.8%
马耳他	0.41	特殊规定有赠与税5%，如果财产归夫妻双方共有，则赠与税仅仅对一半财产征税。注意该国规定配偶不能接受任何遗产（除非有遗嘱），遗产只能在子女或其他亲属直接分配		无正式房产税，但有复杂的类似征税
匈牙利	10.1	子女配偶父母　兄妹祖父母孙子女　其他人 11%　　　　　　15%　　　　　　21% 15%　　　　　　21%　　　　　　30% 21%　　　　　　30%　　　　　　40%	累进计算 <69708欧元 <13.6万欧元 >13.6万欧元	财产遗产税表。闲置土地税：0.72欧元/平方米

续表

国家和地区	人口（百万）	遗产税赠与税规定			免税起点	备 注
匈牙利	10.1	子女配偶父母	兄妹祖父母孙子女	其他人	累进计算	房产遗产税表。房产税：房价的<3%；面积算：3.22 欧元/平方米各地不同
		2.50%	6%	8%	<69708 欧元	
		6%	8%	12%	<13.6 万欧元	
		11%	15%	21%	>13.6 万欧元	
土耳其	68.2	赠与税与遗产税都采用累计税率：76284 欧元以下1%；24.3 万以下5%；133 万以下7%；133 万以上10%			免税额：配偶与子女每人52431 欧元；若仅配偶，10.5 万欧元。	房产税0.2%，地税0.3%同时征。
捷克	10.3	遗产税率为赠与税率的50%；赠与税率如下				房产税：居民0.097 欧元/平方米；商用房0.49 欧元/平方米，再加一系数0.3~4.5
		48916 欧元	7%			
		97833 欧元	9%			
		244583 欧元	12%			
		1956660 欧元	30%			
		2445825 欧元	35%			
		以上	40%			
乌克兰	48.1	遗产税与赠与税率：5%~30%。同住的配偶与18岁以下子女，父母免交；同住的兄弟亲属为5%，其他不同住的亲属15%，其他人30%。对遗产有具体分配规定，如果遗嘱把遗产全部给妹妹，而留有18岁以下孩子与无工作配偶，则必须给孩子1/4，配偶1/4，妹妹只能有1/2				房产税：1%，当房价不确定时，按面积征
俄罗斯	145	无正式遗产税率，赠与税率为13%（所得税率都是13%，包括房租收入）；但房产继承需按所得税交税，个人年收入少于1019 欧元免所得税；企业增值税18%				房产税0.1%~2%

续表

国家和地区	人口（百万）	遗产税赠与税规定		免税起点	备　注
列支敦士登	0.035	遗产税按照房产与动产分别缴纳；配偶子女父母的遗产税是普通遗产税的一半；赠与税有更细的划分，最高赠与税27%			财富税＜0.9%，另有房产利润税
		13.2万欧元以下	1%		
		25.7万欧元以下	2%		
		38.5万欧元以下	3%		
		53.1万欧元以下	4%		
		128.2万欧元以下	5% 最高房产遗产税率		
立陶宛	3.61	2896欧元以下免交，配偶以及需抚养的子女父母免交遗产税。遗产税与赠与税率只有2种：14.5万欧元以下交5%，以上交10%。（房产与动产一起计算）		2896欧元	2003年。房产税1%
		夫妻所得税分别缴纳。房租收入15%交税。房产税1.0%，土地出租税1.5%			
马其顿	2.1	赠与税与遗产税（含房产）税率为2种：2%～3%为第2系列亲属，4%～5%为赠与税。配偶子女第1系列亲属免交		凡大于前一年的年平均工资：5137欧元	房产税0.1%～0.2%
摩纳哥	0.03	只有父子，配偶之间免遗产税	遗产税率	房租收入纳税1%。法国人转移财产到这里需交税给法国	无房产税记录。1870年废除所得税，企业利润33%交税。无增值税
		兄弟姐妹	8%		
		叔叔婶婶侄子侄女	10%		
		更远的亲戚	13%		
		赠与税	16%		
克罗地亚	4.5	遗产税与赠与税均为5%；但如果配偶子女与死者在同一住宅内居住免交			房产税：0.7～2欧元/平方米
塞尔维亚	10.7	配偶子女父母免	其他人遗产税如下	6913欧元	房产税：＜3606欧元免；＜5.4万欧元0.4%，＜13.5万欧元0.8%，＜27万欧元1.5%，＞27万欧元3%
		兄弟姐妹少于2704欧元	2%		
		兄弟姐妹多于2704欧元	2.50%		
		赠与税	2.50%		

续表

国家和地区	人口（百万）	遗产税赠与税规定	免税起点	备注
意大利	58	遗产税率：4%直系亲属，6%兄弟，赠与税：6%远亲，8%其余人。个人所得税：23%~43%	100万欧元直系；10万欧元兄弟间	房产税0.4%~0.7%。房产价值按CADASTRAL价算。各种税收占GNP的30%
黑山共和国	0.63	有遗产税赠与税：2%；个人所得税9%；无起征点。配偶子女父母免征，如果是同住一起的第2系列亲属农民继承农耕地免征		城市征房产税0.08%~0.8%，按房值算
日本	127.21	遗产税率：1000万日元以下为10%；3000万以下15%；5000万以下20%；1亿以下30%；3亿以下40%；3亿元以上为50%	配偶免税1.6亿日元；其余人1000万日元；考虑房产。	对国外房产也征税，欧洲国家多对国外房产不征。
伊朗	68.27	先征10%，然后按亲密关系递增：子女超过100万里亚尔加10%；超过200万加40%，超2000万加45%。无增值税，对于资产出售征税。个人所得税15%~35%	500万里亚尔以下免征。	房产税并入房租收入纳税。在德黑兰，150平米以下的自住房免此税
菲律宾	84.62	遗产税（国外部分免征）；小于10800美元税率5%；小于43236美元税率8%；大于216000美元税率20%	4324美元以下免征。	房产税1%~2%，各地不同，马尼拉1%
中国澳门	0.5	遗产税赠与税：2%~33%	1000澳门元	1901年实行，有房产税与物业税
中国台湾（已经与52个国家有互换协议）	22.6	税率全部为10%，免税额美元：配偶$13.9万；子女与父母$1.4万，兄弟姐妹$3.5万；如果以上人员为残疾人，再增加$17.4万；20岁以下每年再增加$1.4万；如果继承的农用土地仍旧用于农业5年以上将减免遗产税：6年减20%，7年40%，8年60%，9年80%。最高丧葬费$3.1万可以免交遗产税	遗产税免税见左面；赠与税每年免税额：$6.9万	1973年。房产税：1.38%为房税，1%~5.5%为地税
		允许台湾人继承在外国的遗产。如果没任何证明本人从死者购买的财物，都需征税10%即使是配偶		

续表

国家和地区	人口（百万）	遗产税赠与税规定	免税起点	备注
新加坡	4.61	遗产税赠与税：1200万元以上10%；1200万以下5%	900万新元	物业年值超过6000新币税率为4%；超过24000新币税率6%
泰国	65	遗产税赠与税：税务征缴起点为5000万铢，税率为10%，无论何种财产，在转移完成时征收		房产税12.5%按出租年收入计算；自住房免房产税
越南	81.8	遗产税10%，外国人不允许继承房产，土地归全体人民所有，任何个人对土地只有平等的使用权/越南规定：如果海外越南人在越南居住满6个月以上，可以继承房产，但是如果已经有房产的，必须将继承的房产出售。所得税5%～35%（最高$5.8万以上交35%），没有免税额度	$597美元	无房产税但限制拥有多套房产。增值税25%
以色列	6.12	虽然无遗产税但是对继承的房产征税		房屋买卖与转移收税3.5%～5%
约旦	5.5	虽无遗产税，有赠与税10%。配偶子女之间的赠与免税。房租纳税累进：$6000～$12000纳税1.9%～5.0%；$1500以下免税。个人所得税5%～25%		房租收入的80%的10%里面。如年房租收入$1000元，房产税$1000×0.8×0.1=$80
黎巴嫩	3.8	最低的遗产税率给子女，较高的遗产税率给父母，最高的税率给其他人（赠与税） $2万以下3%～16%；$4万以下5%～21%；6.7万以下7%～27%；13.4万以下10%～33%；23.4万以下13%～39%；以上12%～45%	$2.7万以下免征（配偶子女父母）；$1.1万以下祖父	房产税算在房租收入中，累进：4%～14%，$4000以下免，$1.3万，4%；$6.7万以上14%
巴基斯坦	150.7	无遗产税。但有财产税10%。如果没其他收入，房租收入在$1900以下免税，否则，交税5%。房产收入并入个人所得税。女性$1586以下免税，男性$1269以下免税，累进税率：0.5%～25%（$1.5万以上）。如果工资收入超过总收入的50%，税率比上述要略低		有房产税：城市居民有使用权超过20年者年交税2%或按面积交税

续表

国家和地区	人口（百万）	遗产税赠与税规定	免税起点	备 注
印度尼西亚	235	虽无遗产税（穆斯林国家），但财产转移要交个人所得税。个人所得税：$4536以下10%；$22680以下15%；$45360以下25%；以上30%。赠与税归于此税。出售房屋所得与房屋出租所得均收税20%	男女接受遗产比例有所不同	房产税0.5%
埃及	75	1996年取消遗产税，但不动产转移一律征税2.5%（包括配偶与子女继承房产也必须交2.5%）。相当于2.5%的房产遗产税。房产销售也征此税。出租房屋收税10%；年收入$877以上交所得税10%~20%。出租房屋收入的20%~40%累进交税，商业房出租10%交税，地租交税14%。1977年前盖的旧房出租免税		有房产税，每五年对房产进行估值
津巴布韦	12.6	遗产税5%	$5万以下免征	对超过1.7万美元收入的征35%所得税
纳米比亚	1.93	无遗产税。但规定：如果死者有子女以及父母需要抚养，配偶继承的遗产不能超过5万纳元（有最高限制）。房产税率按出租年限变化：5年以下0.5%；5~8年，0.8%；10~20年1%；20年以上1.5%	个税：$2817以下免；以上17.5%~35%	有房产税（印花税）
南非	42.8	遗产税25%，赠与税为15%；遗产税包含房产与保险收入	10万兰特（年）下免赠与税，350万以下免征遗产税	房产过户税1‰，夫妻间免遗产税；1美元=7兰特
博茨瓦纳	1.82	遗产税5%~20%	3.5万~8万博币，超过8万税率为25%	包含房产
尼日利亚	134	遗产税：5% $203以下；10% $407；15% $746；20% $1054；25% $1080以上；赠与税10%		房产税：自住<0.04%；出租0.125%；商业0.37%

续表

国家和地区	人口（百万）	遗产税赠与税规定	免税起点	备注
突尼斯	9.93	遗产税赠与税率如下： 亲属系列　　税率 配偶子女　　2.50% 兄弟姐妹　　5% 叔叔侄子　　25% 其他人与赠与税　35%	配偶以及每个子女 $3672 以下；总额不可超过 $2.2 万	房产税按每平方米2%计算，如果按房租收入的2%计算少于前者，就按少的征税
加纳	20.5	无遗产税，有赠与税：合计 $34 万以上纳税10%。如果丈夫用妻子的名义买房，意味该房赠与妻子，除非丈夫专门有签字证明该房产仍旧属于自己所有，妻子仅仅为看管。财产转移到配偶子女……超过 $34 万的纳税10%	房产出售纳税10%	房产税 0.5%～3%累进计算
佛得角	0.5	无名义遗产税，但有实际遗产税与赠与税：任何财产转移需缴纳3%税（按财产价值算）。个人所得税：15%～45%累进计算		房产税3%
巴西	183	规定遗产必须保证一半给予必要的继承人，遗嘱仅能对另一半进行自由分配。遗产税赠与税各省不同，最高为8%，累计增加。在圣保罗最高为 2.5%～4%		有房产税
玻利维亚	9	对配偶1%		另外对任何财产，利润，房产转移征收3%的税
多米尼加	8.71	单纯的房产遗产税率3%，如果遗产还包含其他财物，该税率累进制提高到17%～32%，如受赠人不居住在本国，该税率再提高50% 赠与税25%，所得税15%～25%		$14.9 万以上的房产征房产税1%；还有财富税1%
波多黎各	3.9	遗产税与赠与税率累进制：18%～50%	（非居民）美籍3万美元，非美籍1万美元	房产税1%～3%
多米尼克	0.08	虽无遗产税，但在两大城市有类似房产税的一种市政税，每半年交2.5%。外国人不允许购买房产，除非他持有特批的证件		有类似房产税

续表

国家和地区	人口（百万）	遗产税赠与税规定	免税起点	备 注
巴布亚新几内亚	5.3	遗产税赠与税5%		
哥伦比亚	41.7	遗产税按所得税率累进征收：共有财产的配偶免税，所得税分别征收；赠与税统一33%；另外对于财产超过一定限额的征收"财富税"，该限额为$119万，2010年固定征收1.2%；2011年改为累进征收。$198万以下2.4%，以上征收4.8%。有土地与房产税：0.1%~1.6%每年。税率各地有差别累进制		有房产税和财富税
乌拉圭	0.012	无遗产税，有赠与税，转移任何房产需交税5%，如果该房被出售，由买房人缴纳。外国人无特批证件（需购买），不得继承和购买房产		有房产税
厄瓜多尔	13.8	每人需交遗产税 / 遗产税 / 赠与税 ＜$5万：免交 / 免交 ＜$10万：2.50% / 5% ＜$20万：5% / 10% ＜$60万：15% / 30% ＞$60万：17.50% / 35%		房产税为0.025%~0.5%
危地马拉	14	遗产税赠与税采取累进制，亲属系列不是一般四级，而是七级，分的很细： $6191以下为：1%，2%，3%，5%，7%，9%，12%…… $61908以上为：6%，7%，8%，10%，13%，14%，25%		房产税为0.2%~0.9%
圣萨尔瓦多	6.5	遗产税赠与税按所得税率征收：＜$9143，10%；＜$22875，20%；＞$22875，30%。房租收税22.4%~23.8%	$2514	无房产税有财产转移税。增值税25%

续表

国家和地区	人口（百万）	遗产税赠与税规定						免税起点	备注
委内瑞拉	24.7	累进制遗产税	配偶直亲	兄弟	叔婶			赠与税	有房产税
		<$227	1%	2.50%	6%			10%	
		<$983	2.50%	5%	10%			15%	
		<$2495	5%	10%	20%			25%	
		<$6275	7.50%	15%	25%			30%	
		>$89435	25%	40%	50%			55%	
智利	15.7	遗、赠税累进（$)	6万	12万	24万	<90万	>90万	免税额	城市房产税1.4% 农村房产税1.2%
		配偶子女	1%	2.50%	5%	20%	25%	37650	自住房产税1.0%，超标部分1.4%
		兄弟等	1.20%	3%	6%	24%	30%	3765	
		赠与税	1.40%	3.50%	7%	28%	35%	无	
法属留尼旺岛	0.14	遗产税赠与税与法国一样							
百慕大群岛	0.07	无名义遗产税，但有房产转移税（相当遗产税）：$5万以下免，$20万以下5%，$100万以下10%，以上15%。其他资产转移收印花税2.5%~6%							房产税0.6%~9.6%累进（0~$11万），以上18%
印度	1050	1985年废除遗产税（因与印花税重复），有变相的遗产税：凡是$3.1万以上财产转移要交财富税大于1%，所得税机关对估值进行评估，对欺诈者有惩处						个税10%~40%，$3100以下免税，$2万以上40%	房产税各地有差别。德里6%~10%
尼加拉瓜	5.2	遗产税赠与税与个税税率一样累进：$2468以下免征，<$4936，10%；<$9873，15%……>$24682，30%							房产税1%
巴巴多斯	0.3	无遗产税赠与税，但房产转移税2.5%（包括房租收入），房产价值的$6.3万以上开始纳税，房产税率：$7.5万以下免，$20万以下0.1%；$50万以下0.45%；以上0.75%							有房产税

续表

国家和地区	人口（百万）	遗产税赠与税规定		免税起点	备注
阿鲁巴岛国	0.1	遗产税与赠与税率如下： 配偶子女　　2%～6% 父母　　　　3%～9% 兄弟　　　　4%～12% 其他人　　　8%～24%		房产转移税8%；房产税0.4%（$3.4万以上缴纳，以下免）	1977年以前盖的房屋与以后盖的房屋税率有不同
新西兰	3.96	虽然无正式遗产税，但有赠与税（亲属之间赠与也交此税）：$1.9万以下免税；$2.54万以下5%；$3.81万10%；$5.08万以下20%；$5.08万以上30%。房产的赠与是严格限制的，全国的房产都有电子联网。个人所得税：12.5%～38%		每年$1.9万以下赠与免税	有房产税。房租收入$1500交税1.7%，$6000交9.6%，$12000交10.4%
牙买加	2.7	无正式遗产税，但是财产转移需交税：7.5%。同时规定死者的欠债额不能超过遗产市值5%		$1.504	含房产
摩洛哥	32	无遗产税有不动产转移税20%（配偶子女免），等于有房产赠与税。个人所得税较高：$2795以上交15%，$3493以下25%，$5240以下35%，$6987以下40%；最高42% 房屋销售利润交税20%，除非以下情况：自住满8年的房屋；自住满4年，面积小于100平方米；利润不超过2.3万美元。出租房利润交税10%～30%，自住房出租，仅对25%利润部分征税			房产税10%（按市值算），如果自住房按1/4市值算，购买第2套房出租的，房产税按累进交税10%～30%，相应房值$2329～$4648以上
巴林	1.11	无遗产税，但是对所有财产转移，收税1%。无个人所得税		外籍人口数量比本国人还多	类似房产税出租房屋交税10%
斯里兰卡	19.8	无名义遗产税，但是对于遗产房产和赠与房产征税。不同民族税率不同。出租房收入纳税6.6%～22.9%		$4500以下的房产免征	有房产税，非自住房屋出租累进收税
塞浦路斯	0.87	无正式遗产税，有变相的遗产税：对于家庭成员之间财产转移征税如下：父母给孩子4%；配偶之间8%；其他亲属8% 个人所得税：33318～47841欧元20%；62022欧元以下25%；62022欧元以上30%；住房销售税为20%，如果自己居住满5年可在房价上扣除85430欧元		年收入33318欧元以下免所得税	价值17万欧元以下免税；43万欧元以下0.25%；85万欧元以下0.35%；以上为0.4%，每年9月底缴纳，不得从所得税中扣除

续表

国家和地区	人口（百万）	遗产税赠与税规定	免税起点	备注
韩国	48.3	有遗产税		有房产税
澳大利亚	19.8	无遗产税，对于仅有一套住宅，价值少于一定金额的家庭免交房产税。该标准每年公布一次，2009年为$32.9万，2010年为$33.6万。个人所得税较高：$3.1万以下29%；$7.1万以下30%；$16万以下40%；$16万以上45%（各州不同）		房产税0.2%~2.2%。房租月收入$1500交税11.63%
爱沙尼亚	1.34	虽无遗产税，但有房产税。房租收入与卖房收入交税21%。遗产法规定：如果遗嘱中剥夺了配偶父母等有义务抚养人的享受遗产的权利，他们有享受一半遗产的权利。如果这一半的权利已经无法从现存遗产中获得，他们有权从死者的赠与财产中分配		房产税0.1%~2.5%
秘鲁	28.4	无遗产税赠与税，房屋租金17%增值税，对总资产超35.5万美元家庭每年交"财富税"0.4%（与所得税一起支付）。另外房产税每年交0.2%（1.9万美元以下）；0.6%（7.7万美元）；1%（7.7万美元以上），出售房屋按所得交所得税6.25%。每月房租交税24%		有房产税和财富税
肯尼亚	32	无遗产税		有房产税每年1%
乌干达	25.7	无遗产税		有房产税，不同，最高2%
拉脱维亚	2.34	无遗产税有遗产法。自2010年以后规定出售房屋纳税15%。外国人出租房屋收入交税26%		房产税1.5%
马来西亚	23.1	穆斯林国家对遗产有特殊的规定	男女接受遗产比例有所不同	出售未住满5年的房屋收税5%。出租收税6%
斯洛文尼亚	2	无遗产税。自住房出售前住满3年，可免房产增值税；第一次出租交税20%，以后每隔5年，税率下浮5%，20年以后出租收入全免税。个人所得税16%~41%；对65岁以上老人有1300欧元免税，对100%残疾人有16500欧元免税		房产税0.1%~1.5%累进

续表

国家和地区	人口（百万）	遗产税赠与税规定	免税起点	备 注
巴拿马	2.96	无遗产税赠与税。有房产税：5万美元1.75%；7.5万美元以下1.95%；7.5万美元以上2.1%。房租收税5%		有房产税。3万美元以下免房产税
洪都拉斯	7.55	无遗产税赠与税。遗产的分配由一定民间组织进行分配，很少有遗嘱。如有遗嘱，必须用西班牙文书写，执行遗嘱一般需要1~2年。出售房地产征税10%		中心地房产税5%，农村地区0.15%，其他地区0.8%
巴拉圭	6.04	无遗产赠与税。遗嘱只对遗产的一部分进行分配。巴拉圭规定：遗产的4/5归子女；无子女时，2/3归父母；无子女父母时，1/2归配偶。对房产超过1万亩的每年征收附加房产税0.5%~1.2%		房产税1%，农村地区0.5%小于5亩的农民户
哥斯达黎加	3.9	虽无正式遗产税赠与税。对于财产的每次转移要征税：<$1228,1%；<$1755,1.5%，>$1755,2%。如城市住房面积超过1000平方米，农村超过1万平方米的住房不得转移。赠与房屋必须公证与双方签字文件		房产税0.25%
毛里求斯	1.21	无遗产税赠与税		房产税根据建筑面积交
斯洛伐克	5.43	无遗产税。个人所得税19%		有房产税每平方米0.033欧元；土地税0.25%
墨西哥	105	无遗产税，有房产税		0.05%~1.2%，各州不同
坦桑尼亚	36.2	无遗产税，但个人所得税很高：每月17万~36万先令税率13%；36万~54万先令税率20%；54万~72万先令税率25%；超过72万先令税率30%		每年房产税民用按照评估价0.15%；商用按照0.2%。转让按照所得的10%征税
中国香港	7.39	老遗产税为：700万港币以下免税，850万以下6%；1000万港币以下12%；1000万港币以上18%。2006年废除遗产税。但继承房产的人必须年满18岁（否则需监护人）。香港机构对房产遗产进行严格审查，一般都需要1年的时间。复杂案例需要更长时间		1932年立遗产税。有房产税。财产赠与有印花税

续表

国家和地区	人口（百万）	遗产税赠与税规定	免税起点	备 注
柬埔寨	13.1	无遗产税，但是规定如果外国人要继承在柬埔寨的房产，必须入柬埔寨国籍。所得税按月缴纳：$118以下免；$295，$2009，$2954对应交税5%，10%，15%，以上20%。房租收入纳税10%		房产税2%（包括废弃的楼房）
纳米比亚	1.93	无遗产税，遗产法规定，如果死者遗嘱给自己的子女（含非婚生子女），配偶只可获得半数遗产，不超过5万元（纳币）。出租房纳税15%。个人所得税$2800以下免，以上17.5%～35%累进		房产税0.5%～1.5%
塞舌尔	0.009	无遗产税。按规定外国人未经政府批准，不可接受赠与房产，但可接受遗产房产，条件是签署有关继承人的签字文件。年房租收入$1700以下免税，<$3400，税25%；…30%，40%。按所得税交		有国土税（类似房产税）
沙特阿拉伯	24.6	阿拉伯国家一样，如果伊斯兰教与非伊斯兰教结婚，互相不能继承遗产，除非遗嘱仅对遗产的30%起作用		无房产税，但对投机者会征税
		无增值税，但对石油天然气者征税所得税极高：石油者征85%；天然气者30%；其他生意20%		
阿联酋	2.5	伊斯兰传统：男孩要比女孩继承的遗产多，所以，如果死者去世时配偶怀孕，必须等到婴儿出生后方能决定遗产的最终分配		无房产税
中国		无遗产税，无赠与税，只要房租纳税，北京市房租纳税每月5%～7%		无房产税（指居住房）
古巴		无遗产税		无房产税
朝鲜		无遗产税		无房产税

附录 3　　全球 170 个国家和地区税收安全评分与排名

排名	国家和地区	指数	排名	国家和地区	指数
1	比利时	0.8859	33	葡萄牙	0.5767
2	中国香港	0.8663	34	美国	0.5767
3	捷克	0.8629	35	塞内加尔	0.5764
4	匈牙利	0.8616	36	波兰	0.5724
5	斯洛伐克	0.8565	37	津巴布韦	0.5711
6	立陶宛	0.7857	38	英国	0.5695
7	爱沙尼亚	0.7629	39	塞舌尔	0.5693
8	斯洛文尼亚	0.749	40	越南	0.5593
9	约旦	0.7307	41	丹麦	0.5588
10	马耳他	0.7268	42	安提瓜和巴布达	0.5552
11	保加利亚	0.7205	43	毛里塔尼亚	0.5494
12	摩洛哥	0.6825	44	多哥	0.548
13	卢森堡	0.6765	45	毛里求斯	0.5479
14	巴拉圭	0.674	46	吉尔吉斯斯坦	0.5461
15	马拉维	0.6738	47	格鲁吉亚	0.5438
16	马其顿	0.6553	48	阿曼	0.5369
17	博茨瓦纳	0.6433	49	蒙古	0.536
18	利比里亚	0.6333	50	莫桑比克	0.5335
19	加拿大	0.6199	51	泰国	0.531
20	塞尔维亚	0.6156	52	柬埔寨	0.5266
21	拉脱维亚	0.6148	53	印度	0.5262
22	吉布提	0.6129	54	孟加拉国	0.5258
23	西班牙	0.6045	55	土耳其	0.5253
24	德国	0.6033	56	巴西	0.5248
25	摩尔多瓦	0.5991	57	老挝	0.5229
26	波黑	0.5979	58	几内亚	0.5222
27	密克罗尼西亚	0.597	59	坦桑尼亚	0.5189
28	巴林	0.5967	60	罗马尼亚	0.5185
29	克罗地亚	0.5928	61	阿尔及利亚	0.5152
30	奥地利	0.5859	62	挪威	0.5142
31	爱尔兰	0.5853	63	中国台湾	0.5111
32	巴布亚新几内亚	0.5844	64	冰岛	0.5098

续表

排名	国家和地区	指数	排名	国家和地区	指数
65	芬兰	0.5098	97	刚果共和国（布）	0.4597
66	塞浦路斯	0.5084	98	澳大利亚	0.457
67	法国	0.5064	99	乌兹别克	0.4562
68	菲律宾	0.5042	100	黎巴嫩	0.4552
69	突尼斯	0.5036	101	塞拉利昂	0.4458
70	荷兰	0.5015	102	纳米比亚	0.4447
71	瑞士	0.4995	103	南苏丹	0.4445
72	东帝汶	0.4972	104	印度尼西亚	0.4415
73	科特迪瓦	0.4952	105	尼日利亚	0.4396
74	布基纳法索	0.4944	106	中国澳门	0.4389
75	瑞典	0.493	107	巴基斯坦	0.4386
76	塔吉克斯坦	0.4926	108	乌拉圭	0.4379
77	土库曼斯坦	0.491	109	萨摩亚	0.4317
78	意大利	0.4905	110	格林纳达	0.4308
79	汤加	0.4859	111	多米尼克	0.4305
80	尼泊尔	0.4851	112	以色列	0.4288
81	阿尔巴尼亚	0.4845	113	卢旺达	0.4286
82	阿塞拜疆	0.484	114	东盟	0.4248
83	朝鲜	0.4817	115	刚果（金）	0.4244
84	佛得角	0.4808	116	埃塞俄比亚	0.4242
85	日本	0.4775	117	阿富汗	0.4239
86	科威特	0.4771	118	厄瓜多尔	0.4214
87	斯里兰卡	0.4766	119	哥伦比亚	0.4207
88	肯尼亚	0.4762	120	伊拉克	0.4157
89	俄罗斯	0.4739	121	厄立特里亚	0.4138
90	哥斯达黎加	0.4727	122	卡塔尔	0.4092
91	伊朗	0.47	123	新西兰	0.4084
92	亚美尼亚	0.4664	124	安哥拉	0.4068
93	希腊	0.466	125	利比亚	0.4011
94	马来西亚	0.4633	126	巴哈马	0.4003
95	韩国	0.4604	127	牙买加	0.399
96	缅甸	0.4598	128	喀麦隆	0.3966

续表

排名	国家和地区	指数	排名	国家和地区	指数
129	白俄罗斯	0.3963	150	也门	0.2975
130	智利	0.3953	151	墨西哥	0.2942
131	乌干达	0.3935	152	沙特阿拉伯	0.2843
132	新加坡	0.3931	153	中非	0.2797
133	马达加斯加	0.3922	154	巴巴多斯	0.2732
134	马里	0.3881	155	加蓬	0.2538
135	布隆迪	0.3826	156	阿根廷	0.2488
136	几内亚比绍	0.3733	157	委内瑞拉	0.2477
137	马尔代夫	0.3628	158	圭亚那	0.2368
138	哈萨克斯坦	0.3558	159	贝宁	0.2229
139	瓦努阿图	0.3516	160	加纳	0.2069
140	苏里南	0.3491	161	洪都拉斯	0.1985
141	斐济	0.3469	162	埃及	0.1966
142	秘鲁	0.3469	163	古巴	0.1914
143	文莱	0.3444	164	赞比亚	0.1861
144	玻利维亚	0.3348	165	叙利亚	0.1764
145	乍得	0.3328	166	苏丹	0.1716
146	科摩罗	0.3273	167	特立尼达和多巴哥	0.1684
147	南非	0.3178	168	乌克兰	0.159
148	阿拉伯联合酋长国	0.3168	169	尼日尔	0.1566
149	赤道几内亚	0.3168	170	巴勒斯坦	0.16

附录 4　　2018 全球政治风险评级表

国家	政治安全风险主要来源
菲律宾	1. 总统杜特尔特发起的扫毒战争继续在南部展开，部分地区社会动荡； 2. 与阿布沙耶夫组织和毛特组织在南部棉兰老岛作战继续持续，安全局势恶化。
阿富汗	1. 政府军与塔利班武装的作战不力，丧失部分领土控制权； 2. "伊斯兰国"积极渗透阿富汗，不断发动恐怖袭击； 3. 安全状况在 2014 年北约部队大范围撤退后，不断恶化，人道主义危机严重。
伊拉克	1. "伊斯兰国"在伊拉克的恐怖袭击并未因军事上的失利而显著下降； 2. 库尔德人独立运动将在境内针对"伊斯兰国"的战事结束后带来政治和安全风险。
叙利亚	1. 美国领导的打击"伊斯兰国"国际联盟继续在叙利亚境内作战； 2. 针对"伊斯兰国"战事结束后，阿萨德政权和反对派武装之间的纠纷，美俄等大国在叙利亚的博弈，使叙利亚仍将是政治、安全风险最高的国家。
巴基斯坦	1. 国内政局不稳定，谢里夫被最高法院裁定解除总理职务； 2. 恐怖组织和地方分离主义武装团体，制造的针对平民和政府的袭击事件频率高发。
索马里	索马里青年党不断在全国境内，尤其是首都摩加迪沙发动恐怖袭击，政府军对青年党的打击行动短时间难以奏效。
刚果（金）	现任总统卡比拉在 2016 年任期满后，拒绝按期举行总统大选，并继续担任总统，导致国内社会动荡，安全形势恶化。
（南）苏丹	自 2011 年独立之后，因为国内各部族之间的冲突，导致南苏丹处在持续战乱中，和平进程缓慢。
尼日利亚	1. 非洲最主要的恐怖组织"博科圣地"活跃在该国北部地区，时常发动各类恐怖袭击； 2. 总统布哈里病情恶化，长期在英国治疗，为该国的政治局势带来不稳定因素。
委内瑞拉	1. 国际石油价格持续保持在低位，对依赖出口的委内瑞拉经济造成了严重的打击； 2. 总统马杜罗领导的统一社会主义党和反对派的斗争愈发激烈，并且引发社会动荡； 3. 针对修改宪法和总统大选时间等议题将会引起新的争端。
英国	1. 英国脱欧程序虽已启动，但谈判阻力重重，一波三折，前景仍不明朗； 2. 反移民呼声依旧高涨，多项限制移民措施的出台引起各界示威抗议，未来在英移民前景堪忧； 3. 英国半年接连发生多次恐怖袭击，目前恐怖威胁等级为"危急"，未来恐怖袭击随时可能发生。
印度尼西亚	1. 国内近年来极端伊斯兰主义思潮上升； 2. 是"伊斯兰国"等国际恐怖组织在东南亚地区渗透的主要目标之一。

续表

国家	政治安全风险主要来源
泰国	1. 军政府再次推迟举行大选和向民选政府移交权力的时间； 2. 南部地区马来人分离组织持续发动袭击； 3. 新国王登基后，其执政对泰国政坛影响值得关注。
埃及	1. 成为"伊斯兰国"恐怖分子在北非渗透的主要地区； 2. 国内紧急状态从 7 月开始再次延长三个月，继续展开针对恐怖分子的打击。
土耳其	1. 完成修宪公投后，埃尔多安作为总统权力进一步扩大，在国内大肆搜捕反对者； 2. 国内库尔德人要求独立的呼声进一步高涨； 3. 与欧盟、美国的关系有恶化的趋势。
巴西	1. 政府腐败情况严重，现任总统特梅尔继续遭到贪污等罪行指控； 2. 经济发展在短期内难以复苏； 3. 国内主要城市公共治安恶化。
肯尼亚	8 月举行总统选举，历次大选前后都是肯尼亚政治、安全风险事件高发时期，本次选举前已经发生多起与选举相关的暴力袭击事件。
哥伦比亚	虽然与反对派的和平协议已经达成，但履行协议的过程并不顺利，进程缓慢，依然有爆发小规模冲突和武装起义的可能。
伊朗	1. 特朗普政府可能在伊核协议之外，对伊朗追加进行单边制裁； 2. 受到恐怖主义威胁上升； 3. 国际社会接触制裁后，经济复苏低于预期。
南非	1. 总统失去执政党——非洲国民大会信任，政坛不稳定加剧； 2. 经济发展缓慢，贫富差距扩大； 3. 公共治安持续恶化。

参 考 文 献

[1] 张勇. 热钱流入、外汇冲销与汇率干预——基于资本管制和央行资产负债表的DSGE分析 [J]. 经济研究, 2015, 50 (07): 116-130.

[2] 朝阳. 借QDII额度扩大机遇信托公司应补齐跨境资产配置短板 [N]. 证券日报, 2018.04.27 (B01).

[3] 吴丽华, 傅广敏. 人民币汇率、短期资本与股价互动 [J]. 经济研究, 2014, 49 (11): 72-86.

[4] 朝阳. 信托业扩大开放是跨境资产配置的时代需要 [N]. 证券日报, 2018.04.13 (B01).

[5] 王彬. 人民币汇率均衡、失衡与贸易顺差调整 [J]. 经济学 (季刊), 2015, 14 (04): 1277-1302.

[6] 雨萌. 跨境ETF：进行资产全球化配置的神器 [N]. 中国证券报, 2018-03-21 (A02).

[7] 管涛, 张岸天, 谢亚轩, 高铮, 马昀. 中国的跨境资本流动 [J]. 新金融评论, 2017 (05): 99-134.

[8] 阙澄宇, 马斌. 人民币在岸与离岸市场汇率的非对称溢出效应——基于VAR-GJR-BEKK模型的经验证据 [J]. 国际金融研究, 2015 (07): 21-32.

[9] 刘林, 孟烨, 杨坤. 结构变化、人民币汇率与我国股票价格——理论解释与实证研究 [J]. 国际金融研究, 2015 (05): 3-14.

[10] 高远. 跨境资产投资：私人银行业务资产配置新方向 [J]. 中国银行业, 2016 (07): 92-93.

[11] 杜志鑫. 资产全球配置正当时深交所推高效跨境ETF [N]. 证券时报, 2015-05-25 (A05).

[12] 余佳琳. M银行私人银行业务发展战略研究 [D]. 湖南大学, 2015.

[13] 彭彦杰. 跨境资产配置机会有多大？ [N]. 第一财经日报, 2015-03-

16（A14）．

[14] 钱秋君．传承，财富的核心密码［N］．华夏时报，2015-01-26（013）．

[15] 汪鹏．跨境资产配置新方式［J］．中国外汇，2014（24）：68-69．

[16] 王亚亚．跨境资产配置悄然兴起［J］．中国外汇，2013（10）：13．

[17] 熊艳春．从全球资产配置看中国跨境资本流动［J］．中国外汇，2012（21）：20-21．

[18] 陈颂东．中国宏观税负结构的国际比较［J］．湖南财政经济学院学报，2015，31（03）：5-12．

[19] 杜志鑫．资产全球配置正当时深交所推高效跨境ETF［N］．证券时报，2015-05-25（A05）．

[20] 席玮，张前荣．中国税负水平的国际比较与建议［J］．中国经贸导刊，2015（13）：69-71．

[21] 余佳琳．M银行私人银行业务发展战略研究［D］．湖南大学，2015．

[22] 彭彦杰．跨境资产配置机会有多大？［N］．第一财经日报，2015-03-16（A14）．

[23] 汪鹏．跨境资产配置新方式［J］．中国外汇，2014（24）：68-69．

[24] 张侠，刘小川．中国宏观税负合理性分析——基于国际比较视角［J］．开发研究，2014（05）：110-113．

[25] 赵春晓，付敏杰．国际宏观税负演进趋势与中国的合理区间［J］．地方财政研究，2014（07）：53-59．

[26] 霍志成．全国范围营改增试点对国际货运代理企业税负的影响及应对之道［J］．现代经济信息，2013（16）：253．

[27] 刘文谨，陈颂东．我国宏观税负水平和结构的国际比较及税制结构优化［J］．税收经济研究，2013，18（03）：21-26．

[28] 李强．金融机构税负水平对上海国际金融中心建设的影响［J］．科学经济社会，2013，31（01）：59-63．

[29] 水源．我国宏观税负及税负结构的国际比较分析［N］．中国财经报，2013-03-07（004）．

[30] 熊艳春．从全球资产配置看中国跨境资本流动［J］．中国外汇，2012（21）：20-21．

[31] 李忠. 我国税收负担对经济增长的影响研究 [D]. 西南大学, 2012.

[32] 吴则实, 冯钰钰, 刘展. 中国—东盟自由贸易区宏观税负水平的国际比较与研判 [J]. 广西财经学院学报, 2012, 25 (03): 19-23.

[33] 李文. 国际竞争力原则对宏观税负和税制结构的影响 [J]. 涉外税务, 2012 (03): 49-53.

[34] 刘轶. 财务信息造假漩涡中的中国企业境外间接上市监管: 历史和前景 [J]. 证券法苑, 2011, 5 (02): 323-358.

[35] 张文春. 借鉴国际经验减轻小微企业税负 [J]. 中国金融家, 2011 (12): 52-53.

[36] 齐寅峰. 国际比较视角: 中国企业税负失衡 [J]. 董事会, 2011 (01): 39-41.

[37] 李永刚. 中国宏观税负是高还是低——基于国际比较和经济增长视角 [J]. 华中科技大学学报 (社会科学版), 2010, 24 (06): 85-90.

[38] 刘涵. 我国宏观税负国际比较的不同口径研究 [J]. 经济论坛, 2008 (10): 83-87.

[39] 金中夏, 洪浩. 国际货币环境下利率政策与汇率政策的协调 [J]. 经济研究, 2015, 50 (05): 35-47.

[40] 朱孟楠, 张雪鹿. 境内外人民币汇率差异的原因研究 [J]. 国际金融研究, 2015 (05): 87-96.

[41] 王雅琦, 戴觅, 徐建炜. 汇率、产品质量与出口价格 [J]. 世界经济, 2015, 38 (05): 17-35.

[42] 王胜, 田涛. 人民币汇率对CPI传递效应分析 [J]. 国际金融研究, 2015 (04): 87-96.

[43] 许家云, 佟家栋, 毛其淋. 人民币汇率变动、产品排序与多产品企业的出口行为——以中国制造业企业为例 [J]. 管理世界, 2015 (02): 17-31.

[44] 张翔, 何平, 马菁蕴. 人民币汇率弹性和我国货币政策效果 [J]. 金融研究, 2014 (08): 18-31.

[45] 沙文兵, 刘红忠. 人民币国际化、汇率变动与汇率预期 [J]. 国际金融研究, 2014 (08): 10-18.

[46] 姚余栋, 李连发, 辛晓岱. 货币政策规则、资本流动与汇率稳定 [J]. 经济研究, 2014, 49 (01): 127-139.

[47] 陈华. 央行干预使得人民币汇率更加均衡了吗? [J]. 经济研究, 2013, 48 (12): 81-92.

[48] 戴觅, 徐建炜, 施炳展. 人民币汇率冲击与制造业就业 [J]. 管理世界, 2013 (11): 14-27, 38, 187.

[49] 何诚颖, 刘林, 徐向阳, 王占海. 外汇市场干预、汇率变动与股票价格波动——基于投资者异质性的理论模型与实证研究 [J]. 经济研究, 2013, 48 (10): 29-42, 97.